Gespräche zur Zeit

Wiener Vorlesungen
Konversatorien und Studien
Band 1

herausgegeben für die Kulturabteilung der Stadt Wien
von Hubert Christian Ehalt

Die große Resonanz, die der Vortrag des berühmten deutschen Soziologen Prof. René König Anfang des Jahres 1987 im Wiener Rathaus bei einem sehr großen Publikum hatte, inspirierte die Idee einer Vorlesungsreihe im Rathaus zu den großen Problemen und Überlebensfragen der Menschen am Ausgang des 20. Jahrhunderts. Der damalige Bürgermeister Dr. Helmut Zilk hat die Initiierung, Etablierung und Entfaltung dieser Vorlesungsreihe sehr gefördert, Kulturstadtrat Franz Mrkvicka hat die Idee sehr gerne aufgenommen und unterstützt. Im Oktober 1987 hat Frau Dr. Ursula Pasterk die Leitung des Kulturressorts der Stadt Wien übernommen. Unter ihrer Amtsführung und mit ihrer tatkräftigen Unterstützung durch die Bereitstellung der entsprechenden Budgets wurden die Wiener Vorlesungen zu der größten Stadtvorlesung, die es derzeit international gibt. Planung und Organisation der Wiener Vorlesungen lagen vom Beginn an beim Wissenschaftsreferat der Kulturabteilung der Stadt Wien, in dem Hubert Christian Ehalt und Susanne Strobl für diese Initiative verantwortlich zeichnen. Bisher waren über 500 ReferentInnen aus allen Kontinenten zu Gast. Unter den Vortragenden finden sich die Namen von Marie Albu-Jahoda, Ulrich Beck, Bruno Bettelheim, Ernesto Cardenal, Carl Djerassi, Marion Dönhoff, Manfred Eigen, Viktor Frankl, Vilém Flusser, Peter Gay, Maurice Godelier, Ernst Gombrich, Michail Gorbatschow, Jeanne Hersch, Ivan Illich, Otto F. Kernberg, Václav Klaus, Ruth Klüger, Teddy Kollek, Kardinal Franz König, Bischof Erwin Kräutler, Bruno Kreisky, Jost Krippendorf, Viktor Matejka, Adam Michnik, Max F. Perutz, Hans Pestalozzi, Uta Ranke-Heinemann, Horst-Eberhard Richter, Erwin Ringel, Carl E. Schorske, Edward Shorter, Hans Strotzka, Paul Watzlawick, George Weidenfeld, Harry Zohn. Die interessantesten Beiträge werden publiziert. Bisher sind an die sechzig Bände erschienen.

Gespräche zur Zeit

geführt von Hubert Christian Ehalt mit

Ulrich Beck, Vilém Flusser (†), Ernst Gombrich, Walter Grab,
Götz Hagmüller, Arthur E. Imhof, Erwin Kräutler,
Jost Krippendorf, Harald Leupold-Löwenthal, Andreas Rett,
Leopold Rosenmayr, Marianne Springer-Kremser,
Paul Watzlawick, Erika Weinzierl und Roland Werner

Redaktion: Katja Sindemann und Toni Badinger

WUV-Universitätsverlag

Die Deutsche Bibliothek – CIP-Einheitsaufnahme

Gespräche zur Zeit / geführt von Hubert Christian Ehalt mit Ulrich Beck ...
Red.: Katja Sindemann und Toni Badinger. - Wien : WUV-Univ.-Verl., 1996
(Wiener Vorlesungen ; Bd. 1)
ISBN 3-85114-302-7
NE: Ehalt, Hubert Ch.; Sindemann, Katja [Red.]

Umschlaggestaltung: Hubert Christian Ehalt
Druck: WUV-Universitätsverlag
Printed in Austria
ISBN 3-85114-302-7

Gedruckt mit Unterstützung durch die Kulturabteilung der Stadt Wien

INHALT

VORWORT

Anliegen der Wiener Vorlesungen war es von Beginn dieser Initiative an, ein Forum zu schaffen, in dem über die großen Fragen, mit denen die Menschen heute konfrontiert sind, diskutiert wird. Prominente Denker stellen ihre Analysen und Einschätzungen zur Entstehung und zur Bewältigung der brisanten Probleme der Gegenwart zur Diskussion und skizzieren seit zehn Jahren in dichter Folge in einer globalen und multidisziplinären Ringvorlesung ein facettenreiches Bild der geistigen Situation der Zeit.
In Wien hat es aus vielfältigen, in der Geschichte liegenden Gründen keine organische Verbindung zwischen dem universitären Leben und der städtischen Öffentlichkeit gegeben. Die Wiener Vorlesungen bemühen sich mit großem Erfolg, die Öffentlichkeiten der akademischen und jene der urbanen Diskurse zur Überschneidung zu bringen. Und das Faszinierende an den Wiener Vorlesungen ist in der Tat das große Interesse, das dieser Vorlesungsreihe sowohl von den akademisch ausgebildeten und tätigen Menschen in Wien als auch von all jenen, die sich von den Rathausvorlesungen als Bürger und Bewohner dieser Stadt angesprochen fühlen, entgegengebracht wird. Die Tatsache, daß zu einer Vorlesung in einer Stadt, die ein so dichtes Kulturprogramm wie Wien hat, 3000 Zuhörer kommen, ist auch ein beeindruckender statistischer Beleg für dieses Interesse.
Der Fächerkanon der universitären Fakultäten und Fachgebiete hat sich weitgehend unabhängig von inhaltlichen Sachzwängen entwickelt. So gleichen die Universitäten nicht nur in Wien bisweilen einem Schrebergarten, der den Anforderungen aktueller Forschungsfragen und -entwicklungen nicht hinreichend gewachsen ist. Die Wiener Vorlesungen wollen Impulse für fächerübergreifende Betrachtungen, Analysen und Lösungsvorschläge geben.
Es ist uns gelungen, eine große Zahl von Persönlichkeiten als Referenten zu gewinnen, die ihre Wissenschaft und ihr Metier durch ihre Fähigkeit bereichert haben, Klischees zu zerschlagen und über die Fächerbarrieren hinauszusehen. Das Besondere an den Wiener Vorlesungen liegt aber vor allem auch in dem dichten Netz freundschaftlicher

Bande, das die Stadt zu einem wachsenden Kreis von bedeutenden Persönlichkeiten aus Wissenschaft und Forschung knüpft. Als Planer und Koordinator der Wiener Vorlesungen war es mir ein besonderes Anliegen, diese freundschaftlichen Kontakte, die dazu beitragen, die Stadt Wien in eine internationale intellektuelle *scientific community* einzubinden, zu knüpfen, zu entwickeln und zu pflegen. Das Charakteristische der Wiener Vorlesungen besteht darin, daß die Stadt mit den Vortragenden über den Vortrag hinaus in Kontakt bleibt. Zur Gastfreundschaft gehören Gespräche; Gespräche, bei denen das Thema entwickelt und eingegrenzt und bei denen Kontakte zu fachlich betroffenen Personen und Institutionen in Wien hergestellt werden. Für mich war es stets eine interessante Aufgabe, mich in die Fragestellungen, die Zugangsweisen und die Methoden unserer Vortragenden einzuarbeiten. So wurden die Wiener Vorlesungen durch viele Gespräche begleitet, die ich mit den Referenten über ihre Arbeit, ihre Ideen und ihre Zielsetzungen führte. Im Medium des Gespräches wurde und wird auch eine Verknüpfung der wissenschaftlichen Prioritäten, die ein Forscher / eine Forscherin setzte, und der Lebensgeschichte der Referentinnen und Referenten möglich.

Eine besonders wichtige Funktion – für die Stadt, für die Vortragenden und für unser Publikum – hat diese Verknüpfung bei all jenen Persönlichkeiten, die ihre Wurzeln in Österreich haben und durch den Naziterror zu Flucht, Emigration und Exil gezwungen wurden. Eine Einladung zu Vorträgen im Wiener Rathaus kann Vergangenes nicht ungeschehen machen; die Reflexion der durch die Ereignisse der NS-Vergangenheit am unmittelbarsten persönlich Betroffenen schafft jedoch einen Raum der Analyse, des Nachdenkens und Gedenkens, in dem eine neue Atmosphäre der Solidarität zwischen den Vertriebenen, die im Exil eine neue Heimat gefunden haben, ihren Zeitgenossen, die in Österreich geblieben sind, und den Nachgeborenen möglich wird; und besondere Bedeutung haben dabei die vielen Gespräche rund um die Vorlesung. Aus Mitbürgern wurden in den Jahren der Emigration Fremde; unser Anliegen ist es, für diese Persönlichkeiten wieder Kristallisationsfelder für ein neues Heimatgefühl in Österreich zu schaffen.

Vortrag und Gespräch stellen unterschiedliche Wege der Erkenntnisfindung dar. Das Gespräch mit der ihm eigenen Dialektik führt auf

neue Wege und zu neuen Einsichten. Immer wieder gelang es, Forschungsinteressen vor ihrem biographischen Hintergrund zu beleuchten. Somit bieten die Gespräche auch einen sehr lebendigen und persönlichen Zugang zur Bedeutung und zur »Berühmtheit« der Persönlichkeiten, die wir bei den Wiener Vorlesungen als Vortragende zu Gast hatten.
Der vorliegende Band präsentiert nun eine Reihe dieser Gespräche mit prominenten Referenten der Wiener Vorlesungen und stellt deren Ideen und Thesen in einem biographischen Kontext vor. Herzlicher Dank gebührt Katja Sindemann und Toni Badinger, die die Gespräche transkribiert und redigiert haben, und Edwin Vanecek für die Transkription des Gespräches mit Walter Grab.

Hubert Christian Ehalt

»DIE ZUKUNFT DER ZIVILGESELLSCHAFT«

Gespräch mit Ulrich Beck am 23. Mai 1996

EHALT: »Individualisierung« scheint derzeit in den Sozialwissenschaften ein Megatrend zu sein. Der Begriff wird aber auch in der Politik diskutiert. Kann man von einem »Individualisierungstrend« sprechen? Es sieht aus, als ob die Menschen ihre Interessen und ihre Lebenspläne zunehmend im Alleingang realisieren, auch in Bereichen, in denen in der historischen Perspektive Zusammenhalt und Solidarität ausschlaggebend waren.

BECK: Man kann mit Sicherheit sagen, daß Individualisierung eine wichtige aktuelle Entwicklung darstellt. Allerdings stellt sich die Frage, worauf sie beruht und welche inhaltlichen Formen sie in unserer Gesellschaft annimmt. Eine der großen Schwierigkeiten dieser Frage liegt darin, daß in der Moderne das Individuum ja schon immer in besonderem Maße ausgezeichnet war; möglicherweise kann man aber bereits in der christlich-jüdischen Religion bzw. in der griechischen Philosophie Ursprünge einer »Individualisierung« orten, die unseren Kulturkreis von anderen, außereuropäischen Kulturen unterscheidet.
Heute haben wir es allerdings mit einem ganz spezifischen Phänomen zu tun. Sein Spezifikum liegt darin, daß Individualisierung mittlerweile als Massenphänomen erzeugt wird, und zwar aufgrund ganz bestimmter Bedingungen. Eine dieser Bedingungen liegt im Bildungssystem. Der heutige Individualisierungstrend hängt eng mit der Bildungsexpansion der 60er und 70er Jahre zusammen, weil durch Bildung individuelle Lebensläufe und individuelle Verhaltensformen vorgeprägt und gefördert werden. Das Individuum wird vom Bildungssystem ja ausdrücklich als Individuum honoriert und ausgebildet. Eine ähnliche Rolle nehmen wir ein im Umgang mit dem Sozialstaat, in unserem Verhältnis zu den Grund- und Zivilrechten, die ihrerseits Individualisierung begründen, indem sie wahrgenommen und verinnerlicht werden. Man kann also für den gegenwärtigen Individualisierungstrend spezifi-

sche Bedingungen angeben, die mit der wohlfahrts- und sozialstaatlichen Nachkriegskonstellation zusammenhängen.

EHALT: Ich bin überzeugt, daß ein Großteil dieser Entwicklungen schon im ausgehenden 18. Jahrhundert angelegt war; vermutlich findet man bereits in den urbanen Gesellschaften Italiens oder der Niederlande Vorformen der heutigen »Individualisierung«, wenn auch nur als elitäres Phänomen. Auf breiter gesellschaftlicher Basis wirksam geworden sind diese Ansätze freilich erst in den letzten fünf Jahrzehnten. Die bäuerliche Gesellschaft hat ihre alten Solidaritätszusammenhänge wohl in den 50er Jahren des 20. Jahrhunderts aufgegeben und die bürgerliche Familie mit ihrem janusköpfigen Solidaritätszusammenhang zwischen Frauen und Kindern ist vermutlich auch erst in den letzten Jahrzehnten zerbrochen. Ich stelle an Sie die Frage, was die wesentlichen Voraussetzungen für das Aufbrechen dieses theoretisch so weit zurückreichenden Phänomens waren.

BECK: Man kann hier vielleicht noch einen Kontrapunkt hinzufügen, der glaube ich für die Debatte im deutschsprachigen Raum sehr wichtig ist. Noch Anfang dieses Jahrhunderts, bzw. bis in die Nachkriegsphase hinein – und in vielen Ländern bis 1989 – galt ja gerade die Gegenparole: »Die Nation ist alles und die Person ist nichts« – oder »Die Klasse ist alles und das Individuum ist nichts.«
Das heißt, der Individualisisierungsschock wirkt gerade aus dieser Perspektive besonders nachdrücklich. Wir haben dieses Phänomen einmal anhand von Heiratsurkunden zu protokollieren versucht. Im nationalsozialistischen Deutschland wurde die Ehe noch pathetisch als eine Überrealität charakterisiert; wenn ich mir hingegen meine eigene Heiratsurkunde ansehe, dann sind das ironische Formulierungen à la Martin Walser, mit denen da von Behördenseite versucht wird, Individualiät und Ehe zu verbinden. Hier wird an amtlichen Dokumenten deutlich, welch radikaler Bruch sich innerhalb weniger Jahrzehnte in der deutschen Gesellschaft vollzogen hat! Damit ist freilich die Frage nach den Rahmenbedingungen, in denen sich diese Entwicklungen abspielen, noch nicht beantwortet.

EHALT: Vermutlich hat es in den 20er Jahren bereits erste massive Ansätze dieses Individualisierungstrends gegeben, wenn man z. B. an die Debatte über die Rolle der Frau denkt, oder an die Erwachsenenbildung. Ähnlich wie in der Weimarer Republik gab es im »roten Wien« sehr viele Diskussionszusammenhänge, so etwa die Lebensreformbewegung, die überkommene Rituale in Frage gestellt hat. Dann kamen die Nazis mit ihrem ganz widersprüchlichen Verhältnis zur Modernisierung. Einerseits haben sie diese Tendenzen vorantrieben, andererseits durch präindustrielle Identifikationsfiguren wie den säenden Bauern ergänzten; und das in einer Zeit, da die Landwirtschaft in einer schlimmen Krise war. In Österreich scheint mir aus bekannten und vieldiskutierten Gründen, die mit dem hierzulande verbreiteten Hang zur Lebenslüge zusammenhängen, die Kontinuität in diesen sozialen Feldern noch stärker als in Deutschland. Ich glaube, daß diese gesellschaftliche Differenz in den 60er Jahren besonders deutlich war, etwa auf dem Sektor der Frauenemanzipation. Es gab hier eine Art Phasenverschiebung. Die österreichische Nachkriegsgesellschaft hat viele Konflikte und Probleme einfach zugedeckt, während die Situation in Deutschland, wo ganz bewußt mit Bildungsprogrammen gegengesteuert wurde, anders ablief. Diese überkommenen Zusammenhänge sind dann, wie gesagt, Ende der 60er Jahre zusammengebrochen. Dabei hat es in Österreich auf der anderen Seite ja auch noch die alten intakten Formen politischer Solidarität gegeben, wie etwa das alte Sektionensystem bei den Sozialdemokraten. Und die Volkspartei war in ein funktionierendes katholisches System eingebunden. D. h. der »Kitt« hat sowohl bei den Sozialisten wie bei den Bürgerlichen bis in die 60er gehalten.

Beck: Ich möchte, weil das eine interessante historische Perspektive ist, noch etwas zum Nationalsozialismus und seiner Interpretation im Rahmen von Modernisierungstheorien, ergänzen. Hannah Arendt beispielsweise hat den Nationalsozialismus individualisierungstheoretisch interpretiert. Die Weimarer Republik, so Arendt, wäre durch sehr starke Auflösungstendenzen gekennzeichnet gewesen, und genau diese Auflösung hätten die Faschisten benutzt, um auf der einen Seite Modernisierung voranzutreiben und auf der andern Seite diese mit archaischen Gegenmodernisierungsstrategien abzubremsen, sozial abzubremsen. Ich möchte darauf hinweisen, daß diese historische Möglichkeit immer noch präsent ist. Ich glaube Individualisierungschübe ber-

gen immer eine Ambivalenz: auf er einen Seite öffnen sie Möglichkeiten, auf der anderen Seite können sie durch Rückgriffe auf antiquierte Sozialformen abgeschottet werden. Arendt macht in diesem Zusammenhang eine Unterscheidung, die mir auch für die heutige Situation außerordentlich wichtig erscheint: die Unterscheidung zwischen Individualisierung und Atomisierung. Ihrem Faschismus-Erklärungsmodell liegt genaugenommen nicht Individualisierung sondern Atomisierung zu Grunde, und Atomisierung heißt, daß die Menschen entwurzelt werden, ihre traditionellen Sicherheiten verlieren und nicht in der Lage sind, die Widersprüche der Moderne, die sich ja deutlich in den Biografien niederschlagen, zu bewältigen.
Wenn man mich fragt, was die Antwort der modernen Gesellschaft auf die Herausforderung der Enttraditionalisierung und Entsicherung von Lebensformen sei, dann verweise ich auf die zivilen Rechte, also Grundrechte, politische Rechte, aber auch ökonomische und soziale Rechte, die zwar keinen Lebensplan vorgeben, aber immerhin die Menschen in die Lage versetzen, aufgrund einer gewissen materiellen Sicherheit und einer rechtlichen Position in verschiedenen Handlungsfeldern die Offenheit der Moderne auch zu nutzen und in Lebensentwürfe umzusetzen. Diese Rechte erlauben, neue Chancen wahrzunehmen, während Enttraditionalisierung, die nicht mit solchen Angeboten von Bildung, von Grundrechten und sozialen Sicherheiten einhergehen, Exklusionen produzieren. Dann geraten die Individuen möglicherweise in aussichtslose Situationen, die die vorher erwähnten Ambivalenzen dieses Modernisierungsprozesses in die Gegenrichtung treiben.

EHALT: Man könnte auch sagen – und hier denke ich wieder an die spezifisch österreichische Situation – daß sich heute »Zivilgesellschaft« erstmalig realisieren kann, wo Belange bisher paternalistisch und autoritär geordnet waren. Für mich stellt sich hier allerdings die Frage, ob für die Beurteilung jener geordneten Zusammenhänge, wie wir sie aus der Geschichte kennen, der Begriff der »Solidarität« geeignet ist. Bei näherem Hinsehen erweisen sich diese verlorenen Zusammenhänge ja als eine durch Rituale vorstrukturierte, starre Normenarchitektur, die für alle Lebensbereiche so feste Formen bereit hielt, daß niemandem der Gedanke gekommen wäre, das Alltagsleben zur Diskussion zu stellen. Politik und Religion wurden zur Diskussion gestellt, während die alltägliche Lebensführung – was man ißt, wie man sich kleidet, wie Frauen und Männer sich zu verhalten haben – vermutlich nicht zur Diskussion gestellt werden konnten.

BECK: Ich glaube das große Problem ist, um es relativ einfach zu formulieren, daß die traditionellen Definitionen von Solidarität versagen – was fälschlicherweise häufig so formuliert wird, daß es heute so etwas wie Solidarität überhaupt nicht mehr gäbe. Das glaube ich nicht. Vielmehr ist ein Ringen und Suchen nach Alternativen zu traditionellen Solidaritätsformen beobachtbar, und Sie haben ganz recht, wenn Sie behaupten, daß wir es heute mit einer Individualisierung zu tun haben, die nicht nur auf der Makroebene Probleme schafft, indem etwa den politischen Parteien die Mitglieder weglaufen, sondern die auch jeden einzelnen vor Probleme stellt. Wer heute z. B. eine Familie gründen will, muß sich fragen: Was heißt Elternschaft? Wer nimmt welche Karrierechancen wahr? Es entsteht eine Generation, die – selbst wenn sie auf diese Fragen die traditionellen Antworten praktiziert – diese Antworten bewußt wählen und rechtfertigen muß. Das ist eine Situation, die sich inzwischen in Scheidungsziffern sowie in der Zunahme von Alleinerziehung und nichtehelichen Lebensformen niederschlägt.
Wir haben es hier also mit einer wirklich durchgreifenden Entwicklung zu tun. Ich glaube, die Herausforderung läßt sich folgendermaßen formulieren: bisher gibt es, wenn ich es recht sehe, drei große Antworten auf die Frage, was individualisierte Gesellschaften zusammenhält: als erstes die Kirche, die Religion, als zweites das Feindbild, das Blutopfer und als dritte Antwort – und das ist eigentlich die Hoffnung der Nachkriegsentwicklung gewesen – der Arbeitsmarkt und der darauf bezogene soziale Wohlfahrtsstaat. Die radikale Frage, die sich vor diesem Hintergrund heute stellt, ist folgende: wie ist Solidarität ohne Religion, ohne Feindbilder und ohne die Sicherheit der Arbeitsmarktintegration möglich, und ich sehe hier eine Möglichkeit, die ich schon in den Schriften Tocqueville ausformuliert finde: politische Freiheiten und Grundrechte als Solidaritäts- und Sinnquelle, also als »Kitt« der modernen Gesellschaft.
Tocqueville – und das hat man fast vergessen, weil man ihn häufig als konservativen Demokratietheoretiker liest – war fasziniert von Amerika, weil hier im Prinzip der »free associations« die Probleme der moder-

nen Demokratie nicht durch weniger sondern durch mehr Freiheit gelöst wurden. Und das ist – ohne es zu idealisieren – eine der Perspektiven, in denen man überlegen kann, wie das Solidaritätsproblem, das wir angesprochen haben, jenseits traditioneller Fixierungen neu formuliert und möglicherweise auch neu organisiert werden kann.

EHALT: Ich möchte noch einmal zurückgehen zu den historischen Formen gesellschaftlichen Zusammenhalts. Diese Zusammenhänge wurden ja nicht kritisch reflektiert, sie waren vielmehr ein Zwangskorsett, und daraus resultiert für mich die Frage, ob man über das Zerbrechen dieser Zwangsgemeinschaften, die für das Individuum kaum Freiräume geboten haben, überhaupt traurig sein soll. Aus einem romantisierenden Blickwinkel erscheinen diese Solidaritätsmuster zwar ganz schön, aber aufgrund unserer Gewöhnung an die mittlerweile erkämpften Standards würden wir es in ihnen nicht mehr aushalten.

BECK: Das sehe ich genauso. Ich glaube, daß die große rückwärtsgewandte Sehnsucht, die jetzt überall spürbar ist, typischerweise die Nichtexistenz der von ihr beschworenen Werte voraussetzt. Man kann dieses Dilemma noch ein bißchen konkreter und pragmatischer ausmalen: zurück zur alten Familienstruktur sollen immer die anderen; die Männer wollen, daß die Frauen sich mit diesen Strukturen identifizieren, aber selber wollen sie eigentlich kein Stück der eroberten Freiheiten preisgeben. Man kann also wirklich von einer Romantisierung vergangener Werte und Solidaritätsformen reden.
Es scheint mir interessant, noch einmal auf die Nachkriegsentwickung, die Sie ja vorhin schon angesprochen haben, und auf die Eigenarten der 50er Jahre zurückzukommen, gerade weil diese als Pathos jetzt wieder neu belebt werden. Es war natürlich eine Phase der Verdrängung, das wurde ja oft dargestellt, aber es war zugleich eine Phase des kollektiven Aufbruchs, in der der Kapitalismus, dadurch daß sozusagen eine zerstörte Welt neu entstand und jeder an dem Reichtum, der produziert wurde, auch erfahrbar teilhaben konnte, positiv als Wohlfahrtsstaat erlebt wurde. Weil nicht nur ein kollektives, sondern auch ein individuell erfahrbares Wirtschaftswachstum vorlag, war eine kollektive Identität gegeben, mit klar angebbaren Indikatoren: man wollte eine Familie gründen, man brauchte ein Auto, einen Eisschrank. Wünsche, die sich im neu entstehenden Massenmarkt artikulierten. Und es ist wohl rich-

tig, daß diese Phase jetzt zerfällt, und damit Tendenzen zum Tragen kommen, auf die die Institutionen in ihrer Ratlosigkeit mit den alten Rezepten der 50er Jahre zu reagieren versuchen.

EHALT: Sie haben aufgezeigt, daß wir in den Individualisierungsphänomenen zum Teil nur das Verlorene, nicht aber das Gewonnene sehen; und in der Tat erscheinen ja viele »moderne« Lebensbereiche als positiv angereichert. Ich denke an Diskussionen über Kindererziehung zwischen den Elternteilen, oder an neue Gesprächsebenen, auf denen Ehe- oder Lebenspartner einen Zugang zu gemeinsamen Problemen finden. Zum ersten Mal ist hier eine gemeinsame Sprache der Geschlechter entstanden, während Frauen und Männer bis in die 60er Jahre in zweit getrennten Welten mit getrennten Bezugssystemen und getrennten Traditionen gelebt hatten. Ich glaube, man darf im Sinne der Postulate der späten 60er und frühen 70er Jahre – der Sehnsucht nach einem herrschaftsfreien Gespräch – doch auch behaupten, daß es in Alltagsbeziehungen Früchte dieser Bemühungen gibt, daß sich sozusagen nicht nur ein biologistisches Modell bewahrheitet, sondern auch ein Handlungsstil, der davon ausgeht, daß gesellschaftliche Verhältnisse über Diskussion und Einsicht neu zu ordnen sind. Wahrscheinlich ließe sich das von mir angerissene Beispiel auch auf die Eltern-Kind-Beziehungen übertragen. Ich glaube, daß Diskussionen zwischen den Generationen in einem breiten, statistisch meßbaren Maß gegenwärtig zum ersten Mal stattfinden. Und das ließe sich analog für viele Bereiche feststellen, so daß es doch sehr angebracht scheint, diese gesellschaftliche Entwicklung auch unter dem Aspekt der Chance zu sehen, den Sie ja sehr deutlich in Ihren Arbeiten herausgestrichen haben.

BECK: Ich denke, man kann diese Sicht unterstützen, indem man zwei Diskussionslinien unterscheidet: das eine mal endet Demokratie und die Vorstellung von individuellen Rechten im politischen System – und viele sind von dieser Linie ausgegangen, beispielsweise Dahrendorf, bei dem sich die Vorstellung findet: wenn politische Freiheitsrechte übergreifen auf andere gesellschaftliche Bereiche, dann unterhöhlt die Gesellschaft sich selbst. Mittlerweile befinden wir uns allerdings in einer Situation, in der diese Freiheitsrechte verinnerlicht sind, also Bestandteile ganz ursprünglichen Selbstbewußtseins geworden sind, über Ausbildungsprozesse etwa. Und diese Freiheitsrechte werden jetzt in allen möglichen Feldern eingeklagt, so auch in den Familienbeziehungen. Ein Großteil des Durcheinanders, wie es sich in den Statistiken äußert, in den eben keine klaren Verhältnisse mehr existieren, ist lediglich der Ausdruck dieses Aufbruchs. Ein Aufbruch, in dem neue Lebensformen ausprobiert werden müssen und in dem die traditionellen Schablonen von Mann und Frau mit ihren getrennten Welten und ihren Rollenstereotypen nicht mehr gelten, sondern die Menschen für sich selbst ihre Lebensformen in einem ganz konkreten Sinne immer wieder neu erfinden müssen. Das geht nicht ohne Gespräche ab, das geht nicht ohne Konflikte ab, und das geht auch nicht ohne Schmerzen ab. Es ist freilich sehr viel schwieriger, als man sich das früher vorgestellt hat. Wir haben nicht nur das Phänomen eines größeren Gesprächs in Partnerschaftsbeziehungen, wir haben auch das Gegenphänomen. Wir wissen zum Beispiel, daß ein Großteil der Generationsprobleme auch dadurch »gelöst« wird, daß man *nicht* mehr miteinander spricht. Daß man sich zwar wechselseitig eigene Lebensformen zugesteht, aber die Schwierigkeiten des Gesprächs meidet. Und diese Kehrseite gibt es sehr stark, aber ich glaube – und das war ja eine der Fragen unter denen wir angetreten sind: wie ist Solidarität möglich? – eine Zurücknahme von Individualisierung, wie sie immer noch in breiten Teilen sowohl der Politik wie der privaten Debatten möglich scheint, kann keine Antwort sein. Man muß die positiven Aspekte der Individualisierung anerkennen und festhalten.

Ich sage das bewußt, denn ich glaube, daß wir – zumindest was die deutsche Diskussion betrifft – bereits unter dem Vorzeichen einer Gegenbewegung diskutieren müssen. Wir beobachten heute eine öffentliche Verteufelung von Individualisierung in den Medien. Es grassiert das Wort von der Ego-Gesellschaft, und dieses Wort samt entsprechender Bewertung wird nicht nur von den konservativen oder bürgerlichen Parteien in Umlauf gesetzt, sondern auch teilweise von den Sozialdemokraten, und auch bei den Grünen finden sich entsprechende Tendenzen. Das deutet offenbar darauf hin, daß die politischen Institutionen durch diese Entwicklung in einer Weise herausgefordert sind, die sie nicht bewältigen können. Es gibt hier inzwischen eine starke Irritation, die dazu führt, daß man sich sowohl auf der linken wie auf der rechten Seite gegen diese Individualisierung abschottet. Und dabei wird verkannt, was sie politisch bedeutet! Sie ist keineswegs gleichzusetzen mit

Privatisierung, Rückzug ins Private und Subjektivismus, sondern es ist einfach ein Ausbrechen aus den bisherigen Stereotypen und eine Neuvernetzung über politische Gräben hinweg, die schon einem Aufbruch nahekommt. Ich befürchte, daß diese Situation durch den Einbruch des Arbeitsmarktes, den wir jetzt erleben, noch verschärft wird. Denn Individualisierung setzt ja Beteiligung am Arbeitsmarkt letzten Endes voraus. Und man kann auch sehr gut beobachten und zeigen, daß die individualisierten Gruppen – gerade die Jugendlichen und die Alleinlebenden – über ein starkes Berufsengagement verfügen. Denn Individualisierung setzt sozusagen eigenes Geld und damit eigene materielle Sicherheit voraus, und in dem Maß in dem diese Basis wegbricht, drückt sich auch eine Gefährdung des bisherigen Individualisierungsprozesses aus, so daß wir an einer Entwicklung stehen, an der einerseits die Institutionen offenbar mit diesen Irritationen nicht zu Rande kommen, und sich gleichzeitig neue Ängste breitmachen, die die materielle Basis von Individualisierung betreffen.

EHALT: Gehen wir noch einmal zurück zu Ihrer These, es gäbe drei Felder, von denen Solidaritätsimpulse ausgehen können. Sie haben davon gesprochen, daß die Religion eines dieser Felder darstellt. Zweifellos kommt ihr historisch diese Bedeutung zu. Ein Blick auf die europäische Geschichte zeigt uns auch, in welch hohem Ausmaß Feindbilder diese identitätsstiftende Funktion erfüllten. Dabei gab es immer wieder kürzere Phasen, in denen diese Feindbilder zurücktraten, und eine untergeordnete Rolle spielten, und ich halte es im übrigen für spannend, sich genau solche Konstellationen anzusehen und zu fragen, warum sie Feindbilder als Mittel des Zusammenhalts nicht brauchten. Zuletzt haben sie schließlich den Arbeitsmarkt, den alltäglichen Austausch über die gemeinsamen Interessen genannt. Nun sind das ja drei Dinge, die man auch gefühlsmäßig unterschiedlich bewerten wird. Was die Religion betrifft, werden wir in der Diskussion ein neutrales Gefühl vorfinden, bei den Feindbildern würden wir uns sehnlichst wünschen, daß sie als Mittel des Zusammenhalts keine Verwendung finden, und bei dem letzten Bereich, den Berufszusammenhängen, kann man wohl davon ausgehen, daß eine Auflösung von Interessenszusammenhalt über den Arbeitsmarkt als sehr gefährlich eingestuft werden muß.

BECK: Ich würde gerne noch eine Bemerkung zur Religion machen, weil das häufig als ein verblassendes Integrationsmedium angesehen wird. Ich habe vor kurzem noch einmal Talcott Parsons gelesen, also einen der großen Systemtheoretiker, der in den 60er Jahren – teils wohl unter dem Eindruck der Studentenunruhen – und dann verschärft in den 70er Jahren, also in seiner letzten produktiven Phase, die Frage nach der Rolle der Religion in der postindustriellen Gesellschaft aufgeworfen hat. Er zeigt auch den Individualisierungsprozeß auf und relativiert oder begründet ihn im wesentlichen durch die Bildungsexpansion. Er postuliert daraus die Entstehung einer kulturellen Revolution, die mit der industriellen oder politischen Revolution vergleichbar ist, da sich die Kultur aus den traditionellen Stereotypen löst. Es ist bei Parsons somit alles schon wesentlich angedacht. Für ihn ist Religion nicht eine rückwärtsgewandte sondern eine zukunftsgerichtete Antwort, allerdings nicht im Sinne der christlichen Religion – die bei ihm im Modernisierungsprozeß eine ebenso große Rolle spielt, wie bei Tocqueville – sondern im Sinne eines herausgelösten, sozialwissenschaftlichen Begriffs. Er betont, daß Individualisierung häufig als ein rationales Kalkül mißverstanden werde, doch mit Individualisierung entsteht auch ein sehr tiefgreifendes Bedürfnis nach Emotionalisierung sozialer Beziehungen, ein Bedürfnis nach Ausbruch, nach Erfahrung, nach Erlebnis. Und es entstehen Erlebniskulturen, die – und das schreibt der nüchterne Systemtheoretiker Parsons! – die letzten Endes in so etwas wie »generalisierter Liebe«, durchaus im Sinne von Erotik und Sexualität, aber auch als emphatische Beziehung zur Welt, die eben gerade die Individualität auflöst, wurzeln. Das heißt, er zeigt eigentlich, daß Religion, wenn man sie nicht nur als vergangenheitsbezogene, mit der Säkularisierung in Frage gestellte Tradition ansieht, eine neue Zukunftschance bekommt. Und er hat in gewisser Weise ja recht, wenn man auf die Fülle von Bewegungen blickt, die von der Esoterik über den Fanatismus bis zu Formen emphatischen Engagements auf den evangelischen Kirchentagen reicht.

EHALT: Bleiben wir bei der Religion. Wenn man den Begriff gleichsetzt mit jenen Phänomenen, in denen sich Religion in der europäischen Geschichte manifestiert hat, wenn man also ein »enges« Religionsverständnis hat, dann ist die empirisch belegte Feststellung eines massiv

voranschreitenden Säkularisierungsprozesses, der diese Ritualgebäude und die damit gekoppelten Wertvorstellungen ins Wanken gebracht hat, sicher gerechtfertigt. Jetzt gibt es aber dieses weite Feld der Revitalisierungsbewegungen innerhalb der katholischen und der protestantischen Kirche, aber auch Jugendreligionen – und es gibt sehr vielfältige Phänomene, die man hier subsumieren könnte -, dann auch die vielfältigen Formen mit dem Psychischen umzugehen, therapeutisch oder analytisch, und ich frage mich, ob hier bloß Bereiche der Lebensstilkultur angesprochen werden, oder ob hier tatsächlich auf längere Sicht wieder eine religiöse Kultur entstehen kann.
Und noch ein Blick auf die Feindbilder: leider erleben wir in den letzten zehn Jahren sehr deutlich die Richtigkeit Ihrer These, daß Feindbilder ein wesentliches Element des Zusammenhalts sein können. Aber was ist für Sie die Antwort auf diese Entwicklung?

BECK: Der Soziologe rettet sich in ein Stück Soziologie – ich glaube es ist interessant, sich unter diesem Gesichtspunkt noch einmal einen Klassiker wie Max Weber vorzunehmen, der sehr viel von dieser Art des Zusammenhaltstiftens wußte.
Bei Weber taucht hier der Begriff der politischen Gemeinschaft auf, und politische Gemeinschaft ist nicht – wie man heute vielleicht aus unserem demokratischen Selbstverständnis heraus unterstellen könnte – die Zivilgesellschaft, also die Gesellschaft die auf Grundrechten aufbaut, sondern bei Max Weber ist politische Gemeinschaft im wesentlichen auf Gewalt aufgebaut und durch Gewalterfahrung gekennzeichnet. Und das ist insofern interessant, als er sich in diesem Zusammenhang auch gegen einen Essentialismus wendet, hinsichtlich der Interpretation von nationalen Identitäten. Er spricht nicht von den »Deutschen« oder den »Österreichern«. Er weiß sehr viel über die Konstruktion nationaler Identität, aber er weiß vor allem auch, daß diese Identitäten und die damit verbundenen Grenzziehungen durch Gewalt realisiert und bestätigt werden. Gewalt ist ein Mittel, um gegen historischen Pluralismus Erinnerungen zu schaffen die wiederum mit Gewalt diese Gemeinsamkeiten immer wieder neu erzeugen und bestätigen. Das ist genau das, was wir jetzt in Ex-Jugoslawien, also vor der Haustüre Österreichs, erlebt haben: Nachbarn lebten friedlich und ohne dem Bewußtsein, unterschiedlichen nationalen Identitäten anzugehören,

zusammen, während jetzt überall ein Grauen präsent ist, in dem schon die Antizipation des Grauens diese Form der Feindbildvergemeinschaftung als reale Erfahrung erzeugt. Das heißt, wir haben es nicht nur mit einem archaischen Modell der Erzeugung von Identitäten zu tun, sondern mit einem Modell, daß auch in der Moderne – während der Entwicklung der Nationalstaaten – praktiziert wurde.
Natürlich bin ich der Meinung, daß diese Feindbildkonstruktion antiquiert ist, auch wenn man damit hier in Europa im Augenblick eine schwere Argumentationslast trägt. Ein guter Grund für diese Annahme liebt darin, daß die Wirtschaft inzwischen global vernetzt ist und damit der Zusammenklang zwischen Nationalstaat und Wirtschaft, wie er das 19. Jhdt. bestimmte, aufgehoben ist. Wir haben heute einen starken Gegensatz – und auch das kann man in Ex-Jugoslawien im nachhinein beobachten – von globalen Wirtschaftsabhängigkeiten einerseits und diesen Feindbildkonstruktionen und -erfahrungen andererseits. Vor Rückschlägen ist hier freilich niemand sicher. Ich finde interessant, daß Auguste Comte, ein Mann, dem man derartiges gar nicht zugetraut hätte, am Beginn des 19. Jhdts. sagte: Kriege und Imperialismus seien im ökonomischen Sinne sinnlos, weil Industrialisierung auf friedliche Weise viel bessere Werte schafft als Eroberung.

EHALT: Auch ich glaube, daß das Wiederaufbrechen des Nationalismus ein kurzes Zwischenspiel ist. Der langfristige Weg geht in eine ganz andere Richtung.
Was aber die Entwicklung der Arbeitswelten betrifft: da sieht es ja im Moment so aus, als ob die entscheidenden Solidaritätsimpulse nicht gerade von dort ausgehen.
Das ist zwar ein Bereich, von dem gegen Ende des vorigen Jahrhunderts bis weit über die Mitte dieses Jahrhunderts hinaus gesellschaftliche Solidarität in breitem Umfang entstanden ist, aber derzeit wirken etwa die Gewerkschaften sehr schwach und schlaff, und auch die sozialdemokratischen Parteien tun sich in der Aktivierung von Solidarität und in der Entwicklung neuer Denkmodelle schwer. Hier scheint ein Problemfeld zu liegen, von dem man als Historiker wehmütig sagen kann, daß wesentliche Hauptimpulse für eine egalitäre Ordnung der Geschlechter und der Gesellschaften zwar dort entstanden sind, von dem aber für die Zukunft wenig zu erwarten ist, angesichts von Per-

spektiven wie Flexibilisierung, Telearbeit und all den Neuordnungen im Bereich der Arbeitswelt.

BECK: Es ist richtig – und ich habe ja auch schon darauf hingewiesen – daß die Integration der Nachkriegsgesellschaften, soweit sie demokratisch orientiert waren, wesentlich über den Arbeitsmarkt und die wohlfahrtsstaatliche und sozialstaatliche Absicherung gelungen ist und daß wir vor der tiefgreifenden Herausforderung stehen, daß diese Einheit von Demokratie, Arbeitsgesellschaft, Kapitalismus und Sozialstaat zerfällt. Eben deswegen weil wir auf einen Kapitalismus ohne Arbeit zusteuern, der mit sehr viel weniger Erwerbsarbeit sehr viel mehr produzieren wird, und der zugleich Arbeitskräfte global austauschbar organisiert, indem eben teure europäische Arbeitsplätze durch billige außereuropäische Arbeitsplätze ersetzt werden. Wir haben es hier mit einen global agierenden Kapitalismus zu tun, der sowohl seine nationalstaatlichen Bindungen wie seine Bindungen an Demokratie und Arbeit abstreift, und damit übrigens auch seine eigene Legitimation in Frage stellt. Das ist eine sehr tiefgreifende Entwicklung die erst in den Ansätzen begriffen wird, und wenn man die verschiedenen Integrationsmodi noch mal vergleicht, dann können wir sicherlich leichter auf Religion und vollständig auf Feindbilder verzichten, aber wie wir Integration ohne Arbeit schaffen sollen, das ist ein Frage, vor der wir alle noch etwas ratlos stehen. Diese Entwicklung setzt erst an, und es wird hoffentlich keine Entwicklung sein, die völlig jenseits der Arbeit liegt. Integration über Arbeit muß immer eine Basisintegration bleiben, aber die Herausforderung liegt darin, zusätzliche Integrationsmodi zu erfinden. Und da kommt nach wie vor der Wahrnehmung politischer Freiheiten, der Zivilgesellschaft, der Selbstorganisation in allen Bereichen, auch wenn man sie politisch versteht, größte Bedeutung zu.

EHALT: Wie sehen Sie die Chancen und Möglichkeiten des kulturellen Sektors als Feld möglicher Integrationsleistung? Wenn ich die letzten 12 Jahre in meinem Arbeitsfeld überblicke, dann sehe ich, daß es immer mehr Gruppen engagierter junger Leute gibt, die über Vereine und andere Institutionen Projekte durchführen, die in einem kulturellen und wissenschaftlichen Rahmen stehen; Projekte, die sich mit Umweltgeschichte, mit historischen Fragen oder mit Stadtplanungsfragen im großen und im kleinen auseinandersetzen und zur Einebnung der

Grenzen zwischen Kultur im engeren Sinne und Lebenskulturen im allgemeinen, oder zwischen Kultur und Wissenschaft, beitragen. Mir erscheint das als ein ungeheuer wichtiger, mich täglich positiv stimmender Hoffnungsbereich, den ich aus einer persönlichen Nähe nur positiv beurteilen kann. Zugleich merkt man freilich in Zeiten wie diesen, wie fragil dieser Bereich, der ja zugleich eine Verlängerung des sozialstaatlichen Systems darstellt, eigentlich ist. Wie schätzen Sie den Stellenwert einer Kulturarbeit ein, die nicht nur Präsentation und Konsumption sondern auch Einbeziehung bedeutet?

BECK: Ich stimme Ihnen in einem zu: der Kulturbereich ist einer der großen Hoffnungsträger. Und ich glaube, daß man dem, was sich auf diesem Terrain regt, was um Ausdrucksformen ringt und neue Ausdrucksformen entwickelt, gerade im Sinne einer Erneuerung der Demokratie jenseits der Sicherheiten der Arbeitsgesellschaft eine materielle Basis verschaffen müßte. Ich glaube, daß der entscheidende Punkt darin liegt, diesen Bereich nicht bürokratisch zu überformen, sondern über eine Grundfinanzierung nachzudenken – und das kann ja relativ wenig sein. Mit wenigem kann hier sehr viel geschehen. Kurz: wir müssen in diese Art kulturellen Aufbruchs und in die vielen Formen zivilen Widerstands öffentlich investieren. Und ein Stück der Sozialkosten, die bisher über den Arbeitsmarkt verteilt worden sind, müßten hierhin umgeleitet werden, um eine Grundfinanzierung der Selbstorganisation und der Weiterentwicklung zu gewährleisten. Wobei ich auch einen Wermutstropfen sehe: es kann sein, daß durch diese Art der Freiheitsabsicherung auch das »häßliche Gesicht der Freiheit« deutlicher zutage tritt. Wir in Deutschland erleben das schon heute. Bürgerbewegungen organisieren sich nicht nur im Sinne einer gesellschaftlichen Öffnung, sondern auch der »Schließung« und Abwehr. Sie werden zu Schutz- und Trutzbewegungen, was dazu führt, daß sogar Fremdenfeindlichkeit Gegenstand von demokratischen Bewegungen werden kann. Toleranz zeigt sich in Zukunft wohl auch darin, daß man sie dieser Art von Abweichungen erweist, und nicht nur jenen Formen, die dem alten liebgewonnenen Bild bürgerlichen Verantwortlichkeit im emanzipatorischen Sinne dienen. Offenheit gegenüber dieser Ambivalenz einer grundfinanzierten politischen und kulturellen Freiheit ist eine der großen Entwicklungsperspektiven, die ich sehe.

»DIE STADT IM STERBEN?«

Gespräch mit Vilém Flusser am 13. März 1991

EHALT: Lieber Herr Flusser, der tendenzielle Verlust des öffentlichen Raumes ist ein Thema, das in den Sozialwissenschaften sowie in der Stadtplanung diskutiert wird. Früher fanden Politik, Alltag und Fest auf der Straße statt, aber diese Elemente des gesellschaftlichen Lebens werden immer mehr zurückgedrängt. Straßen und Plätze sind immer mehr zur Verkehrsfläche geworden.
Jetzt überlegt man, wie man den öffentlichen Raum in der Stadt wiederbeleben kann. Das ist eine wichtige Frage sowohl für das Klima einer Stadt, aber auch für die Individuen, die hier leben. Sind die Diskussionsbeiträge, die alte Formen wiederbeleben wollen durch – zum Beispiel – kleine Greißler, die sich nach der Straße hin öffnen, Wirtshäuser, Straßenmusikanten, Händler etc. unsinnige Nostalgie? Wo sehen Sie hier Chancen, und welche Entwicklungstendenzen gibt es?

FLUSSER: Ich möchte zuerst auf den Ursprung der Stadt zu sprechen kommen, denn dort ist die Wurzel all Ihrer Fragen. Die Stadt entstand im Nahen Osten vor etwa 10.000 Jahren mit dem Übergang vom Nomadentum zur Seßhaftigkeit, und zwar an Flußufern – wenigstens was die westliche Kultur betrifft. Die Stadt bestand sofort aus drei gänzlich unterschiedlichen Räumen. Das hatte damit zu tun, daß die Stadt ein Ort war, wo man auf das Reifen der Saat gewartet hat. Wir können also die Stadt als einen Warteraum ansehen, heute vielleicht im Sinne des Wartens auf den Tod, ursprünglich aber als ein Warten auf die Ernte. Folgende drei Räume existierten: Erstens gab es einen Hügel, auf dem die Kornkammer stand, da das Getreide vor der Überschwemmung geschützt werden mußte. Dieser Hügel, die Akropolis, war der heilige Raum, den die Griechen »demenos« nannten. Auf ihm saß ein Wächter, der einen guten Ausblick hatte, die Frucht bewachte und bald zu einem Priester, zu einem Priesterkönig und schließlich zu einem Gott wurde. Unterhalb des Hügels befand sich der Raum, wo die Leute zusammenkamen, um das Korn auf den Hügel zu tragen oder wieder

zu verteilen. Er wurde von den Griechen »agora«, von den Römern »forum« genannt, und daraus entwickelte sich unsere heutige »Republik«. An den Wegen, die dorthin führten, standen die Privathäuser, von den Griechen »oikoy« genannt, von den Römern noch violenter die »res privata«, das heißt »die Sache, die von der Heiligkeit und der Öffentlichkeit abgeschnitten ist«. Wir bezeichnen sie heute als den »Privatraum«.
Diese Grundstruktur der Stadt gilt jetzt nicht mehr, da vor allem der heilige Raum in den Hintergrund getreten ist. Gewisse Leute sagen allerdings, daß die Banken und Bahnhöfe der heilige Raum des 19. Jahrhunderts waren und daß der heilige Raum des 20. Jahrhunderts in Frankreich das Centre Pompidou sei. Aber darauf will ich nicht eingehen. Jedenfalls funktioniert der heilige Raum seit mindestens 200 Jahren nicht mehr richtig.
Der öffentliche und der private Raum haben sich jahrtausendelang erhalten. Wie Sie wissen, hat Hegel das Pendeln zwischen diesen beiden Räumen zum Grundprinzip seiner *Phänomenologie des Geistes* erhoben. Er sagte: »Man verläßt den Privatraum und geht in den öffentlichen, um die Welt zu erobern, und verliert sich dabei. Dann kehrt man aus dem öffentlichen Raum nach Hause zurück, um sich wiederzufinden, und verliert die Welt dabei.« Er nannte das »das unglückliche Bewußtsein«. Wenn die Trennung zwischen dem öffentlichen und dem privaten Raum nicht mehr deutlich ist, verlieren wir, laut Hegel, das Bewußtsein.
Diese Trennung ist seit der sogenannten Kommunikationsrevolution nicht mehr haltbar. Der Privatraum ist, im Gegensatz zum öffentlichen Raum, definiert, und zwar durch Dächer und Mauern, in denen es zwei Typen von Löchern gibt, nämlich Fenster und Türen. Das Fenster ist ein Loch zum Hinaussehen, gemäß der Theorie »Man sieht die Republik, ohne naß zu werden«, und die Tür ist das Loch fürs Engagement. Man ging durch die Tür, um an der »res publica« teilzunehmen, um etwas abzuholen und nach Hause zu führen oder um etwas zu erobern. Man ging durch die Tür, um zu publizieren oder sich zu prostituieren, was so ungefähr das gleiche ist, denn »prostituere« heißt »sich auszustellen«.
Der öffentliche Raum ist der Raum, wo man machen kann, was man will. Sogar die Korruption ist in der Republik beinhaltet, denn der öffentliche Raum, das Gemeinwesen – im Englischen »the commons« oder

»the green« – ist auch zum Rauben da. Die Spanier haben daraus den »conquistador« gemacht. Dort sind also Räuber und Huren, denn, indem man hinausgeht, stellt man sich aus und den anderen zur Verfügung. Ein Publizist ist ein Räuber und eine Hure zugleich, und dasselbe gilt auch für den Politiker, dessen Huren- und Räuberseite klar zu sehen sind. Dazu dient also die Tür, während das Fenster zum noblen Hinausschauen vorhanden ist.
Nun haben beide Löcher aber eine innere Dialektik. Durch die Tür kann nämlich die Polizei, das heißt der öffentliche Raum, die Politik hereinkommen. Dagegen muß man sich schützen, indem man Schlösser und Schlüssel anfertigt. Diese können allerdings aufgebrochen werden. Durch das Fenster können hingegen die Nachbarn hereinsehen. Infolgedessen ist auch die obige Theorie eine, von der Politik aus gesehen, zweifelhafte Sache.
Das, was ich Ihnen hier geschildert habe, galt ungefähr bis zum Zweiten Weltkrieg. Politik war immer etwas Gefährliches, das den Menschen bedrohte und das durch den heiligen Raum in Schach gehalten wurde. Die Entschuldigung für den öffentlichen Raum, für die Politik, lautete, daß man publizieren mußte, d. h. zu Hause ausgearbeitete Informationen auf den Marktplatz trug, und daß man Informationen nur haben konnte, wenn man aus dem Privatraum herausging und sie eroberte, stahl, kaufte oder was auch immer. All das gilt heute nicht mehr, denn sowohl die Mauern als auch die Türen sind durch Kabel, Antennen und immaterielle Kanäle durchlöchert, so daß die Informationen in den Privatraum hineinfließen. Heute bekommen Sie alle Informationen ins Haus geliefert, ohne daß Sie sich rühren müssen. Es hat keinen Sinn mehr, ins Konzert, ins Theater oder in die Schule zu gehen. Damit haben der öffentliche Raum und die Stadt ihre Berechtigung verloren.
Das ist die Grundlage, jetzt können Sie mich weiter fragen.

EHALT: Das traditionelle Leben bis zum Zweiten Weltkrieg war auf viele Formen des Kollektivs aufgebaut. Eigentlich waren alle traditionellen Kulturen bis ins 20. Jahrhundert Vereinbarungen von Kollektiven: von der Familie, von Gruppen, von Parteien. Auch die Baustile brachten im wesentlichen die Werthaltungen von Kollektiven zum Ausdruck, die über viele Generationen hinweg Gültigkeit bewahrt hatten.

Die Entwicklung, die Sie charakterisiert haben, führt in der extremsten Form zu einer Situation, in der jede Wohnung ein Terminal ist. Das bedeutet den totalen Verlust des Kollektiven, das sich in persönlichen Beziehungen äußert. Es gibt überhaupt keinen Sinn mehr für Öffentlichkeit.

FLUSSER: Ich möchte anmerken, daß Sie bei Ihrer Argumentation die westliche Stadt vor Augen haben. Es stimmt, daß das Wort »Kollektiv« doppeldeutig ist, denn es kann einerseits Gemeinschaft bedeuten, in der es noch keine Individualität gibt, und andererseits eine Vermassung, in der die Individuen von einer Masse zu Körnern zerrieben werden.

Ursprünglich hatte eine Dorfstraße zwei Seiten und jede Seite war einem anderen Totemtier verschrieben, so daß die Leute einander tabu waren. Das heißt, man durfte nicht innerhalb des eigenen Totemtiers heiraten, sondern mußte über die Straße hinübergehen zur Frau. Die Straße diente somit hauptsächlich dem Geschlechtsverkehr, das entspricht einer matriarchalen Struktur.

Dann ist diese tribale Organisation durch andere Kollektive ersetzt worden. Aber je mehr sich die Kollektive entwickeln, desto unabhängiger werden die Individuen. Es entsteht ein immer klareres Ich-Bewußtsein, bis schließlich im 19. Jahrhundert das Kollektiv verlorengeht und statt dessen eine Masse, eine zerriebene Individualität entsteht. Sie haben das am Beispiel der einzelnen Wohnungen formuliert. Jeder sitzt in seinem Zementwürfel und empfängt und speichert Rationen, ohne irgendwelche Informationen selbst zu senden. Unter diesen Umständen kann man nicht mehr von »Kollektiv« sprechen, sondern der Mensch wird Teil eines Überorganismus.

Sie hatten die europäische Stadt vor Augen, hingegen besitzt die amerikanische und vor allem die südamerikanische Stadt überhaupt keinen öffentlichen Raum mehr, sondern ist ein kolossaler, gigantischer Privatraum. Wenn sich die Masse durch die Straßen wälzt, kann man das nicht als ein politisches Phänomen bezeichnen, sondern als ein populistisches. Aber »populus« nicht im Sinne von »Volk«, sondern hier ist der Pöbel gemeint.

EHALT: Eine Zwischenfrage: Ich glaube, von der europäischen Sozialgeschichte her kann man sagen, daß es in der vorindustriellen Gesell-

schaft nur einen öffentlichen Raum gab und daß die Häuser kleine Teile einer großen Öffentlichkeit waren. Jedenfalls waren sie nicht nur diese festen Mauern mit den beiden Löchern drin. Die Trennung zwischen dem Haus und der Straße war sehr fließend und fluktuierend, beide waren Teile eines großen öffentlichen Raumes, der in Festen oder politischen Manifestationen kulminierte.
Könnte man sagen, daß sich in Europa dieser öffentliche Raum durch die Abkapselung der bürgerlichen Gesellschaft und durch ihren Rückzug in abgegrenzte kleine Privaträume langsam aufgelöst hat? Ist es nicht eine allgemein vorhandene Tendenz, daß sich der öffentliche Raum überhaupt auflöst, so wie Sie es anhand der amerikanischen und südamerikanischen Städte charakterisiert haben?

FLUSSER: Ich möchte auf Ihr Schlüsselwort »Bürgerliche Gesellschaft« eingehen. Die bürgerliche Revolution fing in Norditalien an, und wenn wir uns eine norditalienische Stadt, wie z. B. Lucca oder Mantua, anschauen, haben wir das Modell einer westlichen Stadt vor uns. Bei der Betrachtung von innen nach außen finden wir eine Piazza del Duomo, den Zentralplatz. Das ist der öffentliche Raum, in dem der Dom, der heilige Raum, steht. Außerdem finden wir dort noch die Ragione, das Gebäude des Fürsten sowie das der Bürgerschaft, die Uffizien. Diese drei Mächte – der Bischof, der Prinz und die Bürgerschaft – bilden das Zentrum. Hier münden konzentrisch die verschiedenen Straßen der Gilden. Es gibt die Straße der Schuster, die Straße der Söldner usw., in denen standardisierte Häuser mit mehreren Stockwerken stehen. Im Untergeschoß befindet sich die Werkstatt mit dem Meister, den beiden Gesellen und drei oder vier Lehrlingen. Im ersten Stock wohnt der Meister mit seiner Frau und den Kindern, wobei die Meisterin für das ganze Haus kocht. Im dritten Stock liegt das Ausgedinge, dort wohnen der Altmeister und seine Frau. Das war die Struktur der bürgerlichen Gesellschaft vor der Revolution. Der Meister ging mit seinem Werk auf den Marktplatz und stellte es auf einer Seite aus. Durch die Mauer, die sich um die Stadt herum zog, kamen täglich die Menschen von außerhalb und stellten ihre Früchte auf der anderen Seite des Marktplatzes auf. Dann trat der Bischof heraus, begutachtete die Waren und bestimmte den »pretium justum«, d. h., er legte den Preis der ausgestellten Ware fest. Seine Funktion war es, in der Republik im Sinne der

Kirche die Gerechtigkeit herzustellen. Die Revolution der Bürger bestand darin, daß sie die Autorität des Bischofs abschafften und statt dessen die Kybernetik des freien Marktes, also das Gesetz von Angebot und Nachfrage, einführten. Dadurch übernahmen die Bürger die Regierung der Stadt. So wurde aus der Stadt bald ein »centro storico«. Rings um die Stadt, hinter der Mauer, entstand die neue Stadt, in der es überhaupt keinen öffentlichen Raum mehr gab, sondern nur noch Privaträume für die Bürger und jene Bauern, die zur Stadt gezogen wurden, um an den Maschinen zu arbeiten. Es gibt zwar große Avenuen, die ins Zentrum führen, aber es ist nicht mehr der richtige öffentliche Raum. Ich glaube, die italienische Stadt zeigt das sehr gut.
Wien ist nicht viel anders. Wien ist in diesem Sinn eher eine italienische als eine germanische Stadt, denn es gibt auch eine »Piazza del Duomo« und bis zu einem gewissen Grad auch ein »centro storico«. Statt der Mauer haben Sie diese verkitschte Ringstraße. Ich glaube, Wien ist in dieser Hinsicht interessanter als äquivalente Städte wie Prag oder München. Eine Ausnahme ist Paris, über das ich gesondert sprechen müßte.

EHALT: Nun haben sich diese Entwicklungen, die Sie charakterisieren, in Europa zwischen den Regionen und den Schichten in ungleicher Geschwindigkeit vollzogen. Es hat jahrhundertelang ein buntes Spektrum an Ungleichzeitigkeiten gegeben. In Wien kann man einen Spaziergang machen, der von mittelalterlichen Räumen in die heutigen führt, und das Spannende und Lebendige dabei ist, daß von den Mentalitäten manches erhalten geblieben ist. Bei dem Rundgang findet man Mentalitäten des Mittelalters, der feudalen Welt des 19. Jahrhunderts und das bürgerliche Kaffeehaus des 19. und 20. Jahrhunderts. Aber es verliert sich und ist wahrscheinlich in vielen amerikanischen Städten schon ganz verschwunden. Gibt es irgendeine Möglichkeit der Gegensteuerung, einer Bewahrung des Vorhandenen? Oder ist das Kaffeehaus bereits ein Museum?

FLUSSER: Ich kann nicht sehr genau auf die Wiener Argumentation eingehen, da ich diesbezüglich nicht genügend Erfahrung besitze. Aber in Frankreich gibt es ein Stadtgefühl, das man mit den Ausdrücken »métro, boulot, dodo« beschreibt. Das heißt: man nimmt die Untergrundbahn, schindet seine Zeit ab und geht dann schlafen. Das ist der

Rhythmus der Stadt, in der es überhaupt keinen politischen Raum gibt. Dem steht das Flanieren gegenüber. Sie wissen, daß das Flanieren in Paris die Basis einer ganzen Literatur ist. Dieses Flanieren ist sozusagen das persönliche Verleugnen der Dynamik »métro, boulot, dodo«. Ich weiß nicht, ob es in Wien darüber Literatur gibt. Aber ich will noch eine andere Stadt gegenüberstellen, nämlich New York. In New York gibt es eine weitreichende Entpolitisierung. Dort hat sich etwas entwickelt, was man weder mit »privat« noch mit »Politik« bezeichnen kann, sondern das man vielleicht »Show« nennen sollte. Die Stadt wird zu einem Theater, zu einer Serie von Ausstellungen. Das ist das Aufregende, Atemberaubende an New York. Das Leben spielt sich am Washington Square, in Village oder in Bowery ab. In New York wird seltsamerweise das Theater zum Zentrum der Stadt.

EHALT: In Wien gibt es die Donauinsel, das sogenannte Überschwemmungsgebiet. Diesen architektonisch kaum definierten Raum haben sich verschiedene Gruppen, wie z. B. die Freikörperbewegung oder die politischen Nonkonformisten, angeeignet. Im Zuge der Errichtung einer Hochwasserschutzanlage ist dort ein großes Freizeitzentrum entstanden, das in ähnlicher Weise zu einer großen Bühne mit festgelegten Inszenierungen geworden ist.
Ich habe noch einen anderen Gedanken. Wenn ich die Wiener Kulturarbeit beobachte, dann sehe ich, daß an die Stelle verlorengehender Kollektive wie Volkskulturen, Vereine und Gesangsgruppen die private, intime und persönliche Inszenierung tritt. Ich begreife das auch als Chance.
Ist das eine Entwicklung, die in New York vielleicht um 10 Jahre forciert ist?

FLUSSER: Wissen Sie, ich habe einen anderen Blick auf Wien als Sie, da ich von außen komme. Wien ist in seinem Kern eine römische Stadt, die Ausgrabungen, die vor der Hofburg zu sehen sind, stammen aus dem 1. und 2. Jahrhundert n. Chr. Der Kern ist das quadratische römische Castrum, und da herum bildete sich eine echt mittelalterliche Stadt, an der man die Authentizität des Bürgertums erkennt. Doch jenseits davon beginnt die Sache in Kitsch und Protzerei zu verfallen. Die Gebäude sind viel zu gewaltig und machen den Eindruck eines aus Spanien oder Italien importierten Barocks. Wien will ein viertes Rom

werden, was aber nicht gelingt, denn es ist nur ein vergrößertes Lemberg. Es hat etwas Balkanisches an sich.
Im Moment befinde ich mich im Kaffeehaus. Das Wiener Kaffeehaus ist etwas ganz anderes als das Pariser Kaffeehaus. Dorthin geht man, um zu debattieren, um über Philosophie oder Malerei zu streiten. Das Pariser Kaffeehaus ist tatsächlich der Ersatz eines öffentlichen Raumes. Es reicht bis auf die Straße bzw. das Trottoir hinaus, und es geht dort laut zu. Es ist eine Prostitution, wie es dem politischen Raum entspricht. In Wien jedoch sperren sich die Leute ab. Sie sitzen hinter einem kleinen Kaffee und einem Glas Wasser, lesen die Zeitung, keiner spricht mit dem anderen. Diese Zurückgezogenheit und verbissene Traurigkeit prägen das Wiener Kaffeehaus, es ist ganz das Gegenteil zum romanischen Kaffeehaus. Wenn Sie in ein Wiener Kaffeehaus gehen, erzählt man Ihnen: »An diesem Tisch hat Freud mit seinem Buch über die Traumdeutung angefangen«, oder: »An diesem Tisch hat Hitler begonnen *Mein Kampf* zu schreiben«. Wenn Sie dagegen nach Paris kommen, dann hören Sie, daß hier Camus Sartre eine Ohrfeige runtergehaut hat, daß hier die Marseillaise zum erstenmal gesungen wurde, daß hier zum erstenmal die Unabhängigkeit von der Krone erklärt wurde. Es herrscht eine ganz andere Tradition.

EHALT: Aber im Wiener Vormärz war auch das Kaffeehaus der Ort für die Planung der Revolution von 1848. Obgleich es diese Funktion im Neoabsolutismus wieder verloren hat. In den fünfziger Jahren war es wiederum Ort der Literaten. Die politische Funktion ist aus dem Kaffeehaus gewichen, aber nicht die Diskussion.

FLUSSER: Wien ist ein außerordentliches Phänomen, denn es war lange Zeit eine Randstadt, die nicht mehr richtig zum Westen gehört hat. Trotzdem war Wien mindestens zweimal das Zentrum des Westens, nämlich am Ende des 18. Jahrhunderts und am Übergang vom 19. ins 20. Jahrhundert bis hinein in die zwanziger Jahre. Ich kann mir nicht erklären, wieso Wien am Anfang dieses Jahrhunderts so führend in der Musik, in der Mathematik, in der Philosophie sowie in gewissen Naturwissenschaften und der Psychologie war.

EHALT: Eine Erklärung mag vielleicht die Durchmischung der Kulturen sein, die sonst nirgendwo in dem Maß stattgefunden hat. Hier lebten über Jahrhunderte Spanier, Italiener, Franzosen, so daß über lange Zeit hinweg die Stadt- und Hofsprache der Elite gar nicht Deutsch war. Im 19. Jahrhundert war es ein großer Schmelztiegel mit vielen Kulturen …

FLUSSER: Aber in Paris spricht doch auch kein Mensch französisch. Dort leben Polen, Italiener, Araber, Schwarze, da haben Sie eine noch viel wildere Mischung. Paris war auch ein Zentrum, und ist es heute noch bis zu einem gewissen Grad. Allerdings nicht so, wie die Pariser glauben. Seltsamerweise ist das Zentrum der Kultur von Paris nach Köln übersiedelt. Das ist für mich mysteriös – warum Köln? Vielleicht wird es wieder Berlin. Viele Leute setzen ja auf Berlin. Aber ich glaube, daß das alles Zeichen dafür sind, daß die Stadt im Sterben liegt.

EHALT: Ich wollte noch einmal zum öffentlichen Raum zurückkommen. Es sprach vieles für die einleuchtende These, daß die Politik an Bedeutung verliert durch die starken Individualisierungs- und Vereinzelungsbestrebungen und die Auflösung der Kollektive, in denen Politik diskutiert und gemacht wurde. All dies ist nach 1945 stark zurückgegangen und dann nochmals nach 1968. Wie interpretieren Sie die Ereignisse in Osteuropa von 1988/89, wo plötzlich der öffentliche Raum wieder zu einem Ort der Politik geworden ist?

FLUSSER: Ich glaube, man kann das technisch erklären. Im Westen ist das kommunikative Netz bereits sehr gut ausgearbeitet. Sie müssen nicht mehr aus dem Haus gehen, um sich zu informieren, und theoretisch auch nicht mehr, um mit anderen zu kommunizieren. Das Telefonnetz ist gut, es gibt Telefax und Minitel, kurz und gut, im Westen ist der öffentliche Raum nicht mehr nötig. Aber im Osten existierte bisher so ein Netz nicht. Es gab Zentren, die ihre Botschaften ausstrahlten, und am anderen Ende saßen Empfänger, die nicht miteinander verbunden waren. Um diesen Schaltplan abzuschaffen, mußten die Leute irgendwie Querverbindungen herstellen, und das sieht aus, als ob es Politik wäre. Die Empfänger, die nun miteinander in Berührung kommen, spinnen in Wirklichkeit ein Netz, um sich der westlichen Situation anzugleichen.
Ich bin davon überzeugt, daß die Stadt im Westen auf eine Sicht von

100 bis 150 Jahren zum Verschwinden verdammt ist. Und zwar nicht durch Suburbanisation, sondern durch Telepräsenz.
In der Dritten Welt werden sich die Stadt-Kolosse vielleicht noch eine Weile vergrößern. Aber die Quantität ist ein Feind der Stadt, denn, wenn die Grenze von 20 Millionen Einwohner überschritten wird, kann man nicht mehr gut von einer Stadt sprechen. São Paulo hat 16 bis 17 Millionen Einwohner, trotzdem würde ich es nicht »Stadt« nennen, weil es keinen Stadtkern und auch keine Peripherie gibt. Die Stadt sieht überall gleich aus, nämlich Hochhäuser und dazwischen Hütten. Man müßte ein neues Wort dafür finden, ich würde vorschlagen: »Ameisenhaufen«.
Die Stadt ist eigentlich kein Feld der Aktivität, sondern der Passivität. Die Stadt ist kein Ort, wo gehandelt wird, sondern wo gelitten wird. Ich glaube, Handeln ist immer eine Sache des Landes, des Dorfes. Wissen Sie, ich erkläre den Unterschied zwischen Stadt und Dorf aus meiner Autobiographie heraus. Ich habe 32 Jahre lang in São Paulo gelebt und wohne jetzt seit 20 Jahren in einem Dorf mit 300 Einwohnern.

EHALT: Ein Unterschied liegt ja schon in den Geschwindigkeiten. Es gibt Untersuchungen über die Gehgeschwindigkeit in São Paulo und in einem kleinen Dorf.

FLUSSER: Also was die Geschwindigkeit betrifft, muß ich Ihnen einen Witz erzählen: Zwei Leute stehen einander in São Paulo auf zwei verschiedenen Straßenseiten gegenüber, und der eine ruft zum anderen: »Wie bist du da hinüber gekommen?«, worauf der andere antwortet: »Ich bin hier geboren«.

»DIE ÖKOLOGIE DES BILDES«

Gespräch mit Ernst Gombrich am 10. Juni 1993

EHALT: Lieber Herr Gombrich, Psychologie und Psychoanalyse waren für Sie Disziplinen, deren Inhalte und Methoden Ihre Arbeit als Kunsthistoriker beeinflußt und bereichert haben. Nun gibt es angesichts der Geschichte zwei Möglichkeiten, das Seelenleben der Menschen zu erklären. Das eine Modell geht davon aus, daß die psychische Verfaßtheit der Menschen zu allen Zeiten etwa gleich geblieben ist. Jedenfalls in jenen Zeiträumen, in denen es keine Änderungen des genetischen Potentials gab. Man könnte sagen, daß auch Sigmund Freud, der seine Theorie anhand der Analyse einer ganz spezifischen sozialen Gruppe, nämlich des Wiener Bürgertums um 1900, formuliert hat, dieser Richtung angehört, denn bei Freud ist die Verarbeitung von Grundkonflikten im Traum über die Zeiten hinweg gleich. Auch die Grundkonflikte, wie z. B. der ödipale Konflikt oder der Penisneid etc., sind laut Freud konstante Gegebenheiten.
Die andere Theorie sieht einen Wandel der psychosozialen Situationen. Ihr gehört etwa der Historiker und Soziologe Norbert Elias an, der in seinem Hauptwerk *Über den Prozeß der Zivilisation* konstatierte, daß es eine Wandlung des Affekthaushalts gegeben hat. Nach Meinung von Elias wurde die Instanz des Über-Ich in der Geschichte, insbesondere in der Phase von der Neuzeit bis in die Gegenwart, stärker, während das Es zurückgetreten ist und die Affekte der Trauer, des Zorns, der Liebe gedämpft wurden. Die Sublimierung hat also größere Bedeutung gewonnen.
Wie schätzen Sie diese beiden Modelle ein? Glauben Sie auf der Grundlage Ihrer Forschungen eher an eine Konstanz des Psychischen oder an längerfristige Prozesse des Mentalitätswandels in der Geschichte?

GOMBRICH: Ich fürchte, daß diese Frage viel zu einfach und vereinfachend gefaßt ist. In Wirklichkeit hat gerade Freud gedacht, daß die Zivilisation ein Prozeß ist, der über der Menschheit abläuft. Er hat besonders in dem Briefwechsel mit Einstein über die Frage »Warum Krieg?«

die Meinung geäußert, daß wir wie Haustiere gezähmt sind und daß wir gewisse Aggressionen so eingedämmt haben, daß wir zum Beispiel Blut nicht mehr sehen wollen, ob das nun überlebensmäßig günstig ist oder nicht. Er hat geglaubt, daß die Kultur uns anders macht. Auch in seinem Buch *Das Unbehagen in der Kultur* spielt das Wachsen des Über-Ichs eine große Rolle. Ich glaube daher nicht, daß er sehr weit von Norbert Elias entfernt war. Aber ich fürchte, daß wir gerade in dieser Beziehung zuviel gelernt haben: Die Kultur ist nur eine sehr dünne Schicht, die unglaublich leicht durchbrochen werden kann. Man spricht in der Psychoanalyse von der Regression, und wir sehen mit Schrecken überall in der Welt, wie leicht der Mensch die Kultur wegwerfen kann. Freud hat leider unrecht gehabt mit seiner Behauptung, daß die Menschen genetisch nicht mehr imstande wären, Gewalt zu sehen oder zu ertragen. Sie gefällt ihnen nur zu gut. Daß allerdings gewisse Kulturerscheinungen oder was man so nennt, dazu noch beitragen und daß die Tabus, die die Kultur aufgestellt hat, absichtlich und gerne und mit Hohn durchbrochen werden, kommt noch dazu. Inwieweit Dinge, wie etwa die Gewalt, die immer wieder auf dem Fernsehschirm gezeigt wird, dazu beitragen, die Kultur zu unterminieren, ist eine andere Sache.
Nun zurück zu Ihrer Frage. Ich glaube, daß es eine gefährliche Vereinfachung ist, rein chronologisch zu denken. Jede Gesellschaft hat verschiedene Schichten, es gibt in jeder Gesellschaft kultivierte und unkultivierte Menschen. Das war wahrscheinlich immer so. Man kann doch nicht glauben, daß jeder Fischer in der Antike psychisch genauso strukturiert war wie Perikles oder Sokrates. Diese Vorstellung von der »Zeit« scheint mir eine jener unzulässigen Vereinfachungen zu sein, mit der wir nicht operieren können. Diese Unterscheidung zwischen dem Wilden und dem Kultivierten ist natürlich nicht nur aus der Aufklärung gekommen, sondern wurde auch durch die Entwicklungslehre ungeheuer gefördert. Im 19. Jahrhundert glaubten alle, auch Freud, daß die Geschichte der Menschheit die Fortsetzung des Entwicklungsprozesses ist, den man in der Geologie oder sonstwo feststellen kann, und daß es darum wissenschaftlich richtig ist, uns als höherentwickelt als die sogenannten Primitiven anzusehen. Dieser Ansatz ist gescheitert, aber er hat einen ungeheuren Einfluß gehabt. Es gab kaum einen Historiker im 19. Jahrhundert, der an diese These nicht mehr oder weniger geglaubt hat, und Freud war nicht der einzige, der das auch so gesehen

hat. Wir haben diesen Ansatz leider aufgeben müssen, und infolgedessen lautet meine Antwort auf Ihre Frage, daß ich glaube, daß – wenn wir überhaupt mit einer seelischen Struktur rechnen sollen – man mit einer gleichbleibenden rechnen muß. Die Sache ist methodologisch sehr einfach, denn, wenn man überhaupt keine Konstante hat, dann kann man ja auch keine Erklärungen haben. Wenn wir von der Gravitation reden und erklären, warum ein Gebäude umgefallen ist und das andere nicht, so sind unserer Ansicht nach die Gesetze der Mechanik dieselben. Sonst kommt man unvermeidlich zu einem Zirkelschluß. Und manche meiner hochstehenden Kollegen sind einem Zirkelschluß verfallen, indem sie gesagt haben: »Da es in der chinesischen Kunst keinen Schatten gibt, haben die Chinesen offenbar nie einen Schatten gesehen.« Das kommt mir geradezu lächerlich vor, denn, wenn es jemandem in der Sonne zu heiß geworden ist, hat er sich in den Schatten begeben.

EHALT: Man könnte hier vielleicht zwei Dinge sagen. Vermutlich ist in den letzten Jahrzehnten deutlicher geworden, daß bei dem Verhältnis zwischen dem Bereich des seelisch Konstanten und der Schicht des Flexiblen das Gewicht sich stärker in Richtung der Konstanten neigt. Die Forschung in der Ethologie hat deutlich herausgearbeitet, daß diese oberste Kruste des Flexiblen nicht allzu stark ist und daß der Kern des Konstanten dominiert.

Vermutlich waren die Ungleichzeitigkeiten zwischen den Milieus und den sozialen Schichten historisch und geographisch gesehen umso größer, je weiter man zurückgeht. In der Zeit der Goetheschen Italienreise waren die Ungleichzeitigkeiten zwischen den Regionen vermutlich schon sehr groß und auch zwischen den sozialen Schichten. Die Unterschiede im späten Mittelalter zwischen einem Bauern, einem Studenten und Menschen wie dem François Villon waren wahrscheinlich ungeheuer groß. Vermutlich war François Villon der Boheme des 19. Jahrhunderts gar nicht so entfernt. Die Frage ist, ob diese Ungleichzeitigkeiten zurücktreten und wir in einer Zeit der Synchronisierung stehen, wo es tatsächlich leichter als noch vor hundert Jahren ist, vergleichend über Psychisches zu sprechen, über räumliche Unterschiede und soziale Schichten hinweg.

GOMBRICH: Ich glaube, daß Sie ganz recht haben mit Ihrer Vermutung, daß nicht zu jeder Zeit das Gefälle zwischen den verschiedenen Klassen und Erziehungsschichten dasselbe war. Zwischen Thomas von Aquin und einem Lastträger war ein kolossales Gefälle, da ist doch gar kein Zweifel. Schließlich hat es bereits damals Universitätserziehung und Disziplin gegeben, besonders in der Kirche. Es gibt auch heute – was immer man sagen mag – kolossale Unterschiede zwischen Gebildeten oder jenen, die es gerne sein wollen, und solchen, die es eben nicht sind. Ich glaube, daß in der heutigen Zeit des vielen Reisens den Menschen diese Unterschiede klarer werden, denn sie sind sehr auffällig. Wenn man nach Japan fährt, sieht man, daß die Leute dort viele Dinge anders erleben. Andererseits kommt natürlich das gemeinsame Menschliche immer mehr heraus, je näher man den Menschen kommt und je mehr man mit ihnen befreundet ist. Dann sieht man, daß das erworbene Kulturgut doch in gewisser Beziehung oberflächlich ist.

Ich möchte gerne noch einmal darauf zurückgreifen, daß man für eine wissenschaftliche Erforschung des Wandels immer auch eine Konstanz braucht. Man kann keine Meteorologie betreiben, ohne die Aerodynamik zu beherrschen und zu wissen, wie die Luftströmungen aufeinander reagieren. Popper hat in seiner ausgezeichneten Schrift über *The Poverty of Historicism* (*Das Elend des Historizismus*) schon vor vielen Jahren darauf hingewiesen, daß, wenn man tatsächlich annimmt, daß die verschiedenen Produkte verschiedener Gesellschaften wie Hund und Katze ganz unterschiedlich sind, man auch die Wandlung nicht erklären kann bzw. nichts darüber sagen, als daß sie eben verschieden sind. Wenn man sich um Erklärungen bemüht, was ich in meiner geschichtlichen Arbeit immer getan habe, dann muß man annehmen, daß es auch ein Substrat gibt, das gleich bleibt.

In dieser Beziehung scheint mir der rein evolutionistische Ansatz, den auch die Wiener Schule der Kunstgeschichte, z. B. Alois Riegl und andere, vertraten, daß also die Kunstgeschichte nicht nur den Wandel des Kunstwollens, sondern eine rein psychologische Wandlung zwischen dem Haptischen und dem Optischen, der Seh- und Wahrnehmungsweise widerspiegelt, weitere Erklärungen auszuschließen. Es war eben so, und weiter läßt sich darüber nichts sagen.

Ich bin gar nicht dieser Meinung. Ich bin auch nicht der Meinung, daß die Kunst oder was man so nennt, also das Bilderschaffen, immer dieselbe Funktion gehabt hat und darum immer dasselbe Erklärungsmodell verlangen kann. Ganz im Gegenteil. Ich finde es sehr abwegig, wenn Leute anfangen mit: »Der Künstler schafft doch so und so.« Ein ägyptischer Steinmetz war auch ein Künstler, aber nicht im selben Sinn wie ein heutiger Student, der irgendwo ausstellen will.

EHALT: Bildliche Quellen sind ja immer wieder als Zeugen des Mentalitätswandels zitiert worden. Tatsächlich geben die Bilder sowohl im Vergleich unterschiedlicher Kulturräume als auch im Vergleich unterschiedlicher Zeiträume einen enormen Wandel wieder. Wonach ich Sie fragen möchte, ist das Verhältnis dieses Normenwandels zum Wandel der Psychostruktur oder zum Wandel des Seelischen. Man könnte sagen, daß ein Wandel in den Normen und ein Wandel in den psychischen Wahrnehmungsweisen zwei ganz unterschiedliche Dinge sind. Man könnte meinen, daß die Normen doch etwas Äußerliches, etwas sehr an der Oberfläche Befindliches sind, das sich im Zuge historischer Prozesse ändert, bei einer im Grunde gleichbleibenden Psychostruktur. Ich möchte auf ein Beispiel hinweisen, ein Bild von Bosch, nämlich den Weltgerichtsaltar in der Akademie der bildenden Künste, wo die Bestrafung der Todsünden dargestellt ist. Es gibt Vorstellungen wieder, bei denen offensichtlich eine Schaustellung mit einem moralischen Hintergrund eine Bedeutung gehabt hat, nämlich die Leibesstrafen und Körperstrafen in einer Welt, in der die psychischen Strukturen der Menschen nicht so gefestigt waren und in der Folter und Hinrichtungen auch die Bedeutung hatten, noch lockerere Normenstrukturen zu festigen, in der Bilder wie dieses einen moralisierenden Charakter hatten. Diese Dinge könnte man als Oberflächenwandel, als Wandel der Normen oder als einen tiefergehenden Wandel sehen.
Wie sehen Sie das Verhältnis von sich wandelnden Normen des Verhaltens und dem Seelischen?

GOMBRICH: Nun, was diese spezielle Frage betrifft, so hat Bosch ja nur illustriert, was in unzähligen Predigten den Leuten angedroht wurde. Es war sein Talent, daß er das so graphisch, wie man sagt, darstellen konnte, aber an sich war das –

EHALT: – Gemeingut?

GOMBRICH: Gemeingut – ja und nein. Es hat mich einmal sehr interessiert, die Reise des Kardinals von Aragon zu lesen, der ungefähr 1520 von Italien nach Norden gereist ist, und dessen Sekretär ein Tagebuch geführt hat, in dem er auch Bilder von Bosch beschreibt. Und er war geradezu entsetzt von der Grausamkeit, die ihm in deutschen Landen entgegengekommen ist. Als Italiener war ihm das unbegreiflich. Er sagte zwar dazu, daß sie vielleicht notwendig sei. Aber in Wirklichkeit war er kultivierter als die Leute damals im Norden. Daher kann man das auch nicht rein chronologisch betrachten. Er hat nicht mitmachen wollen und hat das auch nicht gerne gesehen. Was die grausigen Vorstellungen eines Bosch betrifft, so brauchen Sie nur ein Konzentrationslager im heutigen Jugoslawien aufzusuchen, um zu sehen, daß es das auch heute noch gibt. Von der Nazizeit ganz zu schweigen. Das ist eben ein Durchbruch zu den primitiven Schichten, die es wahrscheinlich immer gibt. Leider.

EHALT: Sie würden also durchaus – was auch eine logische oder naheliegende Vorstellung ist – Ereignisse und Verhaltensweisen von Folterknechten in rezenten Konzentrationslagern, sei es in Asien oder Jugoslawien, mit solchen der Nazizeit oder der Inquisition auf eine Stufe stellen?

GOMBRICH: Ja, ich glaube schon. Ich bin kein Fachmann für die Geschichte der Inquisition. Selbst dort gab es wahrscheinlich Menschen verschiedener Mentalität, aber die Verrohung, auf die es ankommt, hat es immer gegeben. Ich glaube, ich kann sie ruhig darauf zurückführen, was ich in meinem Rathaus-Vortrag zitiert habe: jene schöne Stelle von Cicero, in der er von gewissen Reaktionen des kultivierten Menschen spricht, dem zum Beispiel zu primitive Reize, wie: zu süß, zu glatt, zu stark duftend, allmählich ekelhaft werden. All diese Dinge stimmen mit Norbert Elias sehr stark überein, allerdings sind sie viel mehr auf die Erziehung und auf das Soziale eingestellt, als der rein historische Ansatz uns glauben läßt. Es hat immer den Kontrast gegeben, der auch in unserer Literatur und der bildenden Kunst eine Rolle spielt. Denken Sie an Don Quichote und Sancho Pansa. Der eine der Idealist, der andere der Bauer. Oder an Tamino und Papageno. Der eine ist nur aufs Essen bedacht, der andere auf das Ideelle. Diesen Kontrast gibt es auch im indischen Drama und gewiß auch in China. Es gibt den schönen Roman von dem Affen in China, der wieder eine humoristische Figur ist, weil er immer nur fressen will. Die komische Figur hat es immer gegeben, Falstaff und andere. Ob es nun Fressen oder Trinken ist oder etwas anderes, von dem sich der Kultivierte gerne distanziert. Der Abstand zwischen den beiden spielt sowohl in der Literatur als auch sonst eine große Rolle. Das Ländliche im Idyll oder im Pastoralen hat ebenfalls sein positives Vorzeichen. Da ist einerseits die Unschuld und andererseits das Verdorbene, Korrupte. Aber das Verfeinerte ist auch etwas anderes als das gar zu Schlichte. Woran man sehen kann, daß jede Vereinfachung sehr leicht in die Irre führt.

EHALT: Vermutlich war es die Verstärkung bestimmter in der europäischen Tradition bereits sehr lange vorhandener Tendenzen der Humanität, die im 18. und 19. Jahrhundert zu neuen Sichtweisen geführt haben, die es jedoch schon in der Antike, im Mittelalter oder in der Renaissance in bestimmten Gruppen und Diskursen gab. Ich habe auch angesichts der Frage der Hinrichtungen, der Folter und deren Darstellung an neuere Arbeiten zur frühen Neuzeit gedacht, wo diesen Dingen nicht der Stellenwert des Abscheulichen, sondern ein Stellenwert innerhalb einer anders gearteten Form der Rechtsprechung und des Rechtsvollzugs gegeben wird.
Mir ist Ihre Sicht der Dinge in diesen Belangen sehr sympathisch, weil Sie im Sinne eines humanistischen Weltbildes von einer Konstanz dessen, was Humanität bedeuten kann, ausgehen und die Kategorie des humanen Handelns nicht relativieren, weil sie eigentlich erst in der bürgerlichen Welt des 18. und 19. Jahrhunderts zur Ausprägung gelangt ist.

GOMBRICH: Ich bin ganz Ihrer Meinung. Ich würde sogar noch viel weiter gehen und sagen, daß in vielen Religionen und Weltanschauungen Ähnliches vorkommt. Denken Sie zum Beispiel an den Buddhismus und seine Lehre vom Mitleid, an die Bedeutung, die dem Mitleid zugeschrieben wird. Das geht mindestens ins 5. Jahrhundert v. Chr. zurück. Denken Sie an Konfuzius und seinen Satz: »Der Mensch ist gut«. Gewiß ist die Justiz in China fürchterlich grausam gewesen und ist es wahrscheinlich heute noch. Aber es gab auch eine Tendenz zur Distanz von diesen Dingen. Der Weise ist sich klar, daß die Menschheit leidet und daß man sich davon abwenden kann und muß. All diese Dinge gibt es

wahrscheinlich in irgendeiner Form immer. Die Vorstellung einer rein homogenen Einstellung, selbst in sogenannten primitiven Stammesgesellschaften, ist eine grobe Vereinfachung. Mein Sohn war jahrelang auf Sri Lanka und hat sich dort als Anthropologe mit den buddhistischen Mönchen beschäftigt. Wer sich intensiv mit irgendeiner Gesellschaft und deren Einstellung beschäftigt, der lernt sehr schnell, daß es zu jeder Verallgemeinerung auch Ausnahmen gibt. Es gibt auch in diesen Gesellschaften, selbst in einem Dorf, Skeptiker, die sagen: »Aber erzählt mir doch nichts. So was erzählen uns die Priester, damit sie uns schrecken.«
Die Vorstellung einer rein stereotypen Mentalität, die allen gemeinsam ist, ob auf den Trobriand Islands oder im heutigen Wien, ist immer abwegig.

EHALT: Sie kommen aus der Schule Aby Warburgs, der wiederum stark von einer Denkweise, wie sie Karl Lamprecht vertreten hat, beeinflußt gewesen war. Charakteristisch für diesen Ansatz ist, daß die Geschichte nicht nur aus dem Auftreten neuer Persönlichkeiten auf der Bühne der Weltgeschichte besteht, sondern daß sich die Institutionen, die Rollen, die Wahrnehmungsformen und die Formen des Widerstandes der Menschen verändern. Nun erkenne ich aus Ihren aktuellen Schriften und Vorträgen eine langsame Wendung weg von einem kultur- und sozialgeschichtlichen Ansatz, wie ihn Lamprecht gefordert hat, hin zu einem Paradigma, das weniger den prozeßhaften Rollen- und Institutionenwandel betont, als auf das Konstante hinweist, bei aller Individualität einzelner Werke und einzelner Persönlichkeiten. Das wäre auch im Sinne der Popperschen Kritik am Historizismus.

GOMBRICH: Ich muß Sie da korrigieren, wenn ich darf. Ich habe mich mit Warburg immer nur rein historisch auseinandergesetzt. Ich habe ein dickes Buch über ihn geschrieben, und ich kenne seine Schriften vielleicht besser als die meisten anderen Leute. Aber ich habe nie der Schule Warburgs angehört in dem Sinne, daß ich geglaubt hätte, daß das Heidentum in der Renaissance durchgebrochen wäre, oder ähnliche Dinge. Warburg war noch ganz dem Evolutionismus verfallen. Er hat in den Hopi-Indianern, die er besucht hat, den Primitiven gesucht und gefunden, ganz im Sinne des 18. Jahrhunderts. Er hat die Spannungen in der Renaissance rein evolutionistisch gesehen, und er hat an den

Verfall und an die Gefahren, die der Kultur drohen, sehr geglaubt. Ich glaube auch an die Gefahren, die der Kultur drohen, nur sehe ich sie ganz anders als Warburg. Was Lamprecht betrifft, so glaube ich gewiß nicht wie er, daß man an Karolingischen Initialen die Mentalität der Karolinger ablesen kann. Das sind alles Dinge, die schon hundert Jahre, im wahrsten Sinne des Wortes, zurückliegen und die uns zu nichts verpflichten.

Was mich betrifft, so bin ich ganz im Gegenteil der Ansicht, daß gewisse Situationen aus den Menschen andere Eigenschaften und andere Einstellungen herausholen. Man kann ruhig sagen, daß, wenn jemand in die Armee geht und dort mitmachen muß, sich in gewisser Beziehung seine Mentalität ändert, weil er gegen den Druck der Allgemeinheit nicht Widerstand leisten kann. Das gilt sicher auch für Künstler und für alle anderen, in jeder Beziehung. Ich habe in den letzten Jahren manchmal einen Begriff zu prägen versucht, und zwar habe ich von der Ökologie des Bildes gesprochen, das heißt, so wie verschiedene Pflanzen- und Tierarten genetisch bedingt eine ökologische Nische brauchen, um dort zu gedeihen, so gilt das auch für Kulturerscheinungen. Denken Sie ganz einfach an das Malen von Altarbildern. Als der Protestantismus im Norden aufkam, war diese ökologische Nische nicht mehr da. Viel interessanter scheint mir aber zum Beispiel die höfische Kunst zu sein. Was von einem Künstler um 1400 am Hof erwartet wurde, war der Luxus und der internationale gotische Stil. Oder zur Zeit der Renaissance die Virtuosität, die Knalleffekte. Von Giulio Romano, mit dem ich mich viel beschäftigt habe, am Hof von Federico Gonzaga, hat man eben gewisse Dinge erwartet, die er auch leisten konnte, weil er sehr begabt war. Wenn man es nicht erwartet hätte, hätte er andere Dinge gemacht. So etwas wie den Gigantensaal, der ein Spektakelstück im Palazzo del Te ist, hat er denen zuliebe gemacht, die amüsiert werden wollten. Ich glaube, daß sich jeder Künstler der ökologischen Nische nur zu sehr bewußt ist. Die idealistische Vorstellung, daß es ihm gleich ist, ob er Erfolg hat oder nicht, ist doch sehr anfechtbar. Ich habe einmal geschrieben, daß ein Künstler, so wie ein Baum auf das Licht, auf die Anerkennung zuwächst, die ihn fördert. Infolgedessen glaube ich ganz bestimmt, daß jede neue wirtschaftliche und soziale Konstellation die Kunst ungeheuer beeinflußt. Heute sind es die Medien, die Originalität verlangen. Ob der Kritiker es nun weiß oder

nicht, aber viele Künstler richten sich nach den Kritiken und versuchen zu schockieren oder Dinge zu tun, an die sie sonst gar nicht denken würden. Sie empfinden ganz genau, worauf es der Kritik ankommt.
Ich habe das einmal bei Kindern erlebt und gesehen. Man hat mir in einem Museum in Amerika, in Baltimore, die Arbeiten von Kindern gezeigt. Dort gibt es Malstunden speziell für Kinder. Ich habe sie mir angeschaut – sie waren wie alle Kinderzeichnungen recht hübsch – und plötzlich gesagt: »Merkwürdig, die schauen alle aus wie von deutschen Expressionisten.« Man hat mir daraufhin geantwortet: »Ja, die Lehrerin ist eine Deutsche und expressionistische Malerin.« Das heißt, sie hat, ohne es zu wissen, die Arbeiten der Kinder gesteuert. Nicht in dem Sinn, daß sie vorgeschrieben hätte, was die Kinder malen sollen. Ein Maler oder ein Lehrer braucht nur ein Bild länger anzusehen, damit die Kinder sofort spüren: Das hat er gern, so was sollten wir machen.
Ich glaube, daß solche Beeinflussung unausgesetzt eine Rolle in der Geschichte der Kunst spielt. Nicht nur die momentane Mode, sondern auch die Werte, die Medien oder das, was einflußreiche Leute fördern wollen.

EHALT: Vielleicht so, wie Friedrich Meinecke das einmal beschrieben hat, als er gesagt hat, daß die Epochen jeweils bestimmte Persönlichkeitstypen forciert haben und andere nicht zur Ausprägung gelangen ließen. So hat sicherlich das realsozialistische System einen bestimmten bürokratischen Typus sehr stark forciert, während all jene Persönlichkeiten, die unternehmerische Begabung, Geschick und Phantasie mitbrachten, dort weniger Chancen hatten. Denken Sie auch, daß innerhalb bestimmter Strukturen sich bestimmte Grundzüge und Persönlichkeiten besser entfalten können?

GOMBRICH: Ja, ich bin davon überzeugt, daß das richtig ist. Freilich muß man auch mit der Stärke der individuellen Eigenschaften rechnen. Es gibt immer Leute, die sich auch gegen das Milieu durchsetzen, aber die meisten werden doch vom Milieu sehr stark geprägt. Ich glaube schon, daß es eine Mentalität gibt, denn der Mensch ist doch ein Gewohnheitstier. Er ahmt sehr gern nach und fühlt sich am wohlsten, wenn alle anderen dasselbe glauben. Infolgedessen gibt es selbstverständlich gewisse Einstellungen, die allmählich von allen anderen aufgenommen werden. Und einer, der sagt: »Daran glaube ich überhaupt nicht, das ist doch alles Unsinn«, muß erleben, daß er isoliert ist, wenn nicht gar verhaßt. Es gilt für jede Schulklasse und für jede Gruppe, daß Sich-Aussondern gefährlich ist. Und der Mensch ist auch ein Feigling, daher ist es nicht leicht, seine eigene Meinung zu behalten. Wenn alle anderen sagen: »Der Mond besteht aus goldenem Käse«, so sagt er lieber gar nichts, wenn er es nicht glaubt.

EHALT: Wenn ich an Ihre Ausführungen bei der Wiener Vorlesung denke, war doch der Begriff der »Wahrnehmungskonstanz« eine wichtige Kategorie. Nun haben Sie sich explizit gegen die These ausgesprochen, daß sich die Sehweise, die Raumwahrnehmung verändert haben könnte. Gibt es aber nicht viel Material, das eine Veränderung von Raumaneignung und Raumwahrnehmung dokumentiert? Ich denke an aktuelle Dinge wie sich verändernde Sehgewohnheiten im Zusammenhang mit der Durchsetzung von Fernsehen, Video, Videoclips. Oder an das, was jetzt von Sozialwissenschaftern dokumentiert worden ist, daß nämlich in unterschiedlich großen Städten andere Gehgeschwindigkeiten existieren, daß also die Leute in München oder Washington doppelt so schnell gehen wie die Bewohner eines griechischen Dorfes. Der Historiker Schivelbusch hat mit seinem Büchlein über die Eisenbahnreise beschrieben, wie das Fahren mit der Eisenbahn die Wahrnehmung von Landschaft verändert hat. Sind diese Thesen für Sie integrierbar in Ihre Sichtweise? Meine Frage ist, wie radikal Ihre Kritik an der These der sich ändernden Raumwahrnehmung ist. Denn es gibt ja sicher Schattierungen.

GOMBRICH: Selbstverständlich kann man sich selbst und andere trainieren auf Erscheinungen wie Geschwindigkeit etc. Ich selbst habe eine total andere Raumwahrnehmung, wenn Sie es gern so nennen wollen, wenn ich heute mit dem Auto in den Wienerwald fahre und es mit früher vergleiche, als wir zu Fuß gegangen sind. Heute ist es nach Hochrodert sehr nah, damals war es ein langer Ausflug. Das ist eigentlich ziemlich trivial. Man kann auch sagen, daß wir den Mond etwas anders sehen, seitdem wir dort waren und auf Bildern gesehen haben, wie es dort aussieht. Aber ich glaube, daß das ganze Gerede vom Raum ein Mißverständnis des Kantschen Ansatzes ist, daß Raum und Zeit Denkformen sind. Was ist denn nicht Raum? Wenn wir hier zusammensitzen, so sind wir uns doch ganz klar darüber, wie nah oder wie fern wir voneinander sitzen, und wenn ich morgen einpacken werde, weiß ich genau, ob dieses Buch noch in den Koffer hineingeht oder nicht. Ich denke nicht, daß ein Kaufmann des 14. Jahrhunderts das anders gesehen hat als wir. Wieviele Zündhölzer gehen in eine Zündholzschachtel? Alles das ist Raum. Und die Frage ist doch, was eigentlich *nicht* Raum ist. Wir leben nun einmal im Raum, in drei Dimensionen, und wir wissen ganz genau, wenn etwas verdeckt ist durch einen anderen Gegenstand. Das sind alles räumliche Erlebnisse. Oder die Begriffe »unter dem Tisch« und »über dem Tisch«: alles das ist Raum. Es liegt eine gewisse Mystifikation in der Vorstellung, daß das keine Konstante sein soll und daß wir alle ganz anders denken. Das scheint mir eher lächerlich als fruchtbar zu sein. Ich habe freilich von den Experimenten von Piaget über die Konstanz von Flüssigkeiten gehört. Ich bin davon überzeugt, daß es viele Konstanten gibt. Natürlich gibt es da Wandlungen, zum Beispiel wenn man sich immer im Auto bewegt hat und dann im Flugzeug fliegt. Ich erinnere mich noch an den ersten Flug im Düsenflugzeug. Wie überrascht war ich, wie schnell wir von Kopenhagen nach London gekommen sind! Heute wäre ich nicht mehr überrascht, zumal es das Propellerflugzeug fast nicht mehr gibt. Aber das sind eigentlich doch Trivialitäten. Das ist nicht mein Raumgefühl, sondern das ist einfach meine Erwartung. Erwartungsvorstellungen verändern sich natürlich die ganze Zeit mit der Erfahrung.

Natürlich haben wir alle verschiedene Raumerlebnisse. Es gibt eine sehr schöne Arbeit von Rubin über den Mund. Wenn man beim Zahnarzt ist und der am Zahn herumbohrt, kann man sich gar nicht vorstellen, wie klein das alles ist, weil es sehr groß wirkt. Wenn man etwa ein Stück Fleisch zwischen den Zähnen hat, kommen sie einem viel größer vor. Es gibt da verschiedene Größenskalen. Merkwürdigerweise auch im Wohnraum. Wenn man ein Zimmer in einem Haus, das man beziehen will, zuerst leer sieht oder gar nur die Fundamente, so wirkt es viel kleiner, als wenn es bewohnt ist. Denn dann steht da der Schreibtisch, da der Kasten und da der Spiegel, und es wird so zur eigenen kleinen Welt. Wenn es ausgeräumt wird, ist man erstaunt, wie klein es objektiv oder laut Messung eigentlich war. Das Raumerlebnis ist gewiß elastisch, aber das war es wahrscheinlich immer.

EHALT: Raumerlebnis und Raumwahrnehmung sind auch Aspekte der Übersicht, die ein Individuum über eine Sache hat. Vermutlich auch des Lernens. Ein Gebiet ist, wenn man es sehr genau kennt, sehr klein, hingegen wirkt es unendlich groß, wenn man es zum erstenmal durchquert. Ähnlich ist es vielleicht auch mit den Distanzen der Zeit, die man in seinem Leben durchschreitet. Je größer die Zeitspanne, die man selber durchschritten hat, um so kleiner und überschaubarer erscheinen einem Zeiträume.

GOMBRICH: Ich erinnere mich an ein Erlebnis, als ich an einen Ort in Schweden zurückgekommen bin, wo ich als Kind war. Der Hof, in dem ich gern gespielt habe, kam mir damals sehr groß vor. Als ich erwachsen war, kam er mir erstaunlich klein vor. Das ist ein allgemein bekanntes Erlebnis, denn für das Kind war dieser Hof eben die Welt. Für mich als Erwachsener war es ein enger Raum. Das gilt für sehr viele Erlebnisse, weil wir persönliche Maßstäbe haben. Es gibt eine ganz Reihe von optischen Illusionen, die darauf hinweisen, daß für uns zum Beispiel die Höhendimension nicht die gleiche ist wie die Breitendimension. Die Höhendimension wirkt stärker als die Breitendimension. Das Profil eines Gebirges wird oft überhöht, damit es richtig wirkt. Alle diese Dinge sind wahr und interessant, aber sie gelten wahrscheinlich mehr oder weniger für alle Leute. Eibl-Eibesfeldt wüßte vielleicht mehr darüber.

EHALT: Es ist vielleicht eine Entwicklung in der aktuellen Welt, daß die Distanzen rundum schrumpfen und wir insgesamt das Gefühl für weite Distanzen verloren haben. Es ist zur individuellen Erfahrung geworden, daß Distanzen leicht und rasch zu überwinden sind und daß die engere und weitere Welt zusammengerückt ist. Die Frage ist, inwieweit man diesen Wandel in der Erfahrung, der sich im 20. Jahrhundert eingestellt hat und der wahrscheinlich seit der Verbreitung der Eisenbahn im 19. Jahrhundert besteht, als Wahrnehmungswandel bezeichnen kann.
In Ihren Ausführungen sind Sie davon ausgegangen, daß das Bild der Welt, das in Kinderzeichnungen zum Ausdruck kommt, relativ wenig Rückschlüsse auf das seelische Kinderleben zuläßt. Sie haben sowohl für das Zeichnen der Kinder als auch für die Darstellung der Welt durch die Künstler die These aufgestellt, daß sich Kinder und Künstler

jeweils um die bestmögliche Darstellungsform des Wirklichen bemühen, auf dem Stand der Zeit und der Mittel.
Das heißt, daß Kinderzeichnungen nicht ihre Wahrnehmung von der Welt wiedergeben, sondern schlicht und einfach die Tatsache, daß Kinder noch nicht gelernt haben, die Welt adäquat darzustellen. Ähnliches gilt dann für die Geschichte der Malerei, die sich bis ins 19. Jahrhundert hinein, bis zur Erfindung und Weiterentwicklung der Fotografie, als Geschichte einer immer perfektionierteren Wirklichkeitsdarstellung lesen läßt.
In was für einem Verhältnis steht für Sie die Perfektionierung der Wirklichkeitsdarstellung mit den Mitteln der Perspektive, der Farben, der Lichtanalyse zu der Frage der ästhetischen Qualität von Bildern?

GOMBRICH: Was die Kinderzeichnungen betrifft, so glaube ich, daß es dem gesunden Menschenverstand einfach Hohn spricht, daß das Kind glaubt, daß seine Mutter so aussieht, wie es sie darstellt. Ich schlage ein Experiment vor: Wenn man als Modell eine runde Scheibe mit vier Anhängseln macht und es, wenn das Kind nach der Mutter schreit, durch die Türe schiebt, so würde das Kind doch niemals glauben, das sei die Mutter. Das ist einfach Unsinn. Wie kann man so dumm daherreden. Man kann nur sagen, daß die Leute einfach nicht darüber nachdenken, was sie sagen. Aber die Kinderzeichnung ist ein kompliziertes Problem in unserer Gesellschaft, weil das Kind ja Bilderbücher kennt und …

EHALT: … und die optischen Medien auch sehr wichtig sind …

GOMBRICH: … und die jüngeren Kinder die älteren nachahmen usw. Ich will mich damit jetzt nicht ausführlich beschäftigen, denn es ist kompliziert. Es geht um Kennzeichen, die das Kind in sein Schema einzutragen versucht. Ich habe in meinem Buch über Kunst und Illusion viel darüber gesprochen. Über das Minimum-Modell, das hergestellt wird und das dem entspricht, was das Kind darzustellen hofft. Es ist auch selbstverständlich, daß das Kind nicht genau auf Papier bringt, was es beabsichtigt. Kinderzeichnungen sind sehr hübsch und machen auch mir viel Spaß, aber die Mütter, die glauben, daß alles vorher im Gehirn des Kindes war und dann auf dem Zeichenblatt, sind doch sehr befangen. Das gibt es natürlich nicht.

Was die Darstellung betrifft, so habe ich darauf hingewiesen, daß es auf den Zweck und auf die Absicht ankommt. Es gibt viele Künste und Stile, in denen die spiegelbildhafte Darstellung dessen, was ein Augenzeuge sehen würde, überhaupt nicht am Tapet steht. Die meisten bildlichen Darstellungen, die wir fälschlicherweise primitiv nennen, sind eben bilderschriftartig, da die Kenntlichkeitsgrenze das Wesentliche ist. Wenn man einer schematischen Form einen Rüssel gibt, so wird es ein Elefant. Wenn sie keinen Rüssel hat, aber eine Mähne, kann es ein Löwe werden. Das bedeutet nun absolut nicht, daß die glauben, daß Elefanten und Löwen so aussehen. Sondern das ist die Konvention »Löwe« oder »Elefant«.

Es gibt überhaupt nur ganz wenige Hochkulturen, in denen das Bildermachen zur Entsprechung mit dem, was der Augenzeuge sieht, herausgefordert war. Das waren im wesentlichen die griechische Antike und die Renaissance, aber natürlich auch die ostasiatische Kultur. Dort gibt es eine Entwicklung des systematischen Vergleichs des Bildes mit dem, was man von einem bestimmten Standpunkt aus sehen kann. Die Leute, die das nicht gemacht haben, waren gewiß nicht primitiv. Im Gegenteil sie waren vielleicht sehr geschickt, und darauf kommt es an. Zeichnen ist eine Geschicklichkeit, eine technische Errungenschaft, so wie manch andere Errungenschaft in der Kultur und der Technik. Das Fliegenlernen ist eines meiner Lieblingsbeispiele dafür. Das kann nicht jeder, aber wenn man es kann, ist es natürlich eine kolossale Errungenschaft. Wir können keinen Bumerang werfen und nicht einmal anständig einen konstruieren. Das sind verschiedene Techniken, die in verschiedenen Kulturen lebenswichtig werden, und so gesehen – und damit kommen wir auf den Ausgangspunkt zurück – lehne ich jeden Evolutionismus ab. Die Entwicklung geht nicht von einer primitiven Darstellungsweise – lassen wir einmal die Kinder außer acht – zu einer hochentwickelten. Es werden gewisse Mittel entwickelt, auch gewisse Farbstoffe und andere Dinge, die gewisse Möglichkeiten und Wirkungen erlauben. Wenn Sie mich fragen, was das mit Ästhetik zu tun hat, so antworte ich: »An sich gar nichts«. Es gibt zoologische Illustrationen von Elefanten und Löwen, die keineswegs Kunstwerke sind. Hingegen gibt es eine Zeichnung eines Elefanten von Rembrandt, die wohl ein Kunstwerk ist, und manche Löwen von Rubens oder Delacroix sind es auch. Das liegt auf einem ganz anderen Gebiet.

EHALT: Würden Sie meine vorige Frage bezüglich einer sich perfektionierenden Wirklichkeitsdarstellung in der Neuzeit überhaupt akzeptieren, oder ist sie unzulässig, weil auch mittelalterliche Künstler oder Bildermacher versucht haben, ihre Welt bzw. Weltsicht darzustellen, genauso wie Künstler der Renaissance oder des 19. Jahrhunderts? Die These wäre, daß eine sich ändernde Sicht der Wirklichkeit andere Bilder provoziert hat, so daß in einem symbolischen Weltbild die Darstellung der Wirklichkeit über Symbole erfolgt ist, während in einem naturwissenschaftlich sich formierenden Weltbild die Darstellung der Wirklichkeit sich im Sinne der Fotografie vollzieht.

GOMBRICH: Nein, ich lehne Ihre Deutung absolut ab. Ich bin überzeugt, daß die Leute, die ein Werk von Giotto das erste Mal gesehen haben, höchst erstaunt waren darüber, wie er die Wirklichkeit darstellt. Das wissen wir auch von Boccaccio. Es gibt unzählige Zeugnisse dafür, wie jeder Zuwachs an Wirklichkeitsdarstellung eine Sensation erregt hat. Vasari beschreibt sehr schön, wie die Leute geglaubt haben, daß bei Perugino der Höhepunkt erreicht sei und es besser nicht mehr ginge. Bis sie dann einen Leonardo gesehen haben und erkannten, daß es doch noch etwas anderes gibt.
Dasselbe gilt für unser Erleben beim Fernsehen oder von Schallplattenaufnahmen. Natürlich merkt man, ob sie die Wirklichkeit mehr oder weniger wiedergeben. Es ist auch wahr, daß man zufrieden ist. Die Leute, die das Kino nur mit dazwischengeschalteten Bildern oder Inschriften kannten, haben sich nicht daran gestoßen. So war es eben, bis sie den Tonfilm gesehen haben. Gerade in der Technik gibt es die Innovation immer stufenweise. Wer je ein Hologramm gesehen hat, weiß, wie erstaunlich es ist, daß man es auch von der Seite sehen kann und daß es sich wandelt. Natürlich hat ein Miniator des 12. oder 13. Jahrhunderts sich nicht die ganze Zeit gefragt, ob er etwas anatomischer darstellen soll. Aber wenn er es getan hat, so hat man es bemerkt. Ich glaube nicht, daß man das einfach außer acht lassen kann. – Ich wollte sagen, daß wir für dieses Erstaunen sehr viele schriftliche Zeugnisse haben, und auch dafür, daß man sich mit gewissen Konventionen gerne abfindet. Niemand stößt sich beim Anblick einer Büste daran, daß diese gewöhnlich aus Marmor ist, keinen Körper und keine Farben hat, denn das ist nun einmal die Konvention von Büsten. Niemand hat sich an

nichtfarbigen Schwarzweiß-Fotografien gestoßen, denn sie entsprachen der Erwartung, die man ihnen entgegenbrachte. Das hat aber nichts mit dem Weltbild zu tun, sondern mit den Mitteln, die man kennt und akzeptiert, solange es die Mittel sind, mit denen die Bildermacher arbeiten.
Was den Standard der Wirklichkeit betrifft, so gibt es ein Beispiel, das ich schon oft erwähnt habe, und zwar die Mimikry in der Natur. Nachahmung der Wirklichkeit gibt es nämlich im darwinistischen Sinn auch in der Natur. Es gibt Raupen, die wie Äste ausschauen und daher von den Vögeln nicht so leicht gefressen werden, weil diese sie tatsächlich für Äste halten. Andere harmlose Insekten schützen sich dadurch, daß sie so aussehen wie Wespen. Die Vorstellung, daß es so etwas wie Naturtreue nicht geben kann, ist schon rein naturwissenschaftlich nicht haltbar. Ich würde noch weiter gehen und sagen, daß die Augen auf gewissen Schmetterlingen für das Beutetier abschreckend wirken, weil sie eben wie Augen aussehen. Man hat das sogar nachgewiesen: Wenn man sie übermalt, werden die armen Schmetterlinge leichter gefressen. Mit Weltanschauung hat das genausoviel oder genausowenig zu tun wie die Erfindung der Brille, die im späten 13. Jahrhundert aufgekommen ist, woraufhin eben auch Kurzsichtige besser gesehen haben. Es gibt das alles wirklich. Also ich bin gegen diesen Relativismus.

EHALT: Was nun die Zeichen betrifft, so gibt es auch hier zwei Auffassungen. Die eine Auffassung sieht in den Zeichen sehr viel Archetypisches. Ich denke da an die Ethologie, aus deren Bereich Sie ja Beispiele zitiert haben: Kindchenschema, Mimik, Gestik. Die andere Auffassung besagt, daß sich die Bedeutung der Zeichen verändert und sie jeweils an einen kulturellen Kontext gebunden sind. Es gibt zum Beispiel in einer afrikanischen Kultur eine Gefäßform, die dem Münchner Bierkrug ähnelt. Und es wäre sicher total verfehlt, von der Identität der Form auf eine Identität der Rituale und des Gebrauches zu schließen.

GOMBRICH: Aber ein Bierkrug ist auch kein Zeichen. Ich meine, daß Konrad Lorenz in gewissem Sinn recht hatte, nämlich daß es solche archetypische Reaktionen wie das Kindchenschema gibt. Aber die meisten Zeichen sind Dinge wie Buchstaben, Fahnen oder Wappen, die nicht angeboren sind sondern erlernt. Wir mußten alle lesen lernen, und Chinesisch können wir nun leider nicht lesen. Ich jedenfalls nur sehr schlecht und andere vielleicht gar nicht.

EHALT: Meine letzte Frage bezieht sich auf die Wirklichkeitskonstruktionen. In den letzten Jahrzehnten haben fast alle Wissenschaften – die Geisteswissenschaften, aber auch die Physik – eine konstruktivistische Wende durchgemacht, das heißt, sie sind von einem positivistischen zu einem relativistischen Wirklichkeitsbild gekommen. Allerdings gibt es in den letzten Jahren wieder eine Gegentendenz. Kern dieser neuen Auffassung war der Glaube, daß die Wirklichkeit zu einem großen Teil Produkt einer sozialen Übereinkunft ist und nicht etwas Festes, Statisches, was unabhängig vom sozialen Diskurs darüber besteht. Im Zuge des Studiums Ihres Werkes möchte ich die Vermutung äußern, daß bei Ihrem persönlichen Weg als Forscher eine positivistische Sicht der Dinge stärker an Bedeutung gewonnen hat. Auch bei Ihnen wird eine bestimmte Sicht sehr kritisch gesehen, so wie Popper sie in seinem Buch *Das Elend des Historizismus* kritisiert. Stimmt meine Beobachtung und, wenn ja, ist diese Sicht das Produkt persönlicher und historischer Erfahrung, aus einer reichen Vergangenheit und einer genauen Beobachtung des Lebens heraus? Könnte man sagen, daß im Zuge der eigenen Lebenserfahrung – und das ist ein Weg, den jeder sehende Mensch durchmacht – der Glaube an die Machbarkeit und Gestaltbarkeit der Welt und damit das relativistische Bild an Bedeutung verliert und der Glaube an die gleichen, im Menschen wirkenden Kräfte an Bedeutung gewinnt?

GOMBRICH: Auch hier würde ich sehr weit ausholen müssen, denn ich war nie ein Positivist und bin es auch weiterhin nicht. Genausowenig wie Popper. Das ist ein reines Mißverständnis. Ich weiß, daß es ein Buch über den sogenannten Positivismus-Streit gibt, in dem Popper eine Rolle spielt. In Wirklichkeit war Popper immer ein Gegner und Kritiker des positivistischen Wiener Kreises. Ich glaube nur an die Möglichkeit einer Kritik, an eine kritische Einstellung. Wie Popper glaube ich, daß man Hypothesen aufstellen muß und auch gar nicht anders kann, daß man jedoch verpflichtet ist, sich zu fragen: »Stimmt denn das nun eigentlich oder nicht?« Mit Popper teile ich die Vorstellung einer objektiv existierenden Welt. Ich bin ganz stolz darauf, daß auch Einstein dieser Meinung war, im Gegensatz zu Heisenberg und anderen.

Ich verstehe gar nichts von der Quantenmechanik, aber ich bin wie er überzeugt davon, daß diese modische Vorstellung, daß es die Wirklichkeit gar nicht gibt, unhaltbar ist. Wenn einem die Natur nicht manchmal die eigenen Konstruktionen aus der Hand schlagen könnte, weil sie eben falsch sind, dann gäbe es auch keinerlei Annäherung an eine richtige Theorie.

EHALT: Herzlichen Dank für das Gespräch.

GOMBRICH: Vielleicht sollte ich noch nachtragen, daß ich gerade damit beschäftigt bin, ein neues und sehr wichtiges Buch eines befreundeten Kunsthistorikers, der Professor in Oxford ist, zu rezensieren. Das Buch ist von Francis Haskell und heißt *History and its Images* (Die Geschichte und ihre Bilder) und beschäftigt sich genau mit der Frage, die Sie aufgeworfen haben und die so oft aufgeworfen wird, nämlich inwieweit das Bild als Quelle für den Historiker gilt bzw. gegolten hat und wie diese Einstellung seit dem 16. Jahrhundert entstanden ist. Es ist ein sehr gelehrtes, sehr tiefschürfendes Buch, das sicher einen großen Einfluß haben wird, wenn es allmählich bekannter sein wird. Schade, daß es fast 500 Seiten lang ist, weshalb nur wenige Leute es wirklich durcharbeiten werden. Er schließt mit dem wichtigen Beispiel des großen holländischen Historikers Jan Huizinga, der in seinem Buch *Der Herbst des Mittelalters* vermutet hat, daß wir den sogenannten Realismus der frühen flämischen Maler, Jan van Eyck usw., ganz falsch sehen, da er vielmehr in einen ganz anderen kulturellen Zusammenhang gehört als der Realismus der Renaissance-Meister. Daraus zieht Haskell den berechtigten Schluß, daß eben auch die Deutung der Bilder eine theoretische Frage sei, die man nicht einfach so akzeptieren könne, ohne sie nachzuprüfen.

»VON DER NOTWENDIGKEIT DER GLEICHHEIT«

Gespräch mit Walter Grab am 30. November 1994

EHALT: Herr Grab, Sie können als Historiker auf ein reiches Leben zurückblicken. Wie beurteilen Sie aus heutiger Sicht die Geltungsgrundlage historischer Modelle, die Aussagen über längerfristige Entwicklungen machen – ich denke hier in erster Linie an die Theorie des historischen Materialismus. Ich kann in meinen Gesprächen mit Persönlichkeiten aus den Sozialwissenschaften zunehmend die Erfahrung machen, daß der Glaube an die Flexibilität des Menschen, an seine Fähigkeit, sich in neue Situationen einzufügen – und damit auch die Hoffnung auf eine bessere, aufgeklärtere Geschichtsordnung – ein bißchen zurückgenommen wird.

GRAB: Gestatten Sie mir zunächst, die Grundthese meiner Forschungen darzustellen. Die wohl bedeutendsten politischen Wissenschaftler des 19. Jahrhunderts, nämlich Alexis de Tocqueville und Karl Marx (Tocqueville als Konservativer und Marx als Revolutionär), haben behauptet, daß die Idee der Gleichheit die Menschen auf diesem Erdball immer stärker ergreift; das ist und war die generelle Tendenz. Beide, sowohl Marx als auch Tocqueville (Marx mit Begeisterung, Tocqueville mit Schrecken), haben sich gefragt: »Was heißt Gleichheit?« – Und auf dieser Frage möchte ich nun aufbauen.
Was ist Gleichheit? Natürlich gibt es kluge und dumme, dicke und dünne, gebildete und ungebildete Menschen. Unter Gleichheit ist daher »Gleichwertigkeit« zu verstehen. Die Gleichwertigkeit aller Menschen – das ist die Tendenz der gesamten Gesellschaftsentwicklung überhaupt. Nimmt man das als Grundthese, so muß hinzugefügt werden, daß diese Idee der Gleichheit bereits von einem der bedeutendsten, vielleicht sogar *dem* bedeutendsten politischen Wissenschaftler des 18. Jahrhunderts – von Montesquieu – in den Mittelpunkt seiner Forschungen gestellt wurde. Und Montesquieu sagt: »Gleichheit ist das Prinzip der Demokratie«. So wie der Schrecken das Prinzip der Tyrannei ist, ist die Gleichheit jenes der Demokratie. Davon ausgehend glaube ich, daß es

der Sinn – und zwar der immanente Sinn – der Geschichte ist, daß die Menschen Gleichwertigkeit anstreben. Wobei Sie ja tatsächlich zunehmend als gleichwertig angesehen werden; und das ist kein Sinn, der dahin oder dorthin abgewandelt werden könnte, sondern ein objektiver, der gesamten Menschheitsgeschichte grundgelegter. Das betrifft unsere eigene Epoche mit der Dekolonialisierung oder dem Aufbruch der kolonialen Nationen, aber auch Europa als Ganzes; es gibt keine Völker mehr, die, wie noch vor 50 oder 80 Jahren, als geschichtslos angesehen werden. Heute wollen auch Völkergemeinschaften wie die Tschetschenen – von denen ich in meiner Schulzeit nie etwas gehört hatte – ihren eigenen Staat, ihre politische Einheit, und wollen eben *gleich* sein. Nehme ich also die Gleichheit oder Gleichwertigkeit der Demokratie als Grundlage, muß ich sagen, daß mich vor allem die Demokraten interessieren. Ich bin Erforscher der Demokratie – und besonders der deutschen; natürlich auch der österreichischen, doch habe ich darüber weniger geschrieben. Ich bin also Erforscher der deutschen Demokratie. Und die hat immer verloren. So bin ich, nicht im materiellen, wohl aber im ideologischen Sinn, ein Erforscher von Verlierern.
Auch *meine* Hoffnungen sind bisweilen zerschlagen worden. Zunächst die (damals naive) Kinderhoffnung, mir würde in Österreich eine Zukunft offenstehen. Sie wurde 1938 durch meine Vertreibung zunichte gemacht. Zweitens die Hoffnung, daß im Jahr 1945 nach dem Sieg über die Nazis eine Welt der Freiheit, der Gleichheit und der Demokratie entstehen werde – und auch diese Vorstellung ist zerschlagen worden. Wobei ich hier nicht über die Ursachen reden möchte.
Ich habe es mir also zur Aufgabe gemacht, die demokratischen Bewegungen in Deutschland seit dem Beginn der modernen Zeit zu erforschen. Was aber heißt »moderne Zeit«? Für mich beginnt diese zugleich mit der ersten industriellen Revolution. Also (ich bin ein Fanatiker in Jahreszahlen) im Jahr 1762, in dem Jahr, in dem der »contrat social« von Rousseau erscheint, und zum ersten Mal in der europäischen Geistesgeschichte gesagt wird: Wir wollen eine demokratische Ordnung; eine Ordnung nämlich, in der alle Menschen gleich sind und in der die Gleichheit über der Freiheit steht. In einer Welt der Gleichen, sagt Rousseau, werden alle frei sein, da keiner dem anderen über- oder untergeordnet ist. Es gibt keine Hierarchie mehr, es sind alle gleich und frei. Im selben Jahr aber – und das ist die Symbolik – erfindet James

Watt die Dampfmaschine. Und damit beginnt die Moderne. Erstmals ist der Mensch nicht mehr von der tierischen oder menschlichen Körperkraft abhängig. Der Energieträger ist nun eine anorganische Kraft, nämlich der Dampf; diese »Dampfperiode« reicht von 1762 bis 1883, dem Todesjahr von Marx. Und Marx – wir haben ihn zuvor erwähnt – war ein Mann dieses Dampfzeitalters. Wenn er also behauptet, daß das Proletariat die Macht ergreifen solle, meint er eben das Proletariat jener Gesellschaft, die er im Dampfzeitalter vor sich hatte; eine Gesellschaft mit riesigen und immer größer werdenden, besitzlosen Massen, denen keine sozialen oder politischen Rechte eingeräumt werden, auf der einen Seite und mit einer immer kleiner werdenden Gruppe von Besitzenden andererseits. Das hat sich dann geändert. Und auch hier treffen wir wiederum auf die Symbolik der Jahreszahlen – 1883 erfindet Thomas Alva Edison die Glühlampe. Damit sind die Karten neu gemischt. Die Elektrizität als neuer Energieträger bringt eine gewaltige Änderung aller Lebensbereiche. Wir beide sitzen jetzt hier bei elektrischem Licht und nicht bei Kerzenschein. Sie halten mir ein elektronisches Gerät unter die Nase – d. h., wir leben im Zeitalter der Elektrizität, das vom Jahr 1883 seinen Ausgang nahm. »Was ist Kommunismus?« fragt Lenin im Jahr 1917, und er antwortet: »Kommunismus ist Sowjetmacht plus Elektrizität.« Er sagt nicht »plus Dampf«, sondern »plus Elektrizität«! Die Elektrizität hat den Tag verlängert, den 8-Stunden-Tag, und die sozialen Rechte der Arbeiter ermöglicht. So konnten die Besitzenden verdienen, aber ihrerseits auch geben – wie beispielsweise das allgemeine Wahlrecht von 1907. Und daher sind die Arbeiter auch mit den Kaisern Wilhelm II. und Franz Joseph I. in den Krieg gezogen, obwohl sie noch wenige Jahre zuvor die internationale Solidarität und Schlagworte, wie »Arbeiter schießen nicht auf Arbeiter« hochhielten. Es hat also im Jahr 1914 nicht mehr gestimmt, daß der Arbeiter nichts zu verlieren hatte außer seinen Ketten – wie Marx es formulierte. Die Arbeiter hatten sehr wohl das Gefühl, etwas verlieren zu können – und haben sich gegenseitig erschossen.

Etwa in der Mitte der siebziger Jahre kann eine neue – dritte – industrielle Revolution angesetzt werden. Sie läutet das Zeitalter der Elektronik und der Roboter, der Automation, der Chips und der Computer ein. Eine Epoche voll neuer, unerhörter Möglichkeiten. Gleichzeitig hat dieser Siegeszug der Elektronik aber auch den endgültigen Triumph

der USA über die UdSSR ermöglicht. Es mußte das Thema Elektronik lediglich auf das Gebiet der Weltraumrüstung übertragen werden – und nichts anderes war ja das SDI-Projekt Reagans. Da konnten die Russen einfach nicht mehr mit; da half kein Gorbatschow und keine Perestroika! Der Kapitalismus konnte jene enormen Veränderungen einfach hinunterschlingen und verdauen. Das starre System der Planwirtschaft war dazu nicht mehr imstande. Man war von Fünfjahresplänen ausgegangen – aber heute kann man über fünf Jahre hinweg doch nichts mehr planen!
Das also sind meine Grundgedanken, und deshalb interessiert mich die Demokratie mitsamt der Frage, weshalb sie in Deutschland und Österreich immer verloren hat – im Gegensatz zu jenen Ländern, in denen die politischen Revolutionen bereits vor der ersten industriellen Revolution siegreich waren. Die vier erfolgreichen – bürgerlichen – Revolutionen, im 16. und 17. Jahrhundert in Holland und England, im 18. Jahrhundert in Frankreich und den USA, sind alle noch vor Beginn der industriellen Revolution anzusetzen. Wobei Frankreich bereits ganz am Rande stand; die französische Revolution konnte überhaupt nur deshalb siegen, weil die Plebejer, die Sansculotten oder, wenn man so sagen kann, »Vorproletarier« in den ersten vier Revolutionsjahren noch im Schlepptau der Bourgeoisie kämpften, also noch keine eigenen Forderungen aufstellten. Das geschah erst 1793, als der Sieg bereits errungen, Ludwig XVI. hingerichtet und Adel, Klerus und Monarchie entmachtet worden waren. Danach erst erschien das Proletariat in der politischen Arena. Und genau das ist der Grund, weshalb die Revolution von 1848 in Deutschland und in Österreich mißlungen ist: Zu jener Zeit hatte die Bourgeoisie bereits Angst vor dem Proletariat, das sich ja zum ersten Mal bereits vier Jahre zuvor, 1844, im schlesischen Weberaufstand erhoben hatte. Die Furcht der Bourgeoisie vor einer Enteignung durch die Proletarier war bereits größer als die Furcht vor dem Adel. Daher war die Bourgeoisie bereit, dem Adel die Herrschaft zu überlassen. Das wäre in aller gebotener Kürze die Grundidee meiner Forschungen.

EHALT: Ihre Thesen bauen ganz auf denen Hegels auf, für den Geschichte ein Fortschritt im Bewußtsein der Freiheit ist, und – im Sinne der Modernisierungstheorie – auch eine Entwicklung darstellt, die auf

einen möglichst großen Gestaltungsspielraum sowohl des Einzelnen als auch von Gruppen gerichtet ist. Allerdings setzte in den letzten 20 Jahren eine zunehmende Kritik an dieser Modernisierungsthese ein, untermauert durch das Aufzeigen all der Defizite und Verluste, die jener Modernisierungsprozeß mit sich gebracht hat; ich denke hier beispielsweise an die Frauenforschung. Und ist nicht auch durch den Zusammenbruch der sozialistischen Systeme Osteuropas das Bewußtsein eines möglichen Fortschritts im Sinne der Freiheit des Einzelnen wieder verschwunden? Eines Fortschritts, von dem wir uns alle so viel erhofft hatten. Haben die Entwicklungen der vergangenen 20 Jahre nicht zu einer Relativierung oder einer Erweiterung dieser – mir sehr sympathischen und mein Bewußtsein und meine Arbeit tragenden – aufklärerischen Haltung geführt? Wir sehen uns doch heute mit Interpretationen und Diskussionen konfrontiert – und nicht zuletzt mit realen Prozessen –, die dieses Fortschrittsbewußtsein in Frage stellen.
Meine Frage wäre nun, ob diese Entwicklung der letzten 10 Jahre das Fundament Ihrer Forschung nicht doch etwas relativiert hat?

GRAB: Nicht im Geringsten; ganz im Gegenteil. Ich bin zwar kein Erforscher von Frauenrechten und auch nicht der Alltagsgeschichte, doch die Ergebnisse dieser Forschungsfelder können meine Grundthese nur stärken. Und ich befürworte und begrüße nebenbei eine Forschungsrichtung, die sich auf die Geschichte der Frau konzentriert, als das historisch benachteiligte Geschlecht.
Was die Alltagsgeschichte betrifft, weiß ich, daß es eine Mittelalterforschung gibt, welche die Bestrebungen der kleinen Leute, die niemals an die Macht gelangen konnten, in den Mittelpunkt rückt – dies ist ganz im Sinne der Gleichheit. Die Menschen wollen gleich sein: das ist ja meine Grundthese! Und die stammt nicht von einem bösen Tyrannen, oder einem besonders guten Gesetzgeber, sondern das ist ein dem Menschen immanentes Streben. So wie die Menschen im materiellen Sinn essen, schlafen, sich kleiden und ihre Kinder erziehen müssen, um zu überleben, so wollen sie im ideologischen Sinn eben gleich, das heißt »gleichwertig« sein. Das wollen die Proletarier, die Frauen und die unterschiedlichen Nationen. Und das hat meiner These auch überhaupt nicht geschadet, sondern sie sogar erweitert.
Ich selbst kann ja nicht alles selbst erforschen. Ich werde mich jetzt

nicht hinsetzen und über Frauenrechtlerinnen schreiben. In meinem Buch – dem Bildband über die Französische Revolution – habe ich beispielsweise einen ganzen Abschnitt dem Club der revolutionären Republikaner gewidmet, und der wurde von vielen Historikern einfach übergangen. Man weiß vielfach nicht, daß es so etwas in der Französischen Revolution überhaupt gab. Natürlich habe ich in diesem Abschnitt Persönlichkeiten wie Pauline Leon oder Claire Laconte, jene beiden Schauspielerinnen, die den Club im Jahr 1793 gegründet hatten – in das Zentrum meiner Ausführungen gestellt.

EHALT: Ich möchte auf die aktuelle politische Situation in den westlichen Gesellschaften zurückkommen. Wie beurteilen Sie neuere Tendenzen, wie etwa die in den siebziger Jahren in Österreich sich entfaltende Emanzipationsbewegung, die bis in die Mitte der achtziger Jahre sehr viele überkommene Machtbereiche und Normen, die hinderlich geworden waren, überwinden konnte, oder aber die Bestrebungen zur Gleichstellung der Generationen, der Geschlechter, bzw. der Gleichstellung von Schülern und Lehrern? Es gab diese Bewegungen auch in vielen anderen westeuropäischen Staaten und sie alle zielten auf eine Emanzipation unterschiedlich berechteter Gruppen. Hier sind nun realpolitisch (aber auch im Bewußtsein der handelnden Personen) in den vergangenen zehn Jahren deutliche Einbrüche zu erkennen. Einerseits ist in den politischen Bastionen das emanzipatorische Postulat mehr und mehr zurückgedrängt worden, andererseits aber auch im Bewußtsein der Akteure, die vielleicht gar nicht mehr so deutlich begreifen, daß die Rechte mit denen sie geboren wurden, solche sind, die mühsam erkämpft werden mußten, hinter denen also eine lange politische Geschichte des Kampfes steht. Das ist ein Einbruch, der wie ich glaube das heutige politische Klima der westlichen Länder kennzeichnet. War bis in die siebziger Jahre noch eine Aufwärtstendenz in Richtung Emanzipation und Abbau von Ungleichheiten zu verzeichnen, so kommt es in der jüngsten Geschichte zu einem Einfrieren dieser Tendenzen – verbunden mit sehr starken Impulsen einer Rückwärtsbewegung. Sehen Sie als Historiker, der jene Langzeitentwicklung aufgearbeitet hat, die einst zu einem klaren Terraingewinn an Gleichheit und Freiheit führte, nun in jüngster Zeit Entwicklungen, die diese im Zuge einer wechselvollen Geschichte erzielten Gewinne in Frage stellen könnten?

Grab: Dazu muß man zuerst einmal sagen, daß die Auffassung des Fortschritts, also des Gedankens, daß die Menschheit durch mehr Wissen, Bildung und Kenntnis der Umwelt in einem kontinuierlichen Fortschritt begriffen ist, in dieser Rigorosität nicht einmal Hegel vertreten hat. Hegel hat in der Idee der Dialektik die Rückschläge einkalkuliert – er hat sie ja selber während der Französischen Revolution erlebt. Und auch Voltaires Vorstellung eines ständigen Aufwärtsgehens wurde zerschlagen, wie man der Lektüre seines *Candide* unschwer entnehmen kann.

Auch ich glaube nicht an eine kontinuierliche Aufwärtsentwicklung, an deren Ende alle Menschen in Harmonie leben werden. Ich folge dem von Hegel inspirierten Bild einer Spirale. Hier fließt die Vorstellung ein, daß sich die Menschen im Bewußtsein der Freiheit immer höher und höher entwickeln, aber diese Entwicklung erfolgt nicht geradlinig, sondern eben dialektisch, unter ständigen Rückschlägen. Ständig kommt es zu einer Antithese, also zu einer Reaktion auf die These; so folgt auf den Fortschritt der Revolution die Restauration. In dieser Weise muß man auch das Auftreten Hitlers verstehen. Die Nazis waren natürlich auf vielen Ebenen eine ungeheure Kraft des Rückschritts: auf dem Gebiet der Menschenrechte, der Menschlichkeit und auf dem Gebiet des Humanismus im allgemeinen, trotz der Autobahnen, die sie damals erbaut haben – das sage ich jetzt ironisch. Aber Hitler wurde besiegt! Nicht weil er eine unmoralische Welt antizipiert hat, sondern weil die Kräfte, die ihm entgegenstanden, stärker waren. Und das gehört eben zum Sinn der Geschichte. Ich glaube mit Hegel, daß es einen immanenten Sinn der Geschichte gibt, der einen dialektischen Fortschritt einschließt, und so werden in der Menschheitsentwicklung eben auch solch schreckliche Rückfälle wie der Nationalsozialismus möglich.

Soviel zur theoretischen Seite. Sie sprachen aber auch von den »letzten zehn Jahren«. Damit beziehen Sie sich zunächst auf den Beginn des Zusammenbruchs des real existierenden Sozialismus. Im März 1985 hat die UdSSR die Hände gehoben und gesagt: »Wir können nicht mehr mit!« Und deshalb wurde Gorbatschow an die Macht gebracht. Das war der immanente Sinn jener Geschehnisse. Auf die alte Tour von Breschnjew mit seinen Interventionen in der Tschechoslowakei, Polen oder Ungarn ist es nicht mehr gegangen. Man erkannte, daß man die Perestroika brauchte – einen Umbau. Das alles geschah natürlich nicht aus purem Zufall. Die Spitze der KPdSU entschied sich nicht aus einer Laune heraus für Gorbatschow, nein, angesichts der Entwicklungen zwischen 1975 – den Amerikanern in Vietnam – und 1985 – dem Zeitalter der Automation, der Chips und des Computers – erkannte Rußland, daß es da nicht mehr mitkommen, nicht mehr mitrüsten kann! Was aber ist in den zehn Jahren seither passiert? Ich möchte das analysieren. Zweifellos ist genau das eingetreten, was man hätte wissen können: eine Regierung, die sich auf die Diktatur einer Partei oder eines einzelnen, wie den Generalsekretär der Kommunistischen Partei, stützt – und nicht auf eine breite Demokratie – kann keine funktionierende Regierung aufbauen. Nicht in einem so rückständigen Land, wie es Rußland war, in dem es einst fast kein Proletariat, dafür aber 100 Millionen Muschiks (Bauern im zaristischen Rußland) gegeben hat. Wenn Sie genauer wissen wollen, was Muschik bedeutet, dann lesen Sie Tolstoj oder Gorki. Man kann doch nicht erwarten, daß gerade in dem Land von Tolstoj oder Gorki der Kommunismus ausbricht! Das ist doch nicht logisch. Es herrschte Aberglaube, schreckliche Ignoranz, Unwissenheit – und dort sollte eine neue Welt entstehen? Das ist doch absurd! Marx hat das natürlich gewußt, als er 1867 *Das Kapital* geschrieben hat. Und so schreibt er, daß nur in höchst entwickelten Industrieländern – also England, Frankreich, Deutschland oder Amerika – das Proletariat die Macht übernehmen könnte. Was aber war die Realität? In allen vier proletarischen Revolutionen unseres Jahrhunderts – Rußland, China, Kuba und Vietnam – gab es kein oder nahezu kein Proletariat. Das waren alles reine Agrarländer und alle waren sie rückständig. Und hier liegt der Unterschied zu den bürgerlichen Revolutionen des 16. bis 18. Jahrhunderts. Diese fanden tatsächlich in den höchst entwickelten Ländern der Erde statt: in Holland, Frankreich, England und Amerika. Und auf der anderen Seite diese zwei rückständigen Riesenländer: Rußland und China, sowie die zwei Kolonialländer Vietnam und Kuba. Wie wir jetzt erst erkennen, war dieser Versuch von vornherein zum Scheitern verurteilt. Warum aber? Weil das eben künstliche, aufgepfropfte Revolutionen waren. In den Ländern der bürgerlichen Revolution hingegen hatte sich die Idee der Aufklärung bereits etablieren können.

Betrachten wir nun die gescheiterten proletarischen Revolutionen in unserem Jahrhundert: Rußland ist eindeutig gescheitert, inwieweit der

Marxismus in China noch herrscht, weiß ich nicht. Aber diese Länder waren doch nicht mit denen der bürgerlichen Revolutionen zu vergleichen! Mit einem Wort: die Idee des Kommunismus wurde in Wirklichkeit – und das ist die Beantwortung Ihrer Frage – bereits in den Jahren 1917 oder 1918 – schwer beschädigt, da sich kein anderes Land Rußland, diesem rückständigen Bauernstaat, angeschlossen hat. Vielleicht haben sich andere ebenfalls zum Kommunismus bekannt, gesiegt hat er aber nicht. Ob man jetzt dafür oder dagegen ist: Sozialismus wurde im Bewußtsein der breiten Mehrheit immer mit Sowjetunion identifiziert. Nun hat die Sowjetunion, indem sie beim SDI und in der gesamten Computerwirtschaft nicht mehr mitkam, eine Niederlage erlitten. Es besteht kein Zweifel darüber, daß sie rein technisch dazu imstande gewesen wäre, sie mußte jedoch einen derart hohen Teil ihrer volkswirtschaftlichen Potenz in die Rüstung investieren, daß außer dem nichts mehr geblieben ist, während die Amerikaner sowohl rüsten, als auch ihren Leuten ein gutes Leben bieten konnten. Und warum? Weil während des Zweiten Weltkrieges nicht eine einzige Bombe auf Amerika gefallen war. Hingegen wurden Dreiviertel von Rußland total verwüstet. Das heißt, daß Rußland nicht nur im Jahr 1917 ein rückständiges Bauernland gewesen war, sondern auch in den Jahren 1941/42 von den Nazis fürchterlich zerstört wurde. Zu erwarten, daß dort der Kommunismus siegen könnte, ist einfach absurd.
Weil der Kommunismus verloren hat, ist aber die Entwicklung eingetreten, von der Sie eben gesprochen haben, jene Resignation, Antriebslosigkeit und Zurücknahme von emanzipativem Engagement. Alle die diese Veränderung in irgendeiner Form wollten, haben durch die Niederlage der Sowjetunion ebenfalls einen Rückschlag erlitten.
Was im Oktober 1994 bei den Wahlen geschehen ist, hat zweifellos indirekt mit der Niederlage des Sozialismus zu tun, die im Bewußtsein der einzelnen Menschen sich festgesesetzt hat. Der einzelne sieht heute nur, daß da irgendwelche Menschen aus Jugoslawien oder Rumänien oder sogar Schwarze kommen, die – so glaubt er zumindest – ihm die Arbeit wegnehmen. Warum hat der Mensch diese Angst? Deswegen, weil die Computergesellschaft mehr und mehr die Macht ergreift. Man drückt zweimal und es geht zwanzig mal besser als mit hundert Sekretärinnen; daher die Angst, den Arbeitsplatz zu verlieren. Und tatsächlich verlieren die Menschen ihn auch! Ich selbst als ein Außenstehender

(im physischen Sinne, da ich in Israel lebe) und im materiellen (da ich bereits Pensionist und daher nicht vom Arbeitsmarkt abhängig bin) kann die Dinge nüchtern betrachten. Daher kann ich auch sagen, daß dieser Verlust, von dem Sie zuvor gesprochen haben, eine Realität ist. Er drückt sich in der Wissenschaft aus, aber auch im Glauben an die Möglichkeit einer besseren Welt. Wie dieser Mißstand behoben werden soll, das weiß ich nicht, und niemand weiß das. Aber daß die Welt Veränderungen im Sinn der Gleichheit und der Gleichwertigkeit braucht, das weiß ich!

EHALT: Nun habe ich eine Frage, die auf die österreichische und deutsche Geschichte abzielt, und zwar geht es um den von Ihnen angestellten Vergleich zu jenen Ländern, in denen die bürgerlichen Revolutionen erfolgreich verlaufen sind. Sie vertraten ja sehr eindrucksvoll und einleuchtend die These, daß der Faschismus in Ländern siegreich war, in denen es keine demokratischen Traditionen gab, bzw. in denen die demokratischen Ansätze und Bewegungen niedergeschossen wurden. Eine These, die ja bis zur Gegenwart herauf zutreffend ist; auch Österreich wurde nicht durch eigenen Widerstand, sondern durch die Alliierten von den Nazis befreit. Wie beurteilen Sie aber die heutigen Chancen für eine demokratische Entwicklung in Deutschland und Österreich?

GRAB: Eigentlich gehört das nicht mehr zu meinen Forschungen. Ich beschäftige mich mit der Zeit bis 1870 und nicht mit der bis 1994 oder 1995. Aber ich möchte mich natürlich nicht vor der Frage drücken. Zunächst einmal besteht ein großer Unterschied zwischen Österreich und Deutschland. Erstens ist Österreich – auch aufgrund seiner Kleinheit – ein Land zweiter oder dritter Ordnung. Und zweitens hat hier die Sozialdemokratie auch nach dem Rücktritt Kreiskys weiterbestanden. Seine Amtszeit dauerte von 1970 bis 1983, kann also mit jener von Brandt und Schmidt von 1969 bis 1982 verglichen werden. In der Entwicklung seither gibt es aber einen großen Unterschied: In Deutschland sind die Konservativen an die Macht gekommen, und sie sind es immer noch, in Österreich hingegen regieren die Sozialdemokraten. Deshalb kann man diese beiden Länder nicht miteinander vergleichen. Von der Bedeutung Deutschlands und der viel geringeren Österreichs einmal abgesehen.

EHALT: Sie würden aber zugestehen, daß die Zwischenkriegszeit, die Zeit des »Roten Wiens«, als auch die Reformen der siebziger Jahre, die sich bis in die achtziger Jahre erstreckten, eine Epoche durchschlagender Siege für die emanzipatorischen Bewegungen war?

GRAB: Darüber, daß die österreichische Arbeiterklasse bedeutende Erfolge aufzuweisen hat, kann kein Zweifel bestehen. Lassen Sie mich jetzt aber auf Ihre Frage zurückkommen, wie ich die Dinge in Deutschland betrachte. Und da bin ich tatsächlich sehr besorgt, denn was bedeutet die deutsche Politik, jetzt, da Deutschland zu einer Großmacht geworden ist? Bereits vor 1848 hatte Deutschland – beziehungsweise Preußen – den Ehrgeiz, dem zu dieser Zeit noch größeren Österreich den Rang abzulaufen. Schon 1840 mit der Thronbesteigung von Friedrich Wilhelm IV. wurden Forderungen aufgestellt, die diesem Land die Herrschaft über ganz Mitteleuropa sichern sollten. Das führte nach der Niederlage der Revolution von 1848 zu den drei Einigungskriegen 1854, 1866 und 1870. Niemand wurde der Kopf abgeschlagen, an den alten Hierarchien hatte sich nichts geändert, und die feudal-reaktionären Machthaber blieben an der Macht – aber das Deutsche Reich wurde modernisiert. Das war das Verdienst Bismarcks! Deutschland war durch drei Kriege gegen die äußeren – angeblichen oder wirklichen – Feinde Dänemark, Frankreich und Österreich geeint worden, nicht aber durch die Beseitigung der alten Hierarchien im Inneren – wie dies in Frankreich der Fall gewesen war. Dort hat man dem König den Kopf abgeschlagen, den Adel vertrieben, und das Bürgertum ist an die Macht gekommen. In Deutschland hingegen ist das Bürgertum bis 1918 nie an die Macht gekommen. Immer waren die Stellen in der Diplomatie, im Heer und auch die des Kanzlers in adeliger Hand. Das war in Wirklichkeit ein Scheinkonzeptionalismus. Und diese Dichotomie zwischen dem machtlosen, wirtschaftlich aber kolossal starken Bürgertum zur Zeit Bismarcks und der politischen Macht innerhalb des Adels hat zum Ersten Weltkrieg geführt. Warum war das Bürgertum derart erstarkt? Weil eben Bismarck schon 1870 Anweisung gegeben hat, das Bürgertum von der Politik zwar fernzuhalten, in der Wirtschaft aber eine große Rolle spielen zu lassen, um mit England bzw. Frankreich mithalten zu können. So wurden die Fachhochschulen errichtet, von denen es bis heute in ganz Deutschland ein dichtes Netz gibt und in denen eben tüchtigere Ingenieure als sonst wo in Europa ausgebildet wurden. Den Krieg von 1866 hat Österreich deswegen verloren, weil es mit der Industrie nicht mehr mitkonnte. Der Erste Weltkrieg war somit der Versuch, die alte, rückständige Sozialordnung – nämlich die Macht des anachronistischen Adels – beizubehalten und durch die wirtschaftliche Macht des Bürgertums die Welt zu erobern. Dies ist mißlungen. Und der einzige Schluß, den diese alten reaktionären Kräfte aus ihrer Niederlage im Ersten Weltkrieg gezogen haben, war, beim nächsten Mal alles noch schärfer, noch brutaler zu machen. Man wollte sich nicht noch einmal – und diese Worte stammen jetzt nicht von mir, sondern wurden damals tatsächlich proklamiert – von »Humanitätsgedusel einlullen lassen«. So hat man sich mit dem Pöbel – den Nazis – verbündet und es 1939 noch einmal versucht, mit all den bekannten Auswirkungen.

Das bedeutet im konkreten Fall, daß die Machterweiterung Deutschlands auf Kosten des Ostens angestrebt wurde. Dort liegen die großen Kornkammern der Ukraine, die Ölfelder des Urals, die wichtigsten Rohstoffe; generell also unerhörte Möglichkeiten der Markterweiterung. Der Krieg gegen Rußland war somit – sowohl 1914 als auch 1939 oder 1941 – das eigentlich Entscheidende. Und daran schließt meine jetzige Befürchtung. Es stimmt natürlich, daß Bundeskanzler Kohl endlich die Oder-Neisse Grenze anerkannt hat; allerdings nach einem 30 oder 40 Jahre dauernden Hin und Her. Sicher wird der nächste Waffengang nicht mit Panzern, Flugzeugen, Kanonen und Gaskammern abgewickelt werden – das ist veraltet. Man wird weder den Schnauzbart von Kaiser Wilhelm noch die Schmalzlocke von Hitler brauchen; man kann auch ein Judenfreund sein – heute spielt das überhaupt keine Rolle. Was aber wird man brauchen? Man braucht – um Führer Europas zu werden – eine ungeheuer starke Industrie. Und es scheint wieder um diese Führerschaft in Europa zu gehen. Nicht um ein europäisches Deutschland, sondern um ein deutsches Europa. Um das Deutschland eines Herrn Flick beispielsweise, der sich in der Hitlerzeit dumm und dämlich verdient und später den Staat bestochen hat. Sie erinnern sich an die Flick-Affäre von 1983, als Flick an Kanzler Kohl einen Lumpenbetrag von 30 000 DM zahlte – das ist so, als würde ich Ihnen jetzt 30 Groschen geben! – und Kohl hat sich mit dieser Summe tatsächlich bestechen lassen. Die Politiker sind nun einmal in der Tasche der großen Konzerne, auch wenn diese mit denen von 1930 oder 1933, die Hitler einst an die Macht brachten, nicht mehr identisch sind. Damals hatten sie die Machtergreifung der Nazis sehr begrüßt – und natürlich den gesamten Profit eingesteckt. Denn man verdient auch an einem verlorenen Krieg. Und zwar an der Erzeugung von etwas, das kein Mensch braucht, der Steuerzahler jedoch finanziert – nämlich Waffen. Und diese Kräfte sind heute noch immer an der Macht. Flick ist nur ein Beispiel unter vielen; das gilt für Herrn Siemens und für alle anderen genauso. Jedenfalls sind die Deutschen mit Hitlers Panzern bis nach Stalingrad gekommen – dort wurden sie von der Roten Armee aufgehalten. Heute gibt es keine Rote Armee und auch keine Sowjetunion mehr. Die Deutschen könnten heute sogar bis Wladiwostok kommen. Das ist die Politik, der wir heute entgegensehen: die ungeheuren Möglichkeiten des deutschen Europas gegen die zwei Großmächte, die heute noch existieren – Amerika und Japan. Das ist meine größte Sorge.

EHALT: Bei Ihrer gesamten Arbeit über die revolutionären Bewegungen und die Rolle der Menschen innerhalb dieser Revolten fällt auf, daß dieser Bereich nicht nur ein interessantes Defizitthema der Geschichtsforschung darstellt, sondern Sie persönlich mit Leib und Seele gefangenhält. Woher nun diese Affinität zwischen Ihrem Thema und Ihrer persönlichen Haltung; hat Ihre persönliche geschichtliche Erfahrung dabei eine Rolle gespielt? Sehen Sie eine Beziehung zwischen Ihrer persönlichen Geschichte und Ihrem Forschungsthema?

GRAB: Der englische Historiker Carr schreibt in seinem enorm wichtigen Buch *Was ist Geschichte?:* »Studiere den Historiker, bevor du mit dem Studium der Geschichte selbst beginnst.« Jeder Historiker wird von seiner Klasse, seiner Umgebung und Herkunft ungeheuer geprägt. Es gibt keinen Historiker, der sich davon komplett lösen kann. Das soll auch gar nicht sein. Ich selbst bin in einer mittelbürgerlichen Familie aufgewachsen, in der mir die Möglichkeit gegeben wurde, ein Gymnasium zu besuchen. Zu dieser Zeit formte sich meine Weltanschauung, und dafür bin ich heute noch dankbar. Natürlich bin ich auch von meiner Vertreibung durch die Nazis geprägt worden und habe mir – als ratloser Zwanzigjähriger, der gar nicht wußte, was da passierte, die Frage nach dem »Warum« gestellt. Woher kommt das alles?

Ich habe mich natürlich als einen Verlierer betrachtet. Ich bin aus meiner Kultur, Sprache und Denkart in ein mir unsympathisches Land verpflanzt worden. Mit Israel verband mich nichts. Ich war weder jüdisch noch zionistisch erzogen worden. So habe ich an der deutschen Sprache und Literatur festgehalten und mich auf diese Art weiterentwickelt. Und als Verlierer (und natürlich auch als ein Linker, denn ich war 15 Jahre lang Mitglied der kommunistischen Partei in Israel) bin ich der Sowjetunion dankbar, daß sie Hitler besiegt hat. Diesen Dank werde ich bis an mein Lebensende abstatten. Ich war natürlich gegen die Ansichten Stalins, gegen den Gulag, und daß er seine alten Genossen ermorden ließ. Aber für mich, und ich glaube für die Menschheit im allgemeinen, ist das Entscheidende, daß er 20 Millionen Menschen geopfert hat, um die größte Gefahr, der die Menschheit jemals ausgesetzt war – das System Hitlers – abzuwenden. Die Amerikaner verloren im Zweiten Weltkrieg etwa 150 000 Mann, die Russen mehr als 20 Millionen. Kein Wunder also, daß ich nach links gegangen bin. Nicht so sehr, weil ich alles, was die Russen behaupteten, nachbetete und glaubte. Was mir wichtig erschien, war ihr Sieg gegen Hitler. Und so schlecht kann es in einem Land nicht bestellt sein, wenn der einzelne Russe bereit ist, sein Leben für dieses Land zu opfern. Und das zweite: auch Israel bekam im Jahr 1948 durch russische Hilfe die Möglichkeit zu siegen. Während die Amerikaner über die gesamte Dauer des Unabhängigkeitskrieges ein Embargo verhängt hatten, wurde Israel mit Waffen aus der Tschechoslowakei beliefert – und das geschah auf Anweisung von Stalin. In diesem Sinne verdankten wir in Israel unser Leben und unsere Existenz zweimal der Sowjetunion unter Stalin. Das sage ich in bewußtem Gegensatz zu allem, was heute üblicherweise behauptet wird. Aber ich habe meinen Verstand bekommen, um ihn zu gebrauchen und nicht, um das nachzubeten, was irgendein anderer sagt. Soviel zum politischen Sinn. Was das Wissenschaftliche betrifft, war die Entscheidung wichtig, meine Sprache und Kultur nie verlassen zu wollen. Ich war nie der Meinung gewesen, daß in den Genen des deutschen oder österreichischen Volkes irgendein Virus steckt, der ein gesamtes Volk von Natur aus zu Verbrechern macht (tatsächlich hört man das von manchen Zionisten bis zum heutigen Tag). Es gibt keinen konstanten, kollektiven oder feststehenden Volkscharakter – alles ist historisch bedingt, und was historisch ist, ist auch vergänglich. Mich interessiert

also – und damit komme ich zu meiner eigentlichen Forschung zurück – die Bedeutung der Linken. Jener Kräfte, die Veränderung, Demokratie und Gleichheit wollen – und das in einer Epoche, in der es noch gar keine politischen Parteien gab. Dies ist ein Feld, das nahezu unbeakkert daliegt. Es ist doch eigentlich traurig und skandalös, daß man da auf den hinausgeschmissenen Juden warten muß, der dann sagt: »Ihr habt ja ohnehin ein paar anständige Leute gehabt« – und alle applaudieren – das ist in meinen Augen eigentlich schrecklich.
Nun zu Ihrer Frage. Ich bezweifle nicht, daß die Demokratie in Österreich heute relativ stark verwurzelt ist; stärker jedenfalls als in der ersten Republik; das habe ich zuvor im Zusammenhang mit Kreisky gemeint. Aber eine Demokratie ist nicht etwas, bei dem man sich zurücklehnen und sagen kann: »So, jetzt haben wir unsere Demokratie, jetzt ist alles in Ordnung.« Ganz und gar nicht! Es ist ein ewiges »Stirb und Werde«. Und wenn man nicht ununterbrochen dafür kämpft, ist man, um ein Wort Goethes zu verwenden »ein trüber Gast auf der dunklen Erde«. Anders ausgedrückt: wir leben momentan in einer Epoche der Resignation, Verdrossenheit und Ausweglosigkeit. Das kommt größtenteils daher, daß der Sozialismus, wie er in Rußland praktiziert wurde, nicht jener Sozialismus war, von dem die Linke träumte. Und diese Epoche gilt es nun zu überwinden; denn ob richtiger Sozialismus oder nicht – es war Rußland, dem es gelungen ist, Hitler zu besiegen. Das alles muß ins Kalkül gezogen werden, und ich versuche, soweit es irgendwie in meinen Kräften liegt, diese Bemühungen zu unterstützen.

EHALT: Und das bringt mich zu meiner letzten Frage: Sie sind nun wieder öfter in Österreich zu Gast, sind mit Leuten im Gespräch und konnten einen Einblick in das generelle Kulturgeschehen dieses Landes gewinnen. Sie haben dadurch kulturelle Ansichten und Aspekte kennengelernt, die zweifellos demokratische Züge tragen. Wie beeinflußt das Ihr Verhältnis zu dem Land, in dem Sie – wenn man so will – Ihr erstes Leben verbrachten? Wie sieht Ihre Einschätzung dieses Landes und seiner heutigen politischen Kultur aus? Und zwar in Hinblick auf ein altes jüdisches Sprichwort, das besagt, daß derjenige, der nur kurz an einem Ort weilt, manche Dinge viel deutlicher und schärfer zu erkennen vermag.

GRAB: Das ist eine – ich habe es schon erwähnt – sehr ambivalente

Sache. Auf der einen Seite ist es mir natürlich ein großes Vergnügen und auch eine gewisse Genugtuung, daß ich hier mit Menschen wie Ihnen sprechen kann, daß solche Menschen heute in hohen Positionen zu finden sind und daß eine Rede, wie sie Frau Pasterk gestern gehalten hat, überhaupt möglich ist. Das alles habe ich, offen gestanden, nicht erwartet. Ebensowenig die Rede, die Dr. Zilk vergangenes Jahr gehalten hat und die mich wirklich unglaublich berührte. Nicht unbedingt deswegen, weil er sich entschuldigte – das kann jeder, das ist zu wenig. Aber er hat im Namen des österreichischen Volkes bedauert, daß man damals nach 1945 die Juden nicht aufgefordert hat, zurückzukommen. Dadurch, so Zilk, habe Österreich mehr verloren, als die Juden selbst; die vollbrachten ja in Amerika, in Israel oder in anderen Ländern weitere Leistungen. Und genau das hätten sie ja auch gemeinsam in Österreich schaffen können. Also ist der Verlust für die Österreicher von heute viel größer als jener für die Juden. Solche Worte hatte ich noch nie von einem Politiker gehört. In diesem Sinne haben Sie recht – ich freue mich. Auf der anderen Seite aber weiß ich auch, daß Österreich eine Waldheimat ist und eine – das muß auch gesagt werden – haiderische Waldheimat. Das heißt, daß auch Leute wie Waldheim oder Haider ihre Wurzeln und ihre Heimat hier haben. Wenn ich zuvor etwas Günstiges über Österreich gesagt habe – nämlich daß hier die Sozialdemokratie auch nach dem Abtreten von Kreisky weiter bestehen konnte, hingegen in Deutschland mit dem Abtritt von Helmut Schmidt endete, muß ich hinzufügen, daß es in Deutschland keinen Haider gibt, der 22 % der Wählerstimmen bekommt! Es muß also alles relativiert werden.

Schlegel sagt: »Der Historiker ist der Prophet, der in die Vergangenheit blickt.« Was aber ist ein Prophet, der in die Vergangenheit blickt? Angenommen ich erforsche Robespierre; ich könnte zu ihm sagen: »Du kannst dich hundertmal bemühen, eine Welt der Tugend zu schaffen, am Ende wirst du hingerichtet werden.« Das weiß ich, denn es ist ja passiert. Und so könnte ich auch Metternich oder Napoleon sagen, was mit ihnen passieren wird, da ich genau weiß, was geschah. Es gibt aber noch eine andere Deutung. Und zwar steht im Talmud ein sehr kluger Satz, den ich schon oft zitiert habe: »Nach Zerstörung des Tempels in Jerusalem im Jahr 70 durch Titus, ist die Gabe der Prophezeiung auf Narren übergegangen.« Mit anderen Worten heißt das, wer heute glaubt, die Zukunft voraussagen zu können – das haben Sie in Ihrer Frage eigentlich von mir verlangt – wäre ein solcher Narr. Robespierre, Metternich oder Karl der Letzte – denen kann ich sagen, was passiert ist; jeder kann das. Aber von der Zukunft wissen wir nichts. Als Gorbatschow 1983 an die Macht kam, wer hätte da gedacht, daß es die Bankrotterklärung des stalinistischen System bedeutet. Nicht einmal 1989 wußte man, daß zwei Jahre später das gesamte Sowjetreich zugrunde gehen würde. Ich weiß also jetzt im Jahr 1995 nicht, was die Welt noch bringen wird. Ich weiß nur eines: daß die Entwicklungen immer schneller und schneller vor sich gehen, und das hängt mit den neuen Erfindungen zusammen. Die Epoche von der Urzeit zum Dampfzeitalter hat fünftausend oder sechstausend Jahre gedauert; vom Beginn schriftlicher Überlieferung bis zum Jahr 1762. Dann kam die Epoche des Dampfes, die etwas über hundert Jahre andauerte. Und darauf folgte die Entwicklung der Elektrizität mit all ihren Auswirkungen; eine Angelegenheit von knapp neunzig weiteren Jahren. Heute aber erleben wir die dritte industrielle Revolution mit Computerwirtschaft, Automatisierung, Chips; Sachen, die – ich muß es zugeben – weit über meinen Horizont gehen. Noch vor zehn Jahren war es ein schwieriges und langwieriges Unterfangen, einen Flug von Tel Aviv nach Wien zu buchen. Und jetzt? Voriges Jahr bin ich mit meiner Frau in die Provence gereist und habe mich nach der Verbindung Nizza – Berlin erkundigt. Die Dame im Reisebüro drückte zwei Knöpfe und bot mir in wenigen Sekunden alle Möglichkeiten an. Das ist nur ein ganz kleines, unbedeutendes Beispiel aus meiner eigenen Erfahrung. Diese gesamte Entwicklung ist im Grunde unerhört. Aber die Menschheit steht zum ersten – und vielleicht zum letzten Mal – auch vor einem enormen Schreckensbild. Den Menschen stehen aufgrund der neuen Entdeckungen, Erfindungen und Entwicklungen alle Möglichkeiten offen. Diese können die gesamte Menschheit in eine glückselige Gesellschaft verwandeln, sie können die gesamte Menschheit aber auch in einer Sekunde vernichten – vielleicht nur aus Unachtsamkeit. Was ist, wenn es morgen einen Reaktorunfall gibt, ärger als der von Tschernobyl? Das kann alles passieren – wir wissen es nicht. Und es gibt noch andere Möglichkeiten, die ich nicht alle kenne und auch gar nicht kennenlernen will. Möglichkeiten, über die kein Dschingis-Khan, kein Stalin oder Hitler, also keiner der Verbrecher, die einmal geherrscht haben, je verfügen konnte. Was da noch kommen wird, das möchte ich gar nicht mehr eruieren. Ich bin jetzt 75 Jahre alt und gar nicht mehr so neugierig.

EHALT: Ich danke für dieses Gespräch.

»DAS GLEICHE HINTER DEM FREMDARTIGEN«

Gespräch mit Götz Hagmüller am 16. Mai 1990

EHALT: Götz Hagmüller, du bist ein Zugvogel zwischen Asien und Europa. Herbert Tichy hat vor etwa zehn Jahren von einem Zeitschock gesprochen, den man erfährt, wenn man von Asien nach Europa zurückkommt. Gibt es diesen Kulturunterschied im Rhythmus, in der Dynamik, in verschiedenen Bereichen des Alltagsleben tatsächlich, oder ist das eine romantische Projektion, die sich auflöst, wenn man mit einem Bein in dieser und mit dem anderen in jener Kultur steht? Du bist jetzt seit elf, zwölf oder fünfzehn Jahren in Nepal, was bedeutet es für dich, Zugvogel zwischen zwei Kulturen zu sein?

HAGMÜLLER: Was soll mir jetzt zu dieser weitschweifigen Metapher »Zugvogel« einfallen? Die Metropolen der Welt, also die Hauptstädte, die Ballungsmittelpunkte der Länder, nähern sich immer mehr einander an, sie gleichen sich Frankfurt an. Durch den neuen Flughafen, die Förderbänder, die die Koffer hereinbringen, die automatische, computerisierte Ticketbestellung fällt vieles von dem weg, was vor zehn Jahren noch das Abenteuer einer Flugreise nach Asien und in den Fernen Osten ausgemacht hat. Insofern verschwinden an diesen neuralgischen Verkehrsknotenpunkten zunehmend die Unterschiede. Nur wenn man sich in Kathmandu in ein Taxi setzt und in eine der Städte ins Kathmandutal fährt, dorthin, wo ich wohne, dann taucht man immer noch in das Mittelalter ein, das man vermutlich gesucht hat. Diese Städte des Kathmandutals sind für mich eine ganz visuelle Repräsentanz dafür, wie ich mir das europäische Mittelalter vorgestellt habe. Der Vergleich mit toskanischen Städten mit ihren dichten Besiedlungsstrukturen und dem Ziegel als Baumaterial drängt sich auf, oder die Vorstellung, wie Dürer in Nürnberg gelebt hat, in unserer spätmittelalterlichen Gesellschaft mit ihrem dichten sozialen Beziehungsnetz. Dafür finden sich in Kathmandu und in den Städten des Kathmandutals unheimlich starke Parallelen. Es gibt vom Physischen her eine ähnlich reiche Ausstattung des öffentlichen Straßenraumes, vor allem mit sakralen Bauwerken, aber auch mit vielen Bauten für die soziale Gemeinschaft, wie z. B. Brunnen, Teiche und öffentliche Lauben, die jeder für kurze Zeit nutzen kann (so der Bauer, der sein Stroh zwischenlagert, wenn ihn der Regen auf dem Heimweg überrascht, oder der fahrende Schneider, wenn er ein paar Tage da die neuen Kleider für eine Hochzeit näht). Die Tempelanlagen dienen eben nicht nur dem Gottesdienst, sondern bringen auch verschiedene soziale Einrichtungen mit sich. Dieser reiche Stiftungsbesitz hat ja früher viel von unserem gesellschaftlichen Reichtum ausgemacht und gehört heute auch in Nepal nach wie vor zum Ausgleich, das heißt zur Verteilung des gesellschaftlichen Reichtums, dazu. Diese Parallelen gibt es noch sehr stark, allerdings werden sie übertüncht und überdeckt durch neuere Phänomene, wie den Straßenverkehr, die elektronischen Medien und das Fernsehen, das es seit drei Jahren in Nepal gibt. Trotzdem steckt immer noch eine sehr charmante Unmittelbarkeit dahinter, denn die Bewohner dieser städtischen Räume reagieren auf den Einbruch der Moderne mit einer Gelassenheit und einer Selbstverständlichkeit, die es einem leichter machen, über die uns oft negativ berührenden Begleiterscheinungen hinwegzuschauen. Nepalesische Anrufer haben zum Beispiel viel weniger Scheu, am Telefon auf meinen Anrufbeantworter zu quatschen. Ich selbst hasse diese Maschinen, und wenn ich an so ein Ding gerate, dann stottere ich immer irgend etwas darauf, aber ich bin heilfroh, daß ich selbst eines besitze. An den Anrufen erkenne ich, daß die Ausländer meistens ähnliche Hemmungen haben, aber wenn Nepalesen anrufen, dann kommen sie beim ersten Mal darauf: »Ah so, das ist eine Maschine. Das ist ein Tonband, auf das ich etwas sagen kann.« Und das wird dann völlig locker in Anspruch genommen. Oder wenn ich in meinem Haus mit einem drahtlosen Telefon herumrenne, sind Ausländer noch immer überrascht. Für einen Nepalesen ist es völlig gleich, ob es an einem Draht hängt oder nicht. Sie lernen auch damit sehr schnell umzugehen. Auf der anderen Seite müßte man befürchten, daß der Einbruch der elektronischen Medien das größte Veränderungspotential in sich trägt, denn das Unterhaltungsbedürfnis der Nepalesen ist genauso groß wie bei uns. Das wird von diesen Medien in einem hohen Maße gedeckt, und das prägt und beeinflußt natürlich. Andererseits bilden sich auch sehr schnell kritische oder diskriminierende Strukturen heraus, man lernt zu unterscheiden. Ein amüsanter Film, der mir sehr gut gefallen hat und der auch hier überall gut ankommt, gefällt meinen nepalesischen Freunden genauso gut. Da können die Nepalesen sehr viel mit- und nachvollziehen.

EHALT: Wie gehst du angesichts dieser beiden Welten damit um, wenn du Orte wie den Flughafen oder die Banken, an denen der Einfluß des Westens sehr stark ist, verläßt und dann so eine Zeitreise machst? Siehst du all das, was vielleicht verlorengegangen ist? Dir wurde ja auch der Vorwurf gemacht, daß du die Dinge mit einer gewissen Nostalgie beurteilst.

HAGMÜLLER: Wenn ich früher aus beruflichen oder privaten Gründen Länder wie Nepal bereist habe, dann hat mich natürlich eine gewisse Exotik und Abenteuerlust gelockt. Das Fernweh liegt mir sozusagen im Blut, denn das habe ich von meinem Großvater und meinem Vater vererbt bekommen, die auch jahrelang im Ausland unterwegs waren. Aber letztendlich war es weniger das Exotische, das Fremde an sich, das mit unseren Verhältnissen überhaupt nicht vergleichbar ist, was mich gelockt hat, sondern das jeweils hinter dem Fremdartigen steckende Gleiche, das sich nur in anderen Formen manifestiert. Es sind die ewig gleichen menschlichen Bedingungen, die uns prägen, nur eben mit anderem Kolorit.

EHALT: Mir ist in vielen Alltagsszenen und -erlebnissen bewußt geworden, daß dort die Straße als Ort des Lebens eine unheimliche Bedeutung hat. Was sich dort alles abspielt an Begegnungen, Gesprächen und Handel, das ist den westlichen Städten verlorengegangen. Die andere Erfahrung war, daß dort das, was man bei uns als Körperfeindlichkeit erlebt, in einem viel geringeren Ausmaß vorhanden ist. Als Kurzbesucher sieht man in einer Stadt wie Kathmandu oder Bhaktapur recht deutlich die vielen Defizite europäischer Städte.

HAGMÜLLER: Wenn man in einem durchschnittlichen Wohnbauviertel einer westlichen Stadt aus dem Haus tritt, ist man auf der Straße. Es gibt keine Zwischenbereiche zwischen dem privaten und dem öffentlichen Raum, mit Ausnahme vielleicht des Lifts oder des Stiegenhauses. Aber Lift und Stiegenhaus sind ja fast negative Räume, die wirklich nur der Funktion dienen, auf möglichst schmalem Raum hinauf oder hinunter zu kommen. Wenn man dann aus der Haustür tritt, ist man

WUV UNI - SHOP
Universitätsstr. 7 (Parterre)
1010 Wien, Tel. 4277 / 29813

1/ 1 4/477659 4 2000.02.21 10:28

R E C H N U N G

Artikel-Nr.	Bezeichnung	Betrag	Mw
VGRU302	EHALT/GESPRÄCH	98,00	10
E ZUR ZEIT			

Betrag-Netto 89,09
+ 10,00% MWST 8,91

Betrag-Brutto ATS: 98,00
** E U R O ** 7,12

Gegeben: Bar 98,00

Beleg-Nr.: 4/164814

Wir danken für Ihren Einkauf!

draußen im großen Stadtraum. Umgekehrt ist man, wenn man hineingeht, drinnen. Daß es auch dazwischen Möglichkeiten gibt, erlebt man in einer dieser nepalesischen Städte, wo es schon innerhalb des Hauses eine Differenzierung gibt. Der privateste und rituell reinste Bereich ist die Küche, die im Dachgeschoß untergebracht ist, also ganz oben, wo Fremde kaum Zutritt haben. Je weiter man die Stockwerke hinuntergeht, umso öffentlicher wird es. Im Erdgeschoß sind dann die Läden, Werkstätten und Stallungen untergebracht, von dort tritt man zunächst einmal auf den Hof und befindet sich immer noch innerhalb des Familienclans. Denn die meisten Häuser, die von mehreren Familien bewohnt werden, sind um einen Hof herum gruppiert, der von diesen auch gemeinsam genutzt wird. Es ist also noch ein relativ privater Bereich, und erst dann tritt man auf die Gasse hinaus und auf den kleinen Platz, wo der Brunnen und der lokale Tempel stehen. Diese wiederum dienen den etwa 300 Familien der Umgebung. Um die paar Freiflächen herum liegen die Arbeitsflächen für die ansässige Bevölkerung. Dort wird im Sommer der Reis getrocknet, die Pfefferschoten werden ausgebreitet, es wird gedroschen, und vor dem Tempel wird der Wasserbüffel geschlachtet. Das alles ist noch innerhalb des Stadtviertels beziehungsweise des Häuserviertels. Wenn man aus diesem kleinen Krätzel herausgeht, kommt man in das Quartiersviertel mit einem größeren Tempel, mit Läden und einer kleinen Passagenstraße, dann in die größere Passage weiter draußen und schließlich auf den Hauptplatz. In diesen unzähligen Abstufungen zwischen »ganz privat« und »ganz öffentlich« gibt es einen derartigen Reichtum an Aktivitäten und an unterschiedlichen Tagesnutzungen der öffentlichen Weiheräume, das ist etwas völlig anderes als das, was der Großteil der Menschen in unseren Großstädten erlebt. Nämlich aus der Zwei-Zimmer-Küche-Wohnung hinaus und rein in den großen öffentlichen Verkehrsraum und nichts dazwischen.

EHALT: Diese Prozesse, die unsere Städte in den letzten hundert Jahren durchgemacht haben und die einem als Stadtplaner, Architekt und als sensibler Mensch als Verlust erscheinen, haben zugleich auch einen Gewinn an Emanzipation für unterschiedliche Gruppen der Gesellschaft gebracht. Dieser Ausbruch aus den vielen Geborgenheiten war eine Befreiung der Kinder, der Frauen sowie eine Befreiung aus den

Arbeitszusammenhängen. Andererseits wurde dadurch viel Einsamkeit geschaffen. Aber du vermutest ja, daß Einsamkeit nicht etwas ist, was es bei uns gibt und dort nicht.

HAGMÜLLER: Du hast die Antwort der Frage bereits vorweggenommen. Vielleicht noch einmal zurück zur Nutzung des öffentlichen Stadtraumes, zum Vergleich zwischen der vielfältigen Nutzung des Stadtraumes in den Städten des Kathmandutals und in anderen traditionellen Städten Asiens, die ich als so reich empfinde, und der Monofunktionalität in unserem Straßenraum. Bei uns kommt man aus der Tür und steht auf der Straße, wo die Autos fahren. Aber es muß nicht nur Verkehrsfläche sein. Wenn man in der Innenstadt Wiens, etwa im Bermudadreieck, aus dem Haus rauskommt, befindet man sich in einem riesigen Freßlokal. Hunderte Menschen tun nichts anderes als entlang der Straßenzüge zu fressen. Die öffentlichen Räume sind eingeschränkt auf ganz wenige, ihnen zugewiesene Funktionen. Das ist das Erbe der Moderne und das Erbe von uns Architekten und Stadtplanern, die in den dreißiger Jahren in der Charta von Athen die funktionelle Nutzung und völlige Trennung des Stadtraumes gefordert haben. Wohnen dort, Fabrik und Arbeiten hier, dazwischen Verkehrseinrichtungen. Kein Nebeneinander mehr von Gewerbehof, Werkstatt und Laden, mit den Fuhrwerkern davor, dem Stall dahinter und darüber den Lagerräumen, der Wohnung und dem Empfangsraum. Keine Kombination mehr von allem innerhalb eines einzigen Gebäudes. Wir selbst haben mit unserem Glauben an eine rationale Nutzung des öffentlichen Raumes, in dem alles auseinandergehalten wird, an diesem Prozeß mitgewirkt.
Natürlich existiert in einigen von unseren Städten auch noch die Gegenposition. Aber selbst historische Stadtzentren, die von ihrer Gestalt und ihrem Raum her noch so etwas vermitteln, wie etwa Siena, werden heute sehr stark einseitig genutzt. Der zentrale Platz von Siena ist, ebenso wie das Wiener Bermudadreieck, ein einziges Freßlokal. Da fährt kein Fuhrwerk oder was da früher alles war, mehr durch, und es herrscht eben auch keine Ruhe mehr.
Jetzt zu dem anderen Thema, dem Eingebundensein bzw. Gefangensein in einem traditionellen großfamiliären Zusammenhang, in der eigenen Kaste oder Gilde, aus der man aus eigener Wahl nicht heraus-kann, wo die Vorstellungen der Eltern nach wie vor alles bestimmen

bis hin zur Partnerwahl. Alles das, was wir so oft negativ beurteilen, lernt man mit anderen Augen zu sehen, wenn man begreift, daß dieses Eingebundensein in eine Großfamilie eben auch Geborgenheit vermittelt, und zwar auch in einem ganz materiellen Sinn, wenn einer keine Pensions- und Krankenversicherung hat und daher materiell völlig ungesichert im Leben steht. In den asiatischen Ländern gibt es für den Großteil der Bevölkerung weder Kranken- noch Pensionsversicherung, daher ist völlig klar, daß im Fall der eigenen Unproduktivität nur die Familie aufkommen kann. Es ist ja auch das Dilemma, mit dem die Familienplanung in diesen Ländern zu kämpfen hat, daß die Leute für das eigene Überleben im Krankheits- oder Altersfall keine andere Versicherungsmöglichkeit haben. Sie müssen auf ihre eigenen Kinder zurückgreifen, und je mehr Kinder da sind – so schwierig es auch sein mag, sie durchzufüttern – umso größer ist die Chance, später einmal nicht allein dastehen zu müssen.

EHALT: Was für eine Chance hat die traditionelle Kultur Nepals in den verschiedenen Bereichen wie Familienleben, Umgang der Menschen miteinander, Eßgewohnheiten, Bauwesen, Freizeit und Ökonomie angesichts des Nachholens der westlichen Entwicklungen mit Fernsehen, Medien, neuen Technologien bis hin zum Aufstellen von Computern durch die Stadtverwaltung? Gibt es eine Chance, Fragmente dieser regionalen Identität zu bewahren?

HAGMÜLLER: Das kann ich nicht einschätzen. Das Überleben der Baukultur in den Städten des Kathmandutals ist nicht gesichert. Um den Bestand der größeren und wichtigeren Heiligtümer braucht man sich nicht zu sorgen. Aber wenn man das traditionelle Bild der Städte als etwas Wichtiges und Wertvolles ansieht, so kann man nur sagen, daß das, was in den nächsten fünfzehn Jahren nicht erhalten wird, für immer verloren ist. In ganz kurzer Zeit, innerhalb einer einzigen Generation wird das gebaute Erbe dieser Kultur zum Großteil kaputtgehen. Das klingt jetzt sehr dramatisch, aber wir haben es nicht anders gemacht. Der Anteil an gebauter Substanz, der in den Jahren nach dem Zweiten Weltkrieg bei uns kaputtgegangen ist, ist mengenmäßig größer als das, was durch den Krieg selbst zerstört wurde. Wir haben mit dem wachsenden Wohlstand selbst alles ruiniert, indem die Landschaften

zersiedelt und die Städte zu Tode saniert wurden. Ohne Rücksicht auf das historische Erbe. Das passiert in Nepal auch.
Was andere Bereiche, wie z. B. das Weiterleben der rituellen Praxis, also das religiöse Leben, das den Alltag und den Jahreskalender bestimmt, betrifft, so glaube ich nicht, daß das so schnell verlorengehen wird. Auch die gebildeten, den modernen Maßstäben gegenüber aufgeschlossenen Menschen in Nepal sind, was die Tradition des Ritus betrifft, ihren Großeltern völlig gleich. Ich glaube, daß dort die Religiosität eine viel stärkere Überlebenskraft hat als bei uns. Die Säkularisierung des Westens ist viel radikaler vorgegangen oder ist viel leichter gefallen, als das in Nepal der Fall sein wird. Bei uns sind gesellschaftliche Veränderungen mit der Ablehnung traditioneller Ideologie verbunden gewesen. Das Witzige in Nepal ist, daß Menschen, die heute etwa eine Linkspartei wählen, deswegen in keiner Weise weniger religiös sind. Die Parteien, auch die linken, haben überhaupt kein atheistisches Pathos. Egal, ob jemand ein reicher Händler, Hochschulprofessor oder Staatssekretär in der Regierung ist, die Religion und der Aberglaube bestimmen das Leben dieser Menschen. Neben der wesentlichen Frage nach der Höhe des Verdiensts beschäftigt sie der Gedanke: »An wen verheirate ich meine Tochter am besten?«
Die Anpassungsfähigkeit ritueller Praktiken garantiert das Überleben des Rituals. Das Leben der Nepalesen ist – egal ob sie im Dorf oder in der Stadt wohnen – von den jahreszeitlichen Zyklen vor allem des Reisanbaus geprägt. Diese manifestieren sich in den Festen, den traditionellen religiösen Tagen der Heiligen, also der Götterverehrung, wie bei uns im Prinzip auch.

EHALT: Ich denke mir, daß in Europa Rituale bei der Wirklichkeitsbewältigung in den verschiedensten Bereichen Sicherheit gegeben haben und daß sie erst im Verlauf von langfristigen Prozessen außer Kraft gesetzt wurden. Für die einzelne Person bedeutete dies einen Gewinn an Autonomie, zugleich aber auch die gewaltige Gefahr von Einsamkeit und Ungebundenheit. Inwieweit lassen sich nun Bindungen oder etwa auch regionale Eigenheiten bewahren? Gerade die traditionelle Baukultur hat nichts mit einzelnen Persönlichkeiten zu tun, sondern besteht aus lang tradierten Formen, die von einem kollektiven Wissen getragen werden. An deren Stelle tritt nun, was von Rudowsky als »Ar-

chitektur ohne Architekten« beschrieben wird: also sehr viel Individualismus in allen Bereichen. Diese Prozesse sind meinem Gefühl nach nicht aufzuhalten, und als Stadtplaner oder auch nur als einfacher Beobachter kann man lediglich Verluste konstatieren. Ich sehe keine Möglichkeit einer Gegenstrategie.
In einer gewissen Weise bleibt uns nur unsere Liebe für die Reize öffentlicher oder halböffentlicher Räume, wie es sie in Städten mit einer langen Geschichte gibt. In Wien existieren sehr viele heterotrophe Orte, wie zum Beispiel das Kaffeehaus, in das man wie durch eine Zeitschleuse tritt, denn in ihm herrscht ein anderer Rhythmus. Man kann dort einen halben Tag lang mit einem kleinen Kaffee sitzen, ähnlich wie in einer traditionellen Kultur. Dennoch kann das Kaffeehaus wohl nur als Museum weiterbestehen.

HAGMÜLLER: Das war keine Frage, das war ein Vortrag von dir. Was soll ich dazu sagen? Ich gehe gerne ins Kaffeehaus und verbringe dort meinen Tag. Es ist wirklich eine der tollsten Einrichtungen, die es in Wien gibt.

EHALT: Gibt es für einen Planer eine Möglichkeit, nicht nur die Gebäude, sondern auch das Ambiente bzw. die Mentalitäten zu bewahren? Denn was unserem Blick in Nepal gefällt, ist das, was in Europa offensichtlich verlorengegangen ist. Kann man etwas bewahren, ohne zugleich die Struktur, die für den einzelnen Einengung, Verhinderung und Unterdrückung bedeutet, zu konservieren?

HAGMÜLLER: Ich bin weder Planer noch Gesellschaftsveränderer, ich bin Architekt und Denkmalpfleger. Ich sehe einen gewissen Sinn darin und halte es auch für wichtig, die gebauten Reste einer der letzten noch lebenden historischen Stadtkulturen in der Dritten Welt, nämlich jene des Kathmandutales, als Erbe der Menschheit zu erhalten. Es gibt noch ein paar andere Orte im asiatischen Raum, die man damit noch vergleichen könnte, aber sie lassen sich im Prinzip an den Fingern einer Hand abzählen. Das ist es, was ich mache, und ich finde, es ist eine legitime Aufgabe.
Ob man darüber hinaus Strategien entwickeln und als Planer eingreifen kann, um andere positive Aspekte dieser traditionellen Gesellschaft aufrechtzuerhalten, kann ich nicht sagen. Ich glaube eher nicht. Aber

das ist nicht mein Bier. An und für sich habe ich einen völlig antiquierten Beruf. Die Menschen, die glauben, daß man durch Planung etwa die ökonomische Nutzung von Stadtraum bestimmen kann, irren sich. Die Bodenpreise werden nicht von den Planern bestimmt, sondern von den Spekulanten, und dagegen nützen auch Planungsinstrumente nichts. Das wissen wir in Wien genauso wie in Nepal, auch wenn in Wien das sogenannte Instrumentarium und die Infrastruktur der Stadtplanung wesentlich entwickelter ist, hochinstitutionalisiert und bürokratisiert. Im Prinzip ist bei den Entwicklungsräumen entlang der Donau – Stichwort »Expo« – nichts anderes passiert. Der Hintergrund für die Schaffung unserer lieben Donauinsel und die Erschließung dieses herrlichen Freiraumes war ja nicht, den Wienern mehr Baderaum zu vermitteln. Der war durch städtische Bäder auch schon gedeckt. Sondern da standen andere Interessen dahinter. Ich mache mir keine Illusionen, daß Planer da etwas mitbestimmen können oder daß man als Beamter, als beauftragter Fachmann, Wesentliches entscheiden kann, weder hier noch in der Dritten Welt. Gott sei Dank gibt es in Nepal noch nicht dieses wahnsinnige, völlig unkontrollierte Wachstum der Metropolen. Gegen Zehnmillionenstädte wie Bombay oder Kalkutta ist kein Kraut gewachsen.

EHALT: Wenn du nach drüben fliegst, ändert sich dann dort etwas für dich persönlich, in der Art, wie du lebst, in der Größe deines persönlichen Entfaltungsraumes? Oder hast du einfach nur als Beobachter ein anderes Blickfeld vor dir?

HAGMÜLLER: Für mich persönlich – wenn ich meine Darmflora miteinschließen kann – ändert sich schon einiges. Ich muß mich jeweils mit Problemen auf die andere Ernährung umstellen. Das ist nicht immer leicht, trotz der Übung des häufigen Hin- und Herreisens. Und so, wie sich meine Darmbakterien jeweils anpassen können, geht es wahrscheinlich auch mit der Psyche. Man muß sich jedesmal erneut umstellen. Man ist zwar im Prinzip derselbe, aber man reagiert in der jeweils anderen Umgebung anders. Man sieht die Dinge mit anderen Augen, so wie meine Darmflora die unterschiedliche Nahrung anders verarbeitet. Ich reagiere in Nepal anders als hier. Ich bin derselbe und doch jemand anderer. Aber ich nehme an, das ist eine Binsenwahrheit. Ich könnte allerdings keinen Schlußstrich ziehen und sagen, es ist so und so.

EHALT: Hier herrscht eine unheimliche Geschäftigkeit, aus der man überhaupt nicht rauskommt und die unsere Freizeit ebenso dynamisiert wie die Bereiche der Arbeitswelt. Es gibt keine Muße mehr, sondern nur noch Zeitdruck. Ist es eine Romantik der Westler, sich aus dieser ständigen Dynamik lösen zu wollen? Man sehnt sich doch nach einer Welt, in der es weniger Geschäftigkeit und mehr Raum für Meditation gibt. Das betrifft dich doch auch, denn du koordinierst dort drei Projekte und befindest dich in einer gewissen Weise in ähnlichen Drucksituationen. Das wäre so, als würdest du ein Museum im Waldviertel einrichten und nebenbei noch Kirchen in Oberösterreich restaurieren. Kannst du persönlich von dem anderen Zeitrhythmus, der offensichtlich dort herrscht, profitieren?

HAGMÜLLER: Also das sind wirklich romantische Vorstellungen. Es stimmt überhaupt nicht, daß jemand, der in Nepal als Architekt arbeitet, buddhistische Weisheit und Meditation mit dem Löffel gefressen haben muß oder als abgeklärter Buddha über den Dingen schwebt. Dort herrscht ein genauso professionelles Leben wie hier, und manchmal nicht weniger hektisch. Wenn man mehrere Baustellen hat, dann muß man unterwegs sein und hängt stundenlang am Telefon. So ist das nun mal.

EHALT: Mittlerweile auch besser funktionierend?

HAGMÜLLER: Ja, das Telefon funktioniert in Nepal besser als bei uns. Da brauche ich nicht so oft neu zu wählen. Aber es ist jedenfalls eine romantische Vorstellung, zu glauben, daß das professionelle Leben dort wesentlich anders ausschaut als hier. Aber natürlich: Ich arbeite, das heißt, ich realisiere mich und mein Talent in *Nepal* und nicht hier; nicht ganz aus Zufall oder weil ich nur dort Aufträge habe, sondern weil mir die Aufgaben dort besser gefallen und natürlich auch die Umsetzungsmöglichkeiten. Das hängt damit zusammen, daß ich mich in Nepal in meiner Funktion als Denkmalpfleger mit viel weniger Behörden auseinandersetzen muß, als ich das hier in Wien tun müßte. In Nepal bin ich quasi der oberste Denkmalpfleger, zwar nicht de jure, denn ich bin der Berater des Denkmalamtes, aber da die selbst keine Fach-

leute auf diesem Sektor haben, bin ich letztendlich die entscheidende Instanz in den wesentlichen Fragen, die unsere Projekte betreffen. Es gibt zwar auch eine Stadtplanungsbehörde, aber die hat ohnehin nichts zu sagen und keinerlei Kompetenzen. So brauche ich mich nicht mit diesem wahnsinnigen »Muß« der Behörden abzugeben. Ich bin also von ziemlich viel Ballast dieser Art befreit.
Es gibt sicher noch andere Gründe, warum mir das Arbeiten in Nepal Spaß macht. Auf der anderen Seite gibt es natürlich auch Defizite, etwa das Fehlen eines professionellen Umfeldes. Es gibt in Nepal kaum Architektenkollegen, mit denen ich reden kann. Erstens gibt es nur sehr wenige Architekten, und zweitens interessieren die sich nicht gerade für meine Arbeit. Das sind junge, moderne Architekten, die bedauerlicherweise lieber ein Hotel oder eine Fabrik bauen und sich um solche Dinge kümmern. Dieses dichte Feld professioneller Auseinandersetzung und Kritik gibt es kaum, ebensowenig wie Wettbewerbe oder Architekturzeitschriften. Das heißt nicht, daß es nicht ein wachsendes generelles Interesse an den Aspekten der Stadtbilderhaltung und der Denkmalpflege gäbe. Es ist sehr motivierend, daß dieses Interesse wächst, sowohl bei den einfachen Leuten aus dem Volk – die oft mit erstaunlich reichhaltigen Spenden und Beiträgen zur Renovierung eines Stadtteiltempels beitragen – als auch bei den zuständigen Institutionen, der Regierung und bei den höheren Schichten der Gesellschaft. Der negative Aspekt wäre also das Fehlen der professionellen Diskussion.

EHALT: Das bedeutet, daß du in einem Bereich arbeitest, der bereits sehr stark nach unseren Strukturen funktioniert und in dem es kaum andere Muster gibt. Durch die geringe Zahl an behördlichen Reglementierungen ist allerdings viel mehr Freiheit gegeben. Wahrscheinlich ist dieses traditionelle Muster in Nepal in einer gewissen Weise vom Milieu bzw. von der Schichtzugehörigkeit abhängig. So wie im Europa der fünfziger Jahre im bäuerlichen Bereich noch die vorindustrielle Gesellschaft existierte, während es andererseits schon sehr avancierte Strukturen gab. Solche Ungleichzeitigkeiten gibt es heute in Europa kaum noch. Zwischen Nordeuropa und Sizilien ist die Synchronisierung der einzelnen Teilkulturen und Milieus sehr weit vorangeschritten. Ich vermute, daß es in Ländern wie Nepal noch gewaltige Ungleichzeitigkeiten gibt. Wenn du aus dem Kathmandutal herausgehst und irgendein abgelegenes Tal betrittst, wirst du vermutlich eine große Zeitreise machen.

HAGMÜLLER: Das sind tatsächlich große Unterschiede. Ich habe über das Kathmandutal gesprochen und nicht über das Land Nepal. Denn das ist hinter den sieben Bergen, und da schaut die Welt wirklich ganz anders aus. Ich bin im Kathmandutal, im Umfeld der Hauptstadt, das ist auch sehr interessant, aber es kriselt auch. Man wirft mir vor, die Dinge beschönigend darzustellen und die sozialen Probleme dieser Menschen auszuklammern, eben ein viel zu heiles Bild dieser Welt zu präsentieren. Das stimmt nicht, sie ist nicht mehr heil. Die Welt des Kathmandutals, wie sie die Hippiegeneration vor zwanzig Jahren noch erlebt hat, ist lange vorbei. Aber hinter den Bergen gibt es sie immer noch.

»SIS HUMILIS – SEI BESCHEIDEN«

Gespräch mit Arthur E. Imhof am 10. April 1991

EHALT: Lieber Herr Imhof, Sie sind historischer Demograph unter Einbeziehung der Alltags- und Sozialgeschichte und haben eine Reihe von Büchern geschrieben, die sich mit der Zunahme der Lebenserwartung beschäftigen. Was hat Sie von Ihrem ursprünglichen Thema »Leben und größere Lebenserwartung« zum Thema »Tod« gebracht?

IMHOF: Das ist eine ziemlich lange Geschichte. Als ich vor etwa 15 Jahren nach Berlin kam und eine Forschungsgruppe aufbaute, wollte ich genau wissen, wie es unseren Vorfahren ergangen war. Wir stürzten uns auf die Kirchenbücher, die praktisch die einzige Quelle für das Leben aller unserer Vorfahren sind. Da standen sämtliche Daten: Geboren oder getauft am soundsovielten, verheiratet dann und dann mit dem oder der, soundsoviele Kinder. Anhand der Sterbebücher konnten wir erkennen, wie alt die Leute geworden waren. Wir gaben alles in den Computer ein, und ich glaubte, der Wahrheit auf die Spur gekommen zu sein, denn ich hatte nun auf Punkt und Komma genau, wie alt die Betreffenden im Jahr X am Ort Y geworden waren. Beim Durchsehen der Zahlen tauchten allerdings Fragen auf: Was bedeutet es eigentlich, wenn früher das Sterbealter bei 50 oder 75 Jahren lag? Ich denke, jedem leuchtet ein, daß Alter und Altern zu verschiedenen Zeiten ganz Unterschiedliches bedeuten können. Heute kann ein 75jähriger sich jünger fühlen und physisch auch sein als ein 50jähriger vor 300 Jahren. Daraufhin bin ich von der rein statistischen Aufarbeitung der Materialien wieder abgekommen.

Und dann fragte ich mich, woran die meisten gestorben waren und was die Ursache dafür ist, daß das Sterbealter so unterschiedlich sein kann. Somit war ich beim Thema »Tod« angelangt.

EHALT: Als Historiker hat man es immer mit Kosten-Nutzen-Bilanzen zu tun: Man resümiert, was verloren und was gewonnen wurde. Wenn ich an Ihre Aussage, daß sich ein alter Mensch sehr jung fühlen kann, anknüpfe, dann sieht es zunächst so aus, als ob man es beim Lebenszyklus und dem Umgang mit Altern und Sterben nur mit einer Nutzenbilanz zu tun hätte. Die Lebenserwartung ist gestiegen; das Gefühl der Jugendlichkeit bis ins hohe Alter ist für weite soziale Schichten möglich geworden. Jugendlichkeit nicht nur auf geistiger Ebene, sondern auch im Sinne eines weitgehend intakten Körpers. In Ihren Ausführungen schwingt aber mit, daß etwas verlorengegangen ist, was wir wiedererlernen müssen. Was meinen Sie damit?

IMHOF: Wir können statistisch feststellen, daß die Lebenserwartung bzw. das durchschnittliche Sterbealter sehr stark angestiegen ist. Man braucht sich nur die Todesanzeigen in den Zeitungen anzusehen.
Sie betonten die Möglichkeit, ein langes Leben gut zu leben. Aber ein langes Leben ist nicht unbedingt auch ein gutes Leben. Das sind zwei grundsätzlich unterschiedliche Aspekte. Meine Sorge ist, ganz plakativ gesagt, daß wir zu lange leben und eigentlich zu viele Jahre geschenkt bekommen. Wir hatten vorher nach dem Tod und den Todesursachen gefragt. Eine Sache, die mir sehr viel zu denken gibt, ist die Selbstmordverteilung. Wir wissen, daß es Selbstmord in jedem Alter und aus den unterschiedlichsten Gründen, seien es wirtschaftliche, familiäre etc., gibt. Es besteht aber eine regelrechte Explosion der Selbstmordrate im sogenannten Vierten Alter, also ungefähr nach dem 70. bis 75. Lebensjahr. Die Anzahl der Selbstmorde in dieser Altersgruppe nimmt extrem zu, vor allem bei den Männern, aber auch bei den Frauen. Selbst wenn es nur 10% oder 20% sind, die es wirklich zum Selbstmord kommen lassen, so können wir doch erkennen, daß irgend etwas nicht stimmt.
In Anbetracht dieser Tatsache kann man nicht einfach denken, daß wir heute ein gutes langes Leben haben und es so weitergehen wird. Hier habe ich eine neue Aufgabe gesehen: die Klärung des Lebens bzw. die Vorwegnahme des Todes durch die Ars moriendi[1]. Wir sind eben nicht

1 Ars moriendi (latein. »Kunst des Sterbens«): kleines Trost- und Sterbebuch bzw. Erbauungsbuch über das rechte Sterben. Diese Literaturgattung ist im 14. Jhr. unter dem Eindruck der Pestwellen aufgeblüht. Auch Miniaturen, Bilder, Kupferstiche etc. gehören dazu. Dem Stand der Drucktechnik entsprechend gab es etwa ab den 1460er Jahren auch eine preiswerte Holzschnittversion, die sog. Bilder-Ars.

unsterblich. Man kann sich ausrechnen, daß im Vierten Alter bestimmte Kapazitäten abnehmen, und zwar zuerst die physischen. Man kann also nicht mehr Tennis spielen oder um die Welt reisen. Das sind noch Sachen des Dritten Alters, so von 60 bis 65 oder 70. Man kann vielleicht geistig-kulturelle Interessen pflegen, damit das hohe Alter noch zu einem erfüllten Lebensabschnitt wird.

EHALT: Ich sehe zwei Entwicklungen, die miteinander wenig zu tun haben. Einerseits gab es für die Menschen der vorindustriellen Gesellschaft sehr viele sinngebende Instanzen, die heute weggefallen sind: Der Ablauf des Jahres, der Ablauf des eigenen Lebens und darüber hinaus noch viele andere Bereiche des gesellschaftlichen Zusammenseins waren mit klaren Sinngehalten gefüllt. Die Gesellschaft hat jedoch einen Weg eingeschlagen, der von den Kollektiven zu den Individuen führte. Damit haben sich die von den Kollektiven getragenen Sinngehalte sowie ihre rituellen Ausgestaltungen reduziert. Hier liegt – im Sinne der These von Max Weber – tatsächlich die »Entzauberung der Welt« vor.
Andererseits gibt es allgemein einen größeren Zugang zu den Geheimnissen der Welt sowie zahlreiche individuelle Wege der Wissensaneignung. Die Möglichkeit, sich mit dem Abenteuer Welt in vielfältiger Art und Weise auseinanderzusetzen, ist sehr viel größer geworden.
Das erscheint mir als Widerspruch im Hinblick auf Ihre These. Kann das noch so große Wissen jedes einzelnen den gegebenen Sinnverlust nicht wettmachen? Wahrscheinlich ist alles individuelle und naturwissenschaftliche Wissen kein Ersatz für die Antworten eines rituell ausgestalteten Lebens. Meine Frage lautet: Brauchen wir wieder Rituale, oder helfen einfach neue Formen der Sinngebung?

IMHOF: Sie haben mindestens drei große Themenblöcke angesprochen, die ich einzeln abhandeln möchte.
Sie sagten erstens, daß sich in früheren Zeiten, also vor 200, 300, 400 Jahren, das Leben sozusagen von selbst erfüllte. Ich stimme Ihnen zu und will es Ihnen im Zusammenhang mit der gestiegenen Lebenserwartung erklären. Was die vergangenen Jahrhunderte betrifft, so können wir die Lebenserwartung von Erwachsenen nicht vom Zeitpunkt der Geburt her bestimmen, da die Kindersterblichkeit sehr hoch war.

Die durchschnittliche Lebenserwartung bei der Geburt betrug etwa 25 bis 30 Jahre. Wer aber dieses Erwachsenenalter erreicht hatte, konnte mit einer Gesamtlebenserwartung von im Durchschnitt 60 Jahren rechnen. Daher war man auch erst mit 25–30 Jahren im heiratsfähigen Alter. Wenn man untersucht, in welchen Zeitabständen unsere Vorfahren ihre Kinder – in der Regel sechs bis acht – zur Welt brachten, so erkennt man, daß die Mütter im allgemeinen mit 39, 40 Jahren das letzte Kind bekamen. Wenn wir jene Zeit, die zum Großziehen der Kinder bis zur Heirat, Hofübernahme oder eigenständigen Ausübung eines Handwerks benötigt wurde – von den Soziologen als Sozialisation der nächsten Generation bezeichnet – mit 20 Jahren beziffern, so sind Vater und Mutter nach Erwachsenwerden des letzten Kindes 60 Jahre alt. Strukturell gesehen kann man sagen, daß in dem Moment, in dem die nächste Generation reif war, die alte wegstarb. Die Eltern hatten durch diese Aufgabenstellung automatisch ein erfülltes Leben, ob nun ein relativ langes oder kurzes, sei dahingestellt. Aber es gab generell keine Generationsprobleme.

Heutige Eltern bekommen ein oder zwei Kinder mit 29, 30 Jahren und sind daher 50, wenn die Kinder das Haus verlassen. Gleichzeitig beträgt die Lebenserwartung von Erwachsenen aber nicht mehr 60 Jahre, sondern 80.

Wir haben also zwei neue Probleme: Das eine ist die sogenannte nachelterliche Partnerschaft im leeren Nest. Was macht das Ehepaar nun? Sie haben endlich Zeit, aufeinander loszuschlagen. Die erfahrenen Frauen mit 50 werden auf dem Arbeitsmarkt nicht benötigt, da wir sowieso zuwenig Arbeitsplätze haben. Bei den langen Ehen explodiert die Scheidungsrate genau dann, wenn die Partner keine Aufgabe mehr haben. Außerdem hat die Lebenserwartung bei Frauen sehr viel stärker zugenommen als bei den Männern. Das heißt, die Witwenschaft der Frauen heute – auch weil die Männer bei der Heirat immer etwas älter sind – dauert im Durchschnitt zehn Jahre. Frauen stehen also am Schluß zehn Jahre allein da. Früher gab es diese strukturelle Witwenschaft überhaupt nicht. Hier taucht wiederum die Frage nach einem langen, gleichzeitig aber auch erfüllten Leben auf. Durch den Anstieg der Lebenserwartung sind also zwei große Probleme entstanden, zu denen wir uns etwas einfallen lassen müssen. Das war einmal das eine.

Das andere Thema, das Sie angesprochen haben, ist die »Gemein-

schaft«, die »Gesellschaft«. In früheren Jahrhunderten war das Leben unsicher, da es durch Pest, Hunger und Krieg bedroht war. Der Mensch war gezwungen, in einer Gemeinschaft zu leben, niemand konnte einfach allein durchs Leben gehen. Es war die Zeit der »schlechten alten Gemeinschaft«. Man kann ganz brutal sagen, daß wir gezwungen waren, die Rolle des sozialen Wesens zu spielen, obwohl wir gar keine sind. In dem Augenblick, in dem der einzelne allein durchs Leben gehen und trotzdem überleben kann, tun das auch mehr und mehr Menschen. Es kann sich jeder selbst fragen, was es mit den hohen Scheidungszahlen auf sich hat und mit den Partnern, die ohne Trauschein zusammenleben. Dabei handelt es sich um keine langfristigen gegenseitigen Verpflichtungen, die Kitt geben. Eine Ehe ohne Trauschein kann ich morgen verlassen, wenn es mir nicht mehr paßt.
Ich möchte vielleicht noch einen Satz zu bedenken geben. Seit der Renaissance ist im Abendland für viele die Verwirklichung des Selbst das Ideal. Der Mensch entdeckt sich selbst und versucht dabei auch, der Gemeinschaft zu entkommen. Heute haben wir die Möglichkeit, allein durchs Leben zu gehen. Wir versuchen uns als Single, was auch klappt, solange es uns gut geht. Aber wir sind erst ein Stück auf diesem Weg gegangen und noch viel zu unsicher, als daß wir die Rolle auch zu Ende spielen könnten. Denn sobald es uns nicht mehr gut geht – sei es, daß wir krank, bedürftig oder arbeitslos werden – schreien wir nach Sozialstaat, Gemeinschaft und Gesellschaft. Die anderen allerdings, die in einer besseren Situation sind, denken sich: »Was geht mich das an?« Man muß diese Dinge zur Kenntnis nehmen, um sich besser darauf einzustellen und zu versuchen, so lang wie möglich auf eigenen Füßen zu stehen.
Nun zum dritten Punkt, den Sie ansprachen: Wie ist das mit einer neuen Sinngebung? Wie Sie vorhin sagten, gibt es soviel Wissen – Museen, Bibliotheken, die wir uns leisten können, unzählige Reisemöglichkeiten usw. Wir bekommen zwölf Fernsehprogramme, per Satelliten sogar vierzig, und es werden immer mehr. Man denke an die Computerentwicklung. Praktisch wird es soweit kommen, daß jeder seinen eigenen Anschluß hat und mit irgendeiner Bibliothek vernetzt ist. Das Problem scheint mir hier zu sein, daß wir von der Menge an Möglichkeiten überschwemmt werden. Die Lösung liegt in der gezielten Auswahl, denn wir könnten noch siebenmal länger leben, und dennoch würde unsere

Zeit vorn und hinten nicht ausreichen, um sich alles Wissen anzueignen. Wir müssen also Prioritäten setzen, und es kommt darauf an, zu wissen, was man eigentlich sucht. Wir können Keilschrift oder Arabisch oder was auch immer lernen, aber wir müssen einen Rahmen haben, damit sich aus den vielen Mosaiksteinchen zum Schluß ein Bild ergibt.
Wir müssen uns darauf einstellen, im Vierten Alter, wenn unsere Sehkraft nachläßt, einen Schritt zurückzutreten und uns das, was wir in unserem Leben gemacht haben, vor das innere Auge zu holen. Es ist wichtig, daß wir dann das Mosaik sehen können, und nicht nur einzelne Steinchen und Steinhaufen. Wir müssen daher bereits in sehr früher Jugend einen Lebensplan entwerfen, in dem wir festlegen, was wir in den uns zur Verfügung stehenden 80 Jahren machen wollen. Wir müssen ein Ziel wählen, dem wir auch treu bleiben, indem wir das übrige aussondern. Ich zum Beispiel versuche ganz gezielt an meinem Mosaik zu arbeiten, wenn ich in Wien, Zürich oder New York bin. Wir müssen sozusagen das Inhaltsverzeichnis an den Anfang stellen. Überschwemmen läßt sich nur der, der kein Ziel hat.

EHALT: Ist »die Ermittlung eines exakten Lebensplanes« nicht ein Begriff, der auf moderne Managementmethoden paßt? Man hat einen Timekalender, in den man einträgt, wann man was macht, und dann nachschlägt, ob man die Teilziele auch erreicht hat. Ich frage jetzt provozierend, ob nicht gerade die Erstellung eines sehr genauen Zeitplans die Ursache unserer Zeitknappheit ist. Schaffen wir dadurch nicht erst recht das Problem, nicht rechtzeitig fertig zu werden oder Teilziele nicht zu erreichen? Man könnte angesichts des von Ihnen skizzierten Angebots an Wissens- und Lebensmöglichkeiten einen Plan für 80, 150 oder sogar für 200 Jahre machen. Wie soll man da eine Beschränkung setzen, wie kann man rechtzeitig das richtige Thema finden, da doch alle Dinge miteinander verbunden sind? Und selbst wenn es gut funktioniert – ist dann nicht gerade das Scheiden umso schwieriger?

IMHOF: Interessanterweise hat ein Soziologe der Universität Graz, Kollege Acham, nach einem meiner jüngsten Vorträge dort genau das gleiche Wort wie Sie verwendet. Er sprach von einem Management des Alterns. Ja, so können Sie es bezeichnen. Ich gebe gerne zu, daß ich es im Rahmen eines Vortrags oder eines Zeitungsartikels pointiert formuliere. Dann mag es eben wie ein Kalender aussehen, auf dem man abhakt.

Was mich bei meinen Vorträgen über das Thema »Sterben – Tod« beschäftigt, ist die schon erwähnte Ars moriendi. Wir hatten uns elf Holzschnitte aus dem späten 15. Jahrhundert angesehen, von denen einer eine Sprechblase darstellte, in der stand: »Bleib bescheiden« – auf lateinisch »sis humilis« –, denn die Versuchung war Versuchung zum Hochmut. Ich verstehe dieses »sis humilis« nicht in der christlichen Tradition, sondern als Beantwortung Ihrer vorigen Frage. Bei den vielen Angeboten bzw. beim Abstecken eines Rahmens müssen wir eine gewisse Bescheidenheit an den Tag legen und nicht daran denken, ob das Gehalt ausreicht, um dreimal im Jahr übers Wochenende nach New York zu jetten. Es kann einem ja auch plötzlich ein Unfall zustoßen. 80 Jahre sind die statistische Größe für die durchschnittliche Lebenserwartung, die auf 70 bis 80% der Menschen mehr oder weniger zutrifft. Aber das ist noch keine Garantie, denn theoretisch könnte ich jederzeit überfahren werden. Es gibt Aids, frühe Krebsfälle bei 40- oder 50jährigen usw. Ich muß all diese Dinge in meinen Lebensplan miteinbeziehen. Ich gehe zwar von einer zu erwartenden Lebensdauer von 80 Jahren aus, weiß aber auch, daß ich dieses Alter mit 10% Wahrscheinlichkeit nicht erreichen werde.

Die andere Möglichkeit wäre, daß ich länger lebe, das heißt, daß der Tod zu spät kommt. Ein ganz anderes Problem ist, was wir machen, wenn wir wirklich nicht mehr sehen und hören können. Aber auch das gehört mit 10% Wahrscheinlichkeit dazu und muß in Betracht gezogen werden.

Ich bin jetzt 52 Jahre alt und habe die Welt in einem Ausmaß gesehen, wie es für 95% der Bevölkerung – aus den Ländern der Zweiten, Dritten und Vierten Welt – unerreichbar ist. Ist das nicht genug? Sis humilis, sei bescheiden und verlange nicht die ganze Ewigkeit und alles mögliche mehr! Ich will es an einem anderen Beispiel noch plastischer machen. Ich habe eine ganze Reihe von Schulderfahrungen gemacht, denn ich hatte zwei Brüder, von denen der eine mit 40, der andere mit 50 Jahren verstorben ist. Das sind genau die Situationen, in denen man über solche Dinge spricht.

Sterben ist nie leicht, aber es mag vielleicht doch leichter sein, wenn

man weiß, daß mit 80 Jahren nichts mehr repariert werden kann. Denn sonst bekommt man das Gefühl: »Ich bin immer nur älter geworden, aber ich habe gar nicht gelebt«. Diese Torschlußpanik im Alter kann dann zum Selbstmord führen. Die Beispiele aus meiner Familie kann, glaube ich, jeder in seinem eigenen Verwandtenkreis finden. Mich hat diese Sache sehr nachdenklich gemacht. Früher sah man in Krankheiten einen Sinn – ganz im Gegensatz zu heute. Unsere heutige Einstellung lautet, daß uns die Ärzte und die Apparatemedizin gefälligst wieder gesund machen sollen.
Gestatten Sie mir, daß ich an dieser Stelle persönlich werde. Ich selbst habe eine Form von Rheuma mit dem schönen Namen Spondylitis ankylopoetica. Mehrmals im Verlauf des Lebens kommt es dabei zu einer Augeninflammation, genannt Iridozyklitis. Mich hat es bisher dreimal erwischt. Diese Sekundärinfektion kann man mit Cortison-Spritzen in den Griff bekommen, was allerdings vier Monate dauert. Während dieser Zeit ist das Augenlicht bis auf 20% reduziert. Stellen Sie sich meine Situation vor. Sie werden plötzlich für vier Monate aus dem Verkehr gezogen, und am Anfang verzweifeln Sie, denn Sie können nichts mehr machen. Diese Krankheit und die Tatsache, daß ich nicht mehr sehen konnte, hat für mich dadurch einen Sinn bekommen, daß ich begann, nach innen zu schauen. Wehe, es gibt dort nichts zu sehen! Sie müssen in Ihren Lebensplan einberechnen, daß mit 80, 85 Jahren das Augenlicht abnimmt, so daß Sie nicht mehr fernsehen oder Bücher lesen können. Ich habe aufgrund ihrer starken Zunahme Interesse für die islamische Kultur bekommen. Wenn ich nach Bangladesh oder Indien reise, beschäftige ich mich mit ganz bestimmten Dingen, wie z. B. der islamischen Kalligraphie. Diese Bilder, die ich im Laufe meines Lebens ganz gezielt ausgewählt habe, kann ich vor meinem inneren Auge wieder abrufen, wenn ich nicht mehr nach außen sehe. Dann kann ich mir auch überlegen, wieso die Kalligraphie im Islam eine so große Rolle spielt und wieso wir dieser Kunst nichts entgegenzustellen haben. Also selbst wenn der Tod mit 10% Wahrscheinlichkeit zu spät eintritt und ich schon ganz blind bin, reicht mein bißchen Geist doch aus, um mir darüber noch Gedanken zu machen.

EHALT: Die Forderung »sis humilis« scheint mir ein zentraler Punkt zu sein, den ich für wichtig und entscheidend und auch für sehr schön

halte. Allerdings glaube ich, daß es in unserer Welt wenig Raum gibt, um Haltungen wie »Sei bescheiden« oder »Beschränke dich« zu lernen und zu leben.
Es erscheint mir aber immer noch als Widerspruch, alles in einer so langen Zeitlinie zu sehen. Indem man für das nächste halbe Jahr die Vorträge und die Bücher plant und für einen noch längeren Zeitraum eine Ausstellung, kommt man zu einem sehr genauen Timing. Was Sie zuletzt gesagt haben, spricht jedoch eigentlich dagegen. Man sollte weg von dieser Zeitlinie wieder zu einem amorphen Gegenwartsgefühl kommen und sich beispielsweise darüber freuen, daß man – so wie wir jetzt – in einem schönen Kaffeehaus sitzt und ein angenehmes Gespräch führt, während draußen die Sonne scheint. Man kann vergessen, was vorher war und nachher kommt, denn die Situation könnte nicht mehr viel angenehmer sein, als sie bereits ist. Wie lassen sich diese beiden mir so widersprüchlich erscheinenden Dinge verbinden?

IMHOF: Widersprüche lösen sich auf, wenn man wieder sein Ziel vor Augen hat und dieses auch verfolgt, indem man klarstellt, welche Dinge einem wichtig sind. Obwohl ich das in meinen Vorlesungen oder Büchern immer wieder einfüge, ist es nur sehr schwer zu befolgen, denn unsere heutige Zeit läuft genau aufs Gegenteil hinaus. Ich meine, wie gesagt, mit diesem »sis humilis« nicht die christliche Bescheidenheit, auch nicht eine naive Bescheidenheit im Sinne, jemandem den Vortritt zu überlassen, sondern ich meine die Bescheidenheit sich selbst gegenüber. Wir müssen wissen, daß wir Sterbliche geblieben sind und nicht alles erreichen können, aber doch sehr viele Möglichkeiten haben. Seitdem ich das entdeckt habe, ist für mich eine ungeheure Freiheit entstanden. Trotz der vielen Werbung um mich herum fühle ich mich zu nichts mehr gezwungen, denn ich weiß, was ich will. Für mich ist heute – genau wie Sie sagten – ein schöner Vormittag. Ich werde heute nachmittag in die Weltliche Schatzkammer gehen, um mir dort ganz gezielt Ausstellungsobjekte aus dem Burgunderschatz anzuschauen, wie zum Beispiel die Paramente des Ordens vom Goldenen Vlies. Ich habe die Freiheit, mir dafür Zeit zu nehmen. In früheren Zeiten, als die Lebenserwartung bei 60 Jahren lag, wäre ich gezwungen gewesen, am Nachmittag Kartoffeln zu setzen oder Ähnliches. Aber ich muß bescheiden sein und wissen, daß ich mir das und das ansehen will, denn sonst verzettele ich mich. So weiß ich, daß ich in einem Jahr wiederkommen und mir dann das Schwurkreuz vom Goldenen Vlies anschauen werde. Vielleicht bekomme ich später eine Einladung nach Bern, wo es den Tausend-Blumen-Teppich aus der Burgunderbeute zu sehen gibt. Auf diese Art und Weise kann ich in meinem Rahmen ein Mosaiksteinchen nach dem anderen zusammenfügen. Das gibt mir Freiheit und auch Lebenserfüllung. Was wollen wir eigentlich mehr?

EHALT: Ich denke, daß man mit Hilfe des Satzes »sis humilis« lernen kann, demütig zu sein, sich nicht als etwas Besseres zu fühlen. Und daß man gerade in solchen Situationen, in denen man sieht, daß man einfach ein ganz normaler Mensch ist und sterblich wie alle anderen, sehr viel lernen kann. Obwohl das wahrscheinlich nicht mehr der alten Ars moriendi entspricht. Aber wir sollten uns zwei der zentralen Punkte, nämlich den Hinweis auf die Eitelkeit der Welt sowie die Lehre, sich zu begnügen und bescheiden zu sein, sehr zu Herzen nehmen.
Außerdem kann man sehr viel lernen, wenn man sich Zeit nimmt und mit offenen Augen für das Neue durch seine vertraute Umgebung geht. Das Abenteuer in diesem Sinne liegt in unseren Interpretationsmöglichkeiten der Wirklichkeit. Die Bildungsinstitutionen, aber auch andere gesellschaftliche Organisationen können dazu beitragen, diese Geisteshaltung stärker zu verbreiten.
Aber reicht das als neue Ars moriendi aus? Ist das alles, was wir tun können? Oder bleibt – in einem doppelten Sinn – der Tod das letzte?

IMHOF: Sie brauchen sich dieser, wenn man so will, neuen Form der Bescheidenheit zur Selbstbefreiung nicht anzuschließen. Ich will niemanden bekehren. Jedem steht es frei, das genaue Gegenteil zu tun und ständig einem erfüllten Leben hinterherzurennen. Ich glaube allerdings, daß es dann zur Torschlußpanik kommt, denn das Angebot ist einfach zu reich. Wir werden dauernd von einem hochstehenden kulturellen Angebot, das wir nie bewältigen können, überfüttert. Ist es nicht besser, sich wieder zu bescheiden? Ich will keine neue Philosophie verkünden, denn es sind einfach nur Überlegungen, hinter denen auch ein Reifeprozeß steckt. Einzelnes können wir heute von der Ars moriendi tatsächlich noch lernen, ohne daß wir dafür eine christliche Weltanschauung haben müßten. Es sind schließlich ganz simple Lebensweisheiten – und ich bin auch nicht der erste, der darauf kommt. Aber offensichtlich muß man sie immer wieder einmal in Erinnerung rufen. Ich persönlich habe so viel gesehen, daß ich der verlorenen Ewigkeit nicht nachzutrauern brauche.

»AUF DER SEITE DER ARMEN«

Gespräch mit Bischof Erwin Kräutler am 16. März 1993

EHALT: Lieber Herr Kräutler, Sie haben dieser Tage großes Interesse in der österreichischen Öffentlichkeit erregt. Wie gehen Sie damit um? Ich stelle mir vor, daß das zwiespältige Gefühle hervorruft. Auf der einen Seite haben Sie sehr viele Solidaritätsbekundungen bekommen – was schön für Sie sein muß. Auf der anderen Seite kann man bei diesem großen Medieninteresse auch ein flaues Gefühl im Magen bekommen. Denn Sie sind kein Politiker, sondern leisten in erster Linie wichtige Sozialarbeit und treten für ein wichtiges Anliegen ein. Meine erste Frage lautet, wie Sie sich persönlich in diesem Spannungsfeld fühlen?

KRÄUTLER: Es war natürlich nicht einfach, plötzlich tagelang in den Medien zu sein. Aber ich habe immer versucht, von meiner Person abzusehen und mein Anliegen zu vertreten. Andererseits glaube ich, daß viele Leute gerade durch diese für mich unerwartete Medienaufmerksamkeit für die Anliegen Lateinamerikas und seine Geschichte in den letzten 500 Jahren sensibler geworden sind. Ich stelle das anhand unzähliger Solidaritätserklärungen, Unterschriften sowie an Briefen und Telefonaten der letzten Tage fest. Es ist sehr positiv für die lateinamerikanische Situation, daß die Öffentlichkeit sie heute richtig einschätzen kann und den Zugang zu ihrer Entwicklungsgeschichte gefunden hat. Natürlich habe ich auch einige unangenehmere Briefe erhalten, aber das muß ich durchstehen. Ich bin auch nie dagegen, wenn Leute an meinen Aussagen Kritik üben. Im Gegenteil, ich meine, es ist sogar gut. Aber ich erwarte mir natürlich Argumente. Es soll auch in diesem Zusammenhang der Dialog gepflegt werden. Es geht nicht um Seitenhiebe, in welche Richtung auch immer, sondern um das Vertreten eines Anliegens. Da halte ich Kritik schon aus, allerdings muß sie fundiert sein. Ich kann nicht an geschichtlichen Tatsachen oder an wissenschaftlichen Forschungsergebnissen Kritik üben, es sei denn, jemand beweist das genaue Gegenteil.

EHALT: Mein Eindruck ist, daß aktuelle Entwicklungen zu einer stärkeren Heraushebung von sozial engagierten Strömungen innerhalb der Kirche geführt haben und daß insbesondere die Auseinandersetzung um die Absage Ihres Vortrags sehr viele engagierte Leute in der Kirche mobilisiert hat. Ich denke, daß hier etwas Positives – auch und vor allem gegen die Intentionen derer, die hinter der Ausladung stehen – in Bewegung gekommen ist. Das Anliegen Ihres Vortrages war, die Vergangenheit ins rechte Licht zu rücken. Europäische Historiker kamen bei ihrem Blick zurück zu ähnlichen Ergebnissen, was hier zu einer Demokratisierung der Forschung geführt hat. Aber ich kann mir vorstellen, daß dieses Anliegen in Lateinamerika viel brisanter ist, da man die Entwicklung des Kolonialismus und der Zerstörung nicht als historisch abgeschlossen betrachten kann. Vielmehr schreitet sie in anderen Bereichen mit Vehemenz voran. Sie bringen uns eine Botschaft – was kann von Europa aus zurückkommen?

KRÄUTLER: In meinen Vorträgen versuche ich immer die geschichtliche Entwicklung der letzten 500 Jahre darzulegen. Natürlich spreche ich darüber sehr klar, denn ich meine, daß die Kirche verpflichtet ist und den Mut haben muß, die ganze Wahrheit zu sagen. Ich kann nicht verbrämen, kaschieren, beschönigen oder alles nur als »zeitbedingt« oder als »Wechselfälle der Geschichte« abtun, für die letztlich niemand verantwortlich ist. So kommen wir nie zu einer Umkehr. Ich möchte einen Bewußtseinswandel bewirken und nicht nur Fehler aufzeigen. Mir geht es darum, daß wir aus ihnen lernen und wir nicht wieder in dieselben Fehler zurückfallen. Das ist natürlich auch ein Auftrag an die Kirche. Wenn wir heute von einer neuen Evangelisierung sprechen, dann heißt das, vergangene Fehler wiedergutzumachen und neue Wege zu gehen. Die ganze Geschichte rund um den Kolonialismus ist, so wie Sie gesagt haben, nicht abgeschlossen. Der Weltskandal der Conquista in dem Sinn, daß unendlich viele Völker ausgerottet worden sind, geht weiter. Nur haben sich heute die Methoden geändert. Ich meine die Ausbeutung der südamerikanischen Länder. Ich denke an die Auslandsverschuldung, an die tief gehaltenen Rohstoffpreise, an ungerechte Löhne. Der Kaffeepreis zum Beispiel sinkt, obwohl alle anderen Preise steigen. In Österreich kostet ein Kilo Äpfel mehr als ein Kilo Bananen – ich weiß, daß in Österreich keine Bananen wachsen. Das Abholzen der Urwälder ist für Brasilien ein weiteres schwerwiegendes Problem. Man spricht hier viel vom Regenwald – das ist »in«. Viele sind über die Brandrodung und die großflächigen Schlägerungen besorgt, weil sie negative Auswirkungen auf das Klima der ganzen Erde befürchten. Auf der anderen Seite muß aber auch nach der Ursache für die Brandrodung gefragt werden. Dadurch werden bekanntlich Weideflächen für die Rinderherden geschaffen. Das Fleisch dieser Rinder ist nur zu einem geringen Teil für die brasilianische Bevölkerung bestimmt. Das meiste wird exportiert. So geht das mit vielen Produkten. Wir müssen heute die Beziehungen zwischen »Erster« und »Dritter« Welt, zwischen den Industrienationen und der lateinamerikanischen beziehungsweise der brasilianischen Szene viel kritischer sehen. Hier besteht eine internationale Vernetzung. Man kann nicht einfach sagen, die heutige Situation des Elends, der Not, der Ausbeutung und der Zerstörung der Mit-Welt – ich spreche immer von Mit-Welt, weil es sich nicht um eine anonyme Umwelt, sondern um eine Mit-Welt von Völkern und Menschen handelt – geht auf das Konto der brasilianischen Regierung oder ist in Lateinamerika hausgemacht.

Die grausame Eroberung, die Zertrümmerung von Kulturen und die Ausbeutung der natürlichen Ressourcen vor 500 Jahren ist Tatsache. Es ging in erster Linie um Gold und Macht. Das geht heute noch weiter. Meines Erachtens kann der Bogen von der Situation Lateinamerikas vor 500 Jahren bis zum heutigen Tag gespannt werden. Die Arbeit ist schlecht bezahlt, die Rohstoffe werden von multinationalen Konzernen ausgebeutet und die Gewinne fließen meist ins Ausland.

Es wird viel von Entwicklungshilfe und von Zusammenarbeit geredet. Ich frage mich immer, ob Entwicklungshilfe nötig wäre, wenn die Rohstoffe entsprechend bezahlt und unsere Arbeiter für die gleiche Leistung dieselben Löhne wie in Industrieländern verdienen würden. Aber hier liegt eben der Unterschied. Warum sind die multinationalen Konzerne nach Lateinamerika gekommen? Erstens liegen die Rohstoffe vor der Haustür, denn es gibt Eisenerzvorkommen und alle möglichen Arten von Metallen in Lateinamerika. Zweitens gibt es ein riesiges Angebot an Arbeitskräften. Auf eine Stelle in einer Automobilfabrik warten tausend Leute. Die Nachfrage ist so groß, daß man die Löhne drosseln kann. Durch die Umstellung auf Computer und Industrieroboter werden unsere Leute auf die Straße gesetzt werden. Ich finde das sehr tra-

gisch. Ein Computer streikt nicht, es sei denn, der Michelangelo-Virus schlägt zu. Ein Roboter verlangt keinen dreizehnten und vierzehnten Monatslohn und keinen längeren Urlaub. Neulich trat ein Gewerkschaftsleiter einer großen Automobilfirma in São Paolo in den Hungerstreik und wurde daraufhin in die USA geflogen. Aber nicht, um dort für bessere Löhne der Arbeiter plädieren zu können, sondern um die Aufrechterhaltung der Fabrik zu erflehen, da sich die Firma in heimatliche Gefilde zurückziehen will. Er hat in den USA und natürlich auch in der brasilianischen Presse Schlagzeilen gemacht. Denn es ging dieses Mal nicht um höhere Löhne, bessere Versorgung oder andere Arbeitsbedingungen, sondern einfach darum, daß die Menschen zukünftig nicht im Dreck der Favelas umkommen.
Die Ausbeutung geht immer weiter. Früher wurde zuerst Brasilholz und dann Zuckerrohr geplündert, später suchte man nach Gold, Silber und anderen Edelmetallen. Um die Jahrhundertwende ging es um Kautschuk, und heute um Holz, Fleisch und die Produkte der Landwirtschaft. Aber immer in derselben Weise: Man holt und holt und bezahlt längst nicht den tatsächlichen Wert der Rohstoffe und Bodenschätze. Für einen Mahagonibaum bekommt ein Siedler in Pará maximal 20 US-Dollar. Sie wissen, was es kosten würde, wenn Sie sich hier eine Stube aus Mahagoniholz einrichten. Ich frage mich immer, wo das ganze Geld bleibt. Ich behaupte, daß die Ausbeutung weitergeht.

EHALT: Ich meine, daß den Indianern in doppelter Art und Weise ein Unrecht geschehen ist. Einerseits durch die jahrhundertelange Kolonisation, Unterdrückung und Zerstörung, andererseits auch in ideologischer Hinsicht. Wenn man sich europäische Geschichtsbücher anschaut, so erkennt man, wie Ereignisse uminterpretiert und von einem eurozentrischen Standpunkt aus betrachtet werden. Daher glaube ich, daß jemand wie Sie, der als unmittelbar Betroffener agiert und berichtet, uns eine Botschaft bringen kann, die zu einem breiteren Umdenken führt.
Eine Frage, die mich bewegt, ist die Rolle der Kirche in Südamerika. Sehen Sie Ihr Engagement auf der Seite der armen Leute als Sühnearbeit in Anbetracht der Tatsache, daß die Kirche – historisch gesehen – eine legitimatorische Aufgabe hatte, mit der sie flankierend die Ausbeutung begleitete? Sühnearbeit mit gleichzeitigem Zurückdrängen

oder sogar völliger Zurückstellung des Missionsgedankens? Ich denke dabei auch daran, daß in Ihrer Diözese – der größten in Brasilien – viele nichtchristliche Gemeindemitglieder sind.

KRÄUTLER: Sie haben von Sühnearbeit gesprochen. Ich meine, es geht sogar noch weiter. Es geht um Wiedergutmachung! Also nicht nur um Reue und Sühne, sondern auch um den Versuch, neue Wege zu gehen, um nicht in die alten Fehler zurückzufallen. Die Kirche hat sich als abendländische Kulturträgerin verstanden. Als damals die ersten Missionare ankamen, ging es wortwörtlich darum, »Seelen für Gott und Untertanen für den König zu gewinnen«. Es ging also um die Bekehrung und gleichzeitig um die Eingliederung in das spanische oder portugiesische Königreich.

Ich glaube, nach dem Zweiten Vatikanischen Konzil und nach den Konferenzen von Medellín und Puebla sind wir heute weiter: wir sehen in den indianischen Kulturen eigenständige Werte. Wir müssen von unserem eurozentrischen Gehabe – in der Kirche gibt es ebenfalls ein kolonialistisches Verhalten – abkommen und auf diese Kulturen Rücksicht nehmen. Es geht nicht darum, ein abendländisches Glaubenspaket zu übergeben, sondern zunächst im solidarischen Mitleben zu erfahren, wie diese Menschen sind und wie sie denken, ihre Religion und Kultur kennenzulernen. Man sagte immer: »Die sind kulturell primitiv«. Ich würde vielleicht sagen, daß sie technisch primitiv sind, weil sie keine Computer, noch nicht einmal Traktoren für die Landwirtschaft besitzen – zumindest die Indianer in der Prälatur am Yingu. Aber kulturell sind sie nicht primitiv, sondern anders. Dazu müssen wir einen Zugang finden, das bedeutet, diese Kulturen nicht nur verstehen, sondern auch lieben lernen.

Warum spricht man nach dem Zweiten Vatikanum von den großen Religionen Asiens und versucht mit dem Buddhismus, dem Islam, dem Konfuzianismus und den anderen Religionen in Dialog zu treten? Warum gibt es nicht auch einen Dialog mit den Naturreligionen?

Das Evangelium heißt für mich in erster Linie »Für-die-anderen-dasein«. Ich glaube, die Kirche hat heute den Auftrag, das Leben der indigenen Völker – und das heißt für sie Überleben – zu verteidigen und dafür alle Möglichkeiten auszuschöpfen. Die Kernbotschaft des Evangeliums ist das Leben. Jesus selbst hat gesagt: »Ich bin gekommen, damit sie das Leben haben, es in Fülle haben« (Joh. 10,10). Ostern ist die Feier der Auferstehung. Nicht der Tod hat das letzte Wort, sondern das Leben. Und so verstehe ich als Christ, motiviert durch das Evangelium, meinen Einsatz für diese Menschen als evangelischen Einsatz im wahrsten Sinne des Wortes. Es geht nicht um die verbale Verkündigung den Indianern gegenüber, sondern um das Für-sie-da-Sein in liebender Solidarität.

Ein Indianer hat einmal zu mir gesagt: »Du bist kein Weißer, sondern unser Verwandter.« Keiner dieser Indianer ist getauft, aber sie akzeptieren mich und meine Mitarbeiterinnen und Mitarbeiter. Ich sehe es als meine religiöse Sendung an, diese in ihrem Überleben bedrohten Völker zu verteidigen.

Zur Zeit der verfassungsgebenden Versammlung bin ich von Politiker zu Politiker gegangen und habe im brasilianischen Kongreß gesprochen. Ich führte Gespräche mit Senatoren und Abgeordneten. Warum haben wir so viele Aktivitäten gesetzt und Kampagnen veranstaltet? Wir wollten die Rechte der Indianer in der Verfassung berücksichtigen. Das verstehe ich aus meiner christlichen Überzeugung heraus als Einsatz für das Leben dieser Völker. Und da wird mir niemand sagen können, das hätte mit dem Evangelium nichts zu tun. Man glaubt oft, Missionierung sei auf Bekehrung aus. Ich meine, wir müssen den Zugang zu diesen Kulturen finden. Es gibt keine statische Kultur. Jede Kultur ist dynamisch und immer offen für neue Impulse.

In der Religion kann es genauso neue Impulse geben. Aber man muß nicht von vornherein sagen: »All das, was die Indianer glauben, ist Teufelskult und Götzendienst«. Ich sehe in diesen Religionen auch die Gegenwart meines Gottes, den ich anbete.

EHALT: Und vermutlich können wir in unserem Umgang mit der Natur oder in unserer Interpretation der Mitwelt sehr viel vom indianischen Weltbild lernen.

KRÄUTLER: Das habe ich auch immer so gesehen. Ich habe sehr viel von den Indianern gelernt, zum Beispiel von ihrer Beziehung zur Erde, die sie »Mutter« nennen. Im europäischen Verständnis ist Erde ein Stück Land, das man besitzt sowie kaufen und verkaufen kann. Für den Indianer ist es die Mutter Erde, die ihm Nahrung schenkt und ihn wie ein Kind stillt. Das sind Dinge, die wir vergessen haben. Es ist die

Erde, die dem Indianer die Erzeugnisse seines Anbaus, etwa Maniok und Bananen, gibt. Wenn die Indianer in den Wald gehen und Wild erlegen, sind sie für die empfangene Gabe dankbar. Diese Liebe zur gesamten Schöpfung finde ich unendlich christlich.

Ebenso das Wir-Empfinden. Ich erinnere mich an einen Kayapó-Indianer in einer kleinen Aldea, einem Indianerdorf. Ich sah einen großen Bananenhain und fragte ihn: »Wer hat diesen Hain gepflanzt?« Er hat mir sofort, ohne Überlegen geantwortet: »Wir – also alle Indianer – haben ihn gepflanzt.« Natürlich war klar, daß der uralte Indianer nicht mehr arbeiten konnte, ebensowenig wie die kleinen Buben und Mädchen. Ich bewundere dieses Wir-Empfinden. Sie fühlen sich heute mehr denn je als »Wir«, als Volk, aber nicht im nationalistischen Sinn, sondern »Wir gehören zusammen, Gott hat uns geschaffen«. Das begeistert mich.

Des weiteren sagen sie, daß ein unendlich guter Vater ihnen die Schöpfung gegeben hat. Ich muß sie nicht erst bekehren, damit sie solches glauben, sie wissen es bereits selbst.

Ich möchte folgenden Zugang haben: Die indigenen Völker sollen in unserer Kirche Menschen sehen, die für sie Geschwister sind und nicht Weiße, die wieder herkommen, um sie auszubeuten. Wenn wir das schaffen, haben wir viel erreicht. In diesem Sinn verkünde ich das Evangelium.

EHALT: Vertreter der hiesigen Amtskirche werfen Ihnen Einseitigkeit bis hin zur Linkslastigkeit vor. Mir erscheint das sehr engsichtig und nur in bezug auf eine europäische politische Landschaft gedacht. Gäbe es für einen christlich-humanistisch Denkenden eine Alternative zu Ihrem Handeln, das sehr schwierig ist und den beteiligten Personen viel abfordert? Gibt es Alternativen zu dieser Einseitigkeit für die Menschen? Könnte jemand dort anders handeln?

KRÄUTLER: Das Wort »einseitig« kann man im Zusammenhang mit meiner Arbeit so verwenden: »Der stellt sich auf die Seite der Armen, der Indianer«, und dann ist es wahr. In dem Maße, in dem ich mich auf die Seite der Indianer stelle, bin ich, ohne es zu wollen, automatisch gegen die Interessen der Großgrundbesitzer, der Holzfäller und gegen die geplanten Riesenstaudämme. Ich bin also auf einer Seite, und dazu gibt es keine Alternative. Ich kann nicht neutral sein. Und ich kann mich auch nicht im Namen einer vermeintlich religiösen Sendung heraushalten, denn ich lebe meinen Glauben nicht im Wolkenkuckucksheim. Mein Glaube soll mich inspirieren, in dieser grausamen Realität eine Antwort zu geben und daher bin ich automatisch auf einer Seite.

Mir wurde auch in Diskussionen über die Geschichte Einseitigkeit vorgeworfen, aber das ist – ehrlich gesagt – beinahe eine Unterstellung. Ich habe zwar angeprangert, daß der Kirche vor 500 Jahren die prophetische Dimension fehlte, was auch geschichtlich erwiesen ist. Die Kirche hat oft aus diplomatischen Gründen geschwiegen und an unrechten Orten zur unrechten Zeit Nachsicht geübt. Ich erinnere nur an ein Beispiel. Papst Paul III. hatte 1537 die Menschenrechtsbulle »Sublimis Deus« herausgegeben, in der die Sklaverei verboten wurde. Das war sehr positiv. Allerdings hat er sich ein Jahr später dem Druck der spanischen Krone gebeugt und die Bulle wieder zurückgenommen.

Auf der anderen Seite habe ich nie verschwiegen, daß es gerade in dieser Kirche jene großen prophetischen Gestalten gegeben hat, die wir heute als Verteidiger der Menschenrechte bezeichnen: Bartolomé de las Casas, Antônio de Montesinos, Pedro de Córdoba, Antônio Vieira in Brasilien. Diese Dominikaner und Jesuiten haben sich für die Armen eingesetzt, und natürlich wurden auch gerade sie von der offiziellen Kirche als Außenseiter angesehen. Ich habe also immer beide Seiten im Auge behalten.

Ein weiteres Beispiel: Gerade im 13. Jahrhundert, als die Kirche wirklich pompös und triumphalistisch war, wie wir aus der Geschichte wissen, gab es auch einen Franz von Assisi, der ebenfalls in dieser Kirche gewachsen ist. Daher würde ich es nicht akzeptieren, wenn man mich als einseitig betrachtet.

Zur »Linkslastigkeit« kann ich nur sagen, daß das ein Ausdruck ist, der bei seiner Übersetzung ins Portugiesische einen sehr belastenden Akzent bekommt. Denn gerade dieses Wort haben die Großgrundbesitzer, die Feinde der Indianer und der Ausgebeuteten, uns während der Militärdiktatur jahrzehntelang vorgeworfen. Als mich 1981 die Militärpolizei niedergeschlagen und festgenommen hat, wurde ich als subversiv und als eine Art Terrorist beschimpft. Natürlich ist es nicht sehr angenehm, wenn man genau dasselbe Wort, das man uns – ich bin ja kein Einzelgänger – damals vorgeworfen hat, aus dem Mund eines Erzbischofs meiner Heimat wieder hört.

EHALT: Man muß mit aller Deutlichkeit sagen, daß diese Diskussion nicht nur hier rezipiert wird, sondern auch in Ihrer Heimat, in Brasilien, und dort wiederum gegen Sie verwendet wird.

KRÄUTLER: Für meine Mitbrüder im Bischofsamt besteht darin absolut kein Problem. Aber jene Kräfte, die manchmal aus dem Hinterhalt angreifen, werden dieses Wort benützen und sagen: »Wenn er in der eigenen Kirche so angegriffen wird, dann muß etwas Wahres dran sein.« Das hat der Erzbischof natürlich nicht gewollt, denn er konnte nicht ahnen, was dieses Wort in einer Übersetzung für Schaden anrichten kann. Ich würde ihm deshalb nicht vorwerfen, daß er es mit all seiner Überzeugung gesagt hat.
Ich bin aber immer dagegen, wenn man jemandem eine Etikette »rechts«, »Mitte«, »links« auf das Hirn klebt.
Mir geht es um den Einsatz für das Leben dieser Menschen, die seit Jahrhunderten an den Rand der Geschichte gedrückt wurden. Da muß ich als Bischof Farbe bekennen, auf wessen Seite ich stehe. Ob das rechts- oder linkslastig ist, interessiert mich an und für sich sehr wenig.

EHALT: Die Kirche war jahrhundertelang sehr vehement Trägerin eines eurozentrischen Anspruches. Natürlich haben auch die Wirtschaftsmächte, die Kaufleute und nicht zuletzt die Ethnologen in dieser Weise agiert. Sehr häufig war es jedoch die historische Position des Christentums, die westliche Identität mit Feuer, Schwert und Gebet in die Welt zu tragen.
Ihre Auffassung erfordert einiges Umdenken für uns. Letztlich könnte sich in einem sanften Dialog mit anderen Kulturen herausstellen, daß die lange zerstörten Modelle eigentlich die richtigeren sind, weil in ihnen mehr Identität für die Menschen steckt. Daher kann Ihre aktuelle Arbeit eine für die bisherige Geschichte gegenteilige Wirkung haben. Wenn man die Wurzeln freilegt, wird man sich vielleicht von europäisch-westlichen Denkmustern wieder abwenden.

KRÄUTLER: Ich sage immer, daß jede Kultur von einer anderen befruchtet werden kann. Wir sind von Europa ausgegangen und waren stolz auf unsere Zivilisation. Die Errungenschaften, die wir auf kultureller oder technischer Ebene erreicht haben, sind wirklich sagenhaft. Aber das heißt nicht, daß andere Kulturen nicht auch ihren Beitrag lei-

sten können im Konzert der Völker. Man hat die Indianer von vorne herein als Wilde und Barbaren bezeichnet. Weil sie nackt herumgelaufen sind, hat man sie mit Tieren verglichen und Menschenfresser genannt. Auch die Kirche.
Es mußte deshalb sogar ein kirchliches Dokument herauskommen, in dem stand: »Indianer sind Menschen«. Man hat sich – mit Ausnahme von Las Casas und einigen anderen aus dem Dominikaner- und Jesuitenorden – nicht bemüht, die indianischen Kulturen zu verstehen und einen Zugang zu ihnen zu finden. Spätestens nach dem Zweiten Vatikanum muß dieses kolonialistische, eurozentrische Gehabe abgelegt werden, auch in der Kirche.
Ich habe einen Traum: Warum soll es in der einen heiligen katholischen und apostolischen Kirche keine Kirche geben, die beispielsweise asurini-katholisch, araweté-katholisch oder kayapó-katholisch ist? Wenn diese Leute den christlichen Glauben annehmen, dann sollen ihre kulturellen Werte weiterhin zum Tragen kommen. Sie sollen nicht zu Christen gemacht werden, sondern Christen in ihrer eigenen Art und Weise, mit ihren Mythen und Riten, sein dürfen. Warum müssen wir ihre Riten, beispielsweise die Initiationsriten, ablehnen? Was soll hingegen ein Indianer mit einer Kerze anfangen?

EHALT: Oder mit der Firmung oder mit …

KRÄUTLER: Der Indianer hat eben andere Riten. Wenn er Christ werden will, dann doch nicht unter der Auflage, seine Identität und sein kulturelles Empfinden aufzugeben. Ich möchte von einer Kirche mit indianischem Antlitz träumen können, von einer Kirche, in der es um die Gemeinschaft der Gläubigen geht. Wir sollten uns vom Geist des Zweiten Vatikanums inspirieren lassen. Ich bin dabei nicht allein, viele denken heute so. Ich will einen Zugang zu diesen Menschen finden, ohne mich als höheres Wesen zu betrachten und überheblich zu sein, weil ich zufällig in Europa geboren und von einer abendländischen Kultur geprägt wurde.
Man muß bedenken, was sich in der Kirche schon verändert hat. Die Kirche befand sich zuerst im jüdischen, dann im griechischen Kulturraum, von dort kam sie nach Rom und weiter nach Mitteleuropa herauf. Es wurden bereits früher andere Traditionen in unsere Kirche integriert, wie zum Beispiel das Weihnachtsfest. Ursprünglich gab es

Weihnachten nicht, sondern nur das Fest des Sol invictus. In der Ostkirche ist Epiphanie heute noch das traditionelle Weihnachtsfest. In unserem Kulturraum gab es die Sonnwendfeier, die man dann anders auslegte: »Indem Jesus Mensch geworden ist, ist die Sonne gekommen«. So hat man Dinge assimiliert.
Aber in Südamerika geschieht das nicht.

EHALT: Die europäische Sozialgeschichte gibt Auskunft darüber, wie viele Dinge, die nicht genuin aus der Hochkirche kamen, aufgenommen und gepflegt wurden. Die Volksfrömmigkeit ist ein Beleg dafür.
Ich würde gerne noch einmal zur Frage der Parteilichkeit zurückkommen. Wenn man Persönlichkeiten wie Ihnen Parteilichkeit vorwirft, so scheint mir das sehr kurzsichtig zu sein, erklärbar aus einem beschränkten Blick auf europäische Verhältnisse, in denen in den letzten zweihundert Jahren aus den verschiedensten politischen Lagern humanistische Impulse kamen und kommen. In Lateinamerika hingegen befinden sich alle humanistischen Kräfte innerhalb des sogenannten linken Spektrums. Dort sind also alle, die etwas Positives für die Menschen bewirken wollen, politisch links stehend.

KRÄUTLER: In Brasilien gibt es ja nicht nur die Kirche, die auf der Seite der Armen steht. Es gibt viele Organisationen, die sich heute bewußt für die Indianer, für die Siedler oder für die Afrobrasilianer einsetzen und die nicht im kirchlichen Umfeld geboren wurden. Ich arbeite nicht im Namen einer bestimmten Partei, aber wenn man sich die heutige Situation in Brasilien anschaut, so sieht man, daß tatsächlich alle Leute, die nicht den Status quo verteidigen, automatisch als links bezeichnet werden. Ob das nun Parteien oder Gewerkschaften sind, die sich wirklich eine Verbesserung für die Arbeiter wünschen und dafür kämpfen. In dem Augenblick, in dem ich mich für die Leute einsetze, werde ich als links bezeichnet, ohne daß ich etwas dafür kann. Wer für den Status quo ist, nach dem Motto: »Man beläßt am besten alles, wie es ist. Nur ja nichts ändern«, ist »Mitte« oder »rechts«. Der entscheidende Punkt ist, wo man sich selbst einordnet. Im Brasilianischen möchte ich allerdings das Wort »linkslastig« nicht verwenden.

EHALT: Wie kann jemand von unserer Seite – ob er nun in der Kirche tätig ist, Lehrer oder einfach ein politisch engagierter Mensch ist, der die Machtverhältnisse und Interessensgegensätze zwischen der »Ersten« und der »Dritten« Welt sieht – Hilfestellung leisten? Beschränken sich die Beiträge auf eine intellektuelle Aufarbeitung, die aber sicher genauso geleistet werden muß? Können Lehrer, Erwachsenenbildner und die Medien Bewußtseinsarbeit leisten? Oder gibt es noch andere Möglichkeiten, die Ihnen bei der Arbeit in Ihrer Diözese helfen können?

KRÄUTLER: Ich sehe hier zwei oder vielleicht sogar drei Dimensionen. Die eine ist die prophetische Dimension, die ohne die Unterstützung der Medien nicht mehr denkbar ist. Sie müssen Informationen, Daten, Statistiken weitergeben und von Ereignissen berichten. Ich halte die Medien als Sprachrohr für unendlich wichtig. Vor 20, 25 Jahren waren die Leute für die ganze Problematik noch nicht so offen. Es ist für mich ein Hoffnungsschimmer, daß meine Vorträge meistens von Jugendlichen besucht werden. Die Menschen befassen sich heute mit dem Thema und wollen andere Wege gehen. Dadurch werden sie Einfluß auf die Wirtschaftsexperten und -verantwortlichen oder auf die Politiker haben. Man kann das nicht nur als Basisarbeit betrachten.
Es geht aber nicht nur um das Aufarbeiten von vergangenen Ereignissen, sondern auch um neue Wege. Wir müssen uns einfach fragen, wie lange wir unsere Lebensweise noch aufrechterhalten können. Ich zitiere den Papst: »Wir werden immer reicher auf Kosten der Armen, die immer ärmer werden«. Hier muß ein Umdenkprozeß kommen.
Die zweite Dimension ist die geschwisterliche. Hier sieht man auch in Österreich viel Gutes. Es gibt viele Organisationen, mittels denen die Leute helfen können, und zwar punktuell. Das ist sicher positiv. Wir könnten alle unsere Sozialprojekte ohne den Beitrag aus meiner Heimat Österreich nie durchführen. Diese Unterstützung wird zwar nicht kurzfristig die ganze Situation ändern, aber es ist ein Zeichen von geschwisterlichem Teilen und nicht von Almosengeben.
Diese zwei Dinge sind für mich die wichtigsten. Man muß auch die ganze Entwicklungshilfe bzw. Entwicklungszusammenarbeit politisch überdenken. Ich habe das einmal so zu formulieren gewagt – auch wenn das für einen Wirtschaftsexperten naiv klingt: »Wenn die Rohstoffpreise stimmen, wenn die Naturschätze, die wir exportieren, ihrem tatsächlichen Wert nach bezahlt werden, wenn unsere qualifizierten Arbeiter diesselben Löhne erhalten, wie das in den großen europä-

ischen Fabriken der Fall ist, dann brauchen wir keine Entwicklungshilfe mehr.« Diese Ungerechtigkeit und Ungleichheit müssen wir hinterfragen. Es hat natürlich Folgen für die Leute, wenn sie keine anständigen Löhne erhalten. Ich kenne qualifizierte Arbeiter, die hundertprozentig in irgendeinem Konzern hier in Europa arbeiten könnten und wahrscheinlich noch viel mehr leisten würden als die hiesigen Arbeiter. Hier ist für bestimmte Arbeitsgruppen am Donnerstag nachmittag oder spätestens am Freitag morgen die Woche vorbei. Bei uns arbeiten sie bis Samstag und die 40-Stunden-Woche ist eine Seltenheit. Bei der gesundheitlichen Versorgung oder der Arbeitslosenbetreuung gäbe es noch viel zu verbessern, obwohl die sozialen Abgaben in Brasilien auch gezahlt werden müssen.

Dazu kommt, daß es in Lateinamerika immer wieder Fälle von brutaler Korruption gibt. Es hat sich allerdings ein bißchen gebessert. Solche Ereignisse kommen heute in die Presse, und in Brasilien beispielsweise sind Minister wegen Korruption abgesetzt worden. Das war früher nicht der Fall.

Weiters haben wir bei der Inflation heute wieder zweistellige Zahlen pro Monat. Aber ich kann nicht sagen, daß an diesem Zustand nur die brasilianische Regierung schuld ist. Man spricht vom »morbus latinus«, jahrzehntelanger Fehlplanung, Mißwirtschaft und so weiter. Ja, aber nicht nur! Man macht es sich zu leicht, wenn man die Schuld nur den Lateinamerikanern selbst zuschiebt. Bei allen Problemen muß auch die internationale Vernetzung und weltweite Verantwortung gesehen werden.

EHALT: Herzlichen Dank für das Gespräch.

»WIR KENNEN VON ALLEM DEN PREIS ...«

Gespräch mit Jost Krippendorf am 15. Oktober 1991

EHALT: Ich möchte zunächst mit einer grundsätzlichen Frage zum Begriff Ökologie und seiner Verwendung beginnen. Man kann sagen, daß in der Menschheitsgeschichte und sogar schon vor dem Auftreten des Menschen nie Harmonie geherrscht hat, sondern es gab immer wieder gewaltige Katastrophen, nach denen sich kurz- oder längerfristige Gleichgewichte eingestellt haben. Der traditionelle Ökologiebegriff beinhaltet das Entstehen von Gleichgewichten, die sich aus der Konkurrenz zwischen den Arten heraus entwickelt haben.
Heute definieren wir Ökologie im Sinne des Schutzes und der Bewahrung unseres Lebensraumes, also sehr statisch. Das heißt, wir müssen den jetzigen Zustand sowie die heutigen Arten bewahren, und wir müssen versuchen, diesen für die Entfaltung der menschlichen Kultur günstigen Status festzuhalten.

KRIPPENDORF: Natürlich ist der Ökologiebegriff vom heutigen Menschen definiert und entspricht einer aufgeklärten, anthropozentrischen Position. Uns Menschen geht es heute darum, für uns selbst und für unsere Nachkommen – sofern wir deren Bedürfnisse überhaupt voraussagen können – einen möglichst guten Lebensraum und eine intakte Wechselbeziehung Natur – Mensch zu gestalten.
Aber es ist völlig richtig, daß die Natur in der Evolutionsgeschichte auch katastrophale Verläufe hatte und immer wieder haben wird. Arten sind gekommen und nach kürzerer oder längerer Zeit wieder ausgestorben. Es wird uns Menschen ganz sicher nicht gelingen, eine Stabilität in den Evolutionsverlauf zu bringen. Unsere Vorstellung geht dahin, gewisse Dinge anhalten und den Status quo, wie wir ihn als angenehm empfinden, bewahren zu können. Aus der evolutionsgeschichtlichen Erfahrung heraus gesprochen, wird das allerdings dem Menschen sicher so nicht gelingen.

EHALT: Die Menschen haben Macht, Hierarchie und Konkurrenz strategisch eingesetzt – die Evolutionstheoretiker und Historiker haben es als Erfolgsrezept des Menschen bezeichnet. Diese Prinzipien waren sehr wirksam, und wir stehen auch zu den Kulturschöpfungen der Menschheit und den Errungenschaften der Zivilisation, aber es hat sich eine Sackgasse gebildet. Das Funktionieren der traditionellen Erfolgsprinzipien hat bereits seine deutlichen zeitlichen Grenzen aufgedeckt. Ist es Ihrer Meinung nach denkbar, daß die Menschen von diesem bewährten Erfolgsprinzip abgehen, das auf Kosten von Naturräumen und anderen Arten, also auf Kosten der Welt zugunsten des Menschen, funktioniert hat?

KRIPPENDORF: Es ist tatsächlich fraglich, ob wir von diesen »bewährten« und – gemessen an der Produktion materiellen Wohlstands – »erfolgreichen« Prinzipien abrücken werden, bevor uns nicht das Wasser bis zum Hals steht. Solange wir noch einigermaßen atmen können, werden wir wahrscheinlich so weiterwirtschaften wie bisher. Verantwortlich dafür sind nicht nur die Machtverhältnisse im engeren Sinne, sondern auch unsere Auffassung von Geld. Man sagt: »Geld regiert die Welt«, in der Marktwirtschaft ist unsere Orientierung ganz klar auf das Geld gerichtet, und zwar sowohl bei denen, die produzieren, als auch bei denen, die konsumieren. Für uns alle besitzt etwas nur dann einen Wert, wenn es einen Preis hat. Um mit Oscar Wilde zu sprechen: »Wir kennen von allem den Preis, aber von keiner Sache den Wert«. Daher verwerten wir möglichst viele Dinge, die wenig kosten – und die Natur bekommen wir zum Nulltarif. Wir würden uns sehr stark wehren, wenn es plötzlich hieße, daß die Natur viel kostet. Es ist heute ökonomisch rational, diese an sich wertlose, weil preislose Natur so auszubeuten und in materielle Güter zu verwandeln. Das hat für uns einen größeren Stellenwert als z. B. eine Blumenwiese mit Schmetterlingen, die, ökonomisch gesprochen, wertlos ist. Von den Positionen unserer abendländischen Zivilisation, in der der Homo oeconomicus das Sagen hat, werden wir kaum ohne noch viel größeren Leidensdruck, als er heute vorhanden ist, abgehen.

EHALT: Die traditionellen Gesellschaften in Europa vor der Industrialisierung befanden sich in einer Form der Kreislaufwirtschaft, in der es kaum Wachstum gab. Unter dem Druck der Verhältnisse, also aus Mangel, haben sich die Menschen mit geringen Mitteln in einem geschlossenen Kreislauf bewegt. Die Bevölkerung ist nicht gewachsen, es gab kaum Expansion, und die neuen Generationen wußten, daß sie so leben würden wie ihre Urgroßeltern. Halten Sie es für denkbar, daß wir uns wieder auf eine Kreislaufwirtschaft umstellen, aber nicht mehr aufgrund von Mangel, sondern aus besserer Einsicht heraus?

KRIPPENDORF: Heute haben wir eine eindeutige Durchlaufwirtschaft, in der es darum geht, möglichst effizient Naturgüter in materiell wertvolle Güter und zum Schluß in unangenehmen Abfall zu verwandeln. Sie entstand dadurch, daß wir begannen, mehr Güter zu produzieren, als wir für den Eigenbedarf benötigten. Die frühen Gesellschaften hingegen haben genausoviel produziert, wie sie selbst benötigten. Sie haben keine Güterberge und künstlichen Stoffflüsse erzeugt, die nicht für sie selbst bestimmt waren. Die Durchlaufwirtschaft ist auch durch den Arbeitsteilungsprozeß entstanden, in dem wir die Produktion vom Konsum räumlich und zeitlich getrennt haben. Indem die Lebenszusammenhänge durch die arbeitsteilige, sehr effiziente Wirtschaft auseinandergerissen worden sind, wurde auch die unmittelbare Erfahrung der Natur und die Nähe zu ihr zerstört. Wir haben heute in unseren Berufen eine sehr große Distanz zur eigentlichen Natur, die der Bauer früher noch selbst erlebt und deshalb auch für sie Sorge getragen hat.
Der Wunsch, zu dieser Kreiswirtschaft zurückzukehren, ist sehr theoretisch, denn unser Tun zielt genau in die Gegenrichtung. Wir schaffen Megastrukturen, wie z. B. den europäischen Markt, also einen Riesen-Supermarkt, der schon von seiner Größe her nie mehr zu einer Kreislaufwirtschaft werden kann. Ich bin sehr skeptisch, ob wir – von einzelnen kleinen Beispielen abgesehen – heute überhaupt die Möglichkeit haben, ohne eine ganz drastische Systemveränderung zu einer Kreislaufwirtschaft zurückzukehren.

EHALT: Als Beobachter dieses sich ständig beschleunigenden Landnahmeprozesses, bei dem Freiräume in Bauland umgewidmet, Wälder abgeholzt und immer größere Flächen einer ökonomischen Nutzung zugeführt werden, wünsche ich mir ein Moratorium. Ein Einfrieren des Status quo, so daß die Strukturen fünfzig Jahre lang so bleiben, wie sie jetzt sind, und sich nichts verändert, damit es dann vielleicht zu einem Rückbau der technischen Zivilisation kommt. Wenn man heute durch die Länder des ehemaligen realen Sozialismus reist, sieht man, daß es

dort jahrzehntelang so ein Moratorium gegeben hat, allerdings nicht aus Einsicht, sondern aus Mangel und der Insuffizienz des Wirtschaftssystems heraus. Letztlich hat sich gegen dieses System nicht die Demokratie, sondern der Kapitalismus durchgesetzt.
Es stellt sich die Frage, ob jene Länder, die nicht auf wirtschaftlichen Fortschritt und Wachstum als Bewältigungsstrategie setzen, sich nicht in die zweite Reihe begeben, selbst wenn sie das kulturell gesehen bessere System haben. So haben zum Beispiel Nepal oder Indien, wo es ein weit höheres kulturelles Niveau gibt, keine Chance, sich damit gegen das mächtigere kapitalistische System durchzusetzen.

KRIPPENDORF: Unser kapitalistisches System, so wie wir es hier kultivieren, ist ein außerordentlich erfolgreiches System in bezug auf die Produktion materieller Wohlstandsgüter. Es gibt die Meinung, daß der Kapitalismus nicht an seiner Schwäche, sondern an seiner übermäßigen Stärke zugrundegehen wird, weil wir andere Dinge, wie Natur und Mensch, nicht berücksichtigen. Man könnte tatsächlich die Auffassung vertreten, daß die zukünftig nachhaltigeren Formen des Wirtschaftens jene sind, die wir heute als zurückgeblieben betrachten, da sie nicht auf Wirtschaft fixiert sind. Allerdings führen diese Formen in der Dritten Welt, verbunden mit Bevölkerungswachstum, zu erheblicher Armut und zu Hunger. In gewissen Ländern sterben täglich Tausende Kinder. Es braucht ganz offensichtlich ein minimales Maß an Versorgung mit materiellen Gütern, um überhaupt leben und überleben zu können. Wir in den sogenannten entwickelten, reichen Ländern beanspruchen für unseren Güterüberfluß etwa 80 Prozent aller in der Welt gebrauchten Ressourcen und stellen nur 20 Prozent der Weltbevölkerung. Wir können den anderen gar nicht die gleichen Chancen geben, denn wenn die anderen 80 Prozent auf den gleichen Standard gehievt werden würden wie wir, müßten wir den Energieverbrauch in den nächsten zwanzig Jahren etwa verfünfzehnfachen, und das ist angesichts des Treibhauseffekts schlicht und einfach undenkbar.
Wie ist diese Frage also insgesamt zu beantworten? Ich glaube, wir sollten eher uns als Entwicklungsländer betrachten und unser Wachstumstempo zurückbauen. Wir müssen in erster Linie vorbildlich sein und den Versuch machen, an unserer Kultur etwas zu verändern, indem wir uns einen Rückbau und damit die Rückkehr zu einer bewußte-

ren Einfachheit gestatten. Wir tun das unter uns zwar schon im Reden, aber noch nicht im Handeln. Wir müssen also bei uns, in unserer Kultur beginnen. Ich sehe sonst keine Lösung dieser Probleme.

EHALT: Eine Frage zu den alltäglichen Verhaltensweisen. Sie haben sehr eindrucksvoll gesagt: »Überall stehen die Knöpfe des Motors auf Wachstum« – und das stimmt. Egal, was man liest, sieht und hört, es geht immer um die Verkündung: »Wir werden größer, wir stocken auf, wir erhöhen, wir beschleunigen etc.«
Ein Impetus für diese Beschleunigung scheint mir der Individualisierungsprozeß zu sein. Fast die gesamte Intelligenz arbeitet daran, Kulturprojekte zu entwerfen, tausend neue Bücher zu schreiben, interessante Bauwerke zu errichten, etwas zu verändern, meistens mit einer Kritik dessen, was vor fünf oder zehn Jahren gedacht wurde. Es gibt eigentlich nur einen sehr kleinen Teil der Intelligenz, der sich auf die Seite des nicht-profitversprechenden Bewahrens stellt. Ein konkretes Beispiel: Wenn man für eine große freie Fläche ein Freizeitzentrum entwirft, kann man gewaltigen Profit machen. Wenn man dafür eintritt, daß diese Fläche eine »Gstettn« bleiben soll, kann man vielleicht als Universitätsassistent ein Forschungsprojekt dafür bekommen.

KRIPPENDORF: Das spiegelt einfach unsere dominierenden Werthaltungen wieder, die wir am Anfang unseres Gesprächs besprochen haben. Für uns besitzt etwas nur dann einen Wert, wenn es einen Tauschwert hat. Wir investieren unsere gesamte Arbeitskraft, um diese Tauschwertproduktion noch effizienter zu gestalten. Nicht die Wiese mit den Schmetterlingen ist interessant, sondern die überbaute, am liebsten mit einer sehr hohen Intensität überbaute Wiese ist das ökonomisch Interessanteste, denn daran läßt sich viel verdienen. Solange wir aus dieser Rationalität nicht herauskommen, werden wir weiterhin unsere ganze Intelligenz in die Förderung der Effizienz und der Technologie stecken und kaum soziale Phantasie entwickeln.
Wir können die Forschungsbudgets in verschiedenen Ländern anschauen. Bei uns in der Schweiz hat die sozialwissenschaftliche Forschung – wo es um soziale Phantasie gehen könnte – praktisch gar keine Mittel. Es gibt sie fast nicht. 90 bis 95% aller Mittel gehen in Richtung Technologieforschung.
Das neueste Forschungsprogramm heißt »Umwelttechnologie und Um-

weltforschung«. Es ist typisch, daß dabei der Begriff »Technologie« zuerst steht und nicht die »Umweltforschung«. Das ist unser gewohntes Denkmuster. Wir glauben, daß wir die sogenannten Umweltprobleme mit noch mehr Technik lösen können. Die reparierende Umweltschutztechnik ist ein großer Wachstumsmarkt, daran lehnt sich die nächste Forderung an: Wir müssen wirtschaftlich noch mehr wachsen, um das Geld zu haben, uns Umweltschutztechnik überhaupt leisten zu können. Da sind wir wieder bei diesem absurden umweltschutzbedingten Wachstum. Wenn man natürlich den Umweltschutz, so wie bisher, als »End-of-pipe-Technologie« handhabt, ist es ganz klar, daß Umweltschutz wiederum Wachstum in Gang setzt. Wir sind in dieser Art des Wirtschaftens, des Handelns und des Denkens gefangen, der Ausbruch ist uns bisher in keiner Weise gelungen.

EHALT: Ich möchte mit zwei Fragen schließen, die die Perspektiven: »Was können wir tun?« betreffen. In dem Gespräch zeigten sich zwei Linien, auf der einen Seite muß sich in den Köpfen etwas ändern, auf der anderen Seite sollte man politisch etwas tun, damit sich anschließend in den Köpfen etwas verändert. Es muß sich also in vielen konkreten Lebensbereichen etwas ändern.
Zuerst die Frage: Was können wir tun, damit sich in den Köpfen der Menschen etwas ändert? Damit sich längerfristig ein anderes oder zumindest ein modifiziertes Bewußtsein herstellt, das es ermöglicht, wieder zur Kreislaufwirtschaft zurückzukehren?

KRIPPENDORF: Ich glaube, die Anstrengungen sollten dahin laufen, eine umfassende Umweltbildung in Gang zu setzen, die bereits in der Schule beginnt und die nicht nur weiteres Wissen produziert. Denn es ist erwiesen, daß wir Menschen zwar im Prinzip genug wissen, aber nicht handeln. Es geht darum, Umweltfragen ganz konkret zu erleben, denn wir nehmen sehr oft die Dinge erst dann wahr, wenn wir sie selbst erfahren, und nicht, wenn wir das Wissen über den Kopf in uns hineintrichtern. Wenn wir gemäß unserem Wissen handeln würden, dann hätten wir schon längst den effektivsten Umweltschutz eingeführt. Aber wir sprechen nur und handeln nicht. Unsere Wahrnehmungsfähigkeit ist offenbar durch die jahrzehntelange, jahrhundertelange Kultivierung der reinen Vernunft eingeschränkt worden. Jetzt müssen wir der reinen Vernunft wieder die sinnliche Erfahrung beimengen, denn erst dieses Gemisch aus Kopf- und Herzensarbeit würde wahrscheinlich Früchte tragen. Das ist ein sehr langwieriger Prozeß, der auf der Bildungsstufe im weitesten Sinne abläuft.

EHALT: Und welche Forderungen hätten Sie an die Politik?

KRIPPENDORF: Die Forderungen an die Politik bewegen sich vorerst in den klassischen umweltpolitischen Instrumentenbereichen, die da sind: Gebote und Verbote. Wir können auf diese Dinge nicht verzichten, denn freiwillig tun wir meistens nichts. Obwohl dieses Instrumentarium bereits ziemlich ausgereizt ist und zu keinem großen Erfolg geführt hat, sind immerhin einige Novellierungen möglich. Insbesondere könnte es darum gehen, das Umweltstrafrecht zu verschärfen, was heißen würde, den Umweltsünder genau wie einen gemeinen Verbrecher zu bestrafen. Außerdem könnte man die sogenannte Beweislast umkehren, dieser Vorschlag wird heute schon in verschiedenen Ländern diskutiert. Bisher muß der Geschädigte beweisen, daß er geschädigt worden ist, was meistens sehr schwierig ist, weil Umweltschäden viele Ursachen haben können. Wenn wir die Beweislast umkehren würden, so daß jeder, der produziert, beweisen muß, daß er nicht schädigt, und das zusätzlich mit einer Art Produkthaftung, einer obligatorischen Versicherung für Risiken, kombinieren, dann würden die Produzenten von belastenden Produkten dem Prinzip Vorsicht sicher mehr huldigen. Denn sie müßten sonst befürchten, in zahlreiche Prozesse und Beweislastverfahren involviert zu werden. Das wären Möglichkeiten im juristischen Bereich, die man diskutieren könnte.
Der zweite große Bereich betrifft die sogenannten marktwirtschaftlichen Instrumente. Die Politik sollte versuchen, unseren Eigennutz, den wir in bezug auf das Geld an den Tag legen, für den Umweltschutz zu nutzen: Stichwort »Ökosteuern«, also Besteuerung von umweltbelastendem Verhalten und Entsteuerung von umweltentlastendem Verhalten. In der Schweiz wird gegenwärtig das Modell eines Ökobonus diskutiert. Das würde konkret heißen, daß wir jeden gefahrenen Personenwagenkilometer mit zehn Rappen besteuern. Dieses Geld, das alle Fahrer bezahlen müssen, kommt in eine gemeinsame Kasse und wird am Jahresende zu gleichen Teilen an die ganze Bevölkerung verteilt. Jene, die viel fahren, kriegen einen Malus, werden gewissermaßen bestraft, und jene, die wenig fahren, werden belohnt, indem sie einen Bo-

nus kriegen. Solche Bonus-Malus-Systeme, wenn sie genügend griffig sind, würden uns sicher veranlassen, unsere belastenden Verhaltensweisen zu reduzieren und uns neue Produktions- und Handlungsweisen zu überlegen. Ein weiterer Teil dieser marktwirtschaftlichen Instrumente sind sicher die Energiesteuern, weil neben dem Geld Energie der zentrale Faktor unserer Wachstumswirtschaft ist. Energiesteuern diskutiert man heute in allen Ländern. Sogar auf EG-Ebene will man die Preise der fossilen Energie bis ins Jahr 2000 um 50% anheben. Dann werden wir sicher aus rein ökonomischem Egoismus weniger Energie verbrauchen und nach neuen Möglichkeiten suchen.

Im Bereich der marktwirtschaftlichen Instrumente, also Ökosteuern, Abgaben usw., liegt wahrscheinlich die Zukunft, und das könnte uns auf einem Umweg zu einer neuen Ethik führen. Also zu einer Umwertung der Werte, die wir im Direktsprung offenbar nicht erreichen. Es hat keinen Sinn, einfach nur Appelle zu formulieren, ohne uns mit solchen Instrumenten auch zu unserem Glück zu zwingen. Es besteht die Hoffnung, daß wir auf diesem indirekten Weg unsere Kultur verändern.

»DIE KRAFT DER REALITÄTSVERLEUGNUNG«

Gespräch mit Harald Leupold-Löwenthal am 19. Juni 1991

EHALT: Lieber Herr Leupold, Wiens Auseinandersetzung mit anderen Kulturen erscheint seltsam ambivalent. Wien besitzt im Gegensatz zu anderen europäischen Städten eine durch zahlreiche unterschiedliche kulturelle Einflüsse geprägte Tradition. Ich denke dabei an die Kontakte, die Wien im Mittelalter zu Byzanz besaß und später dann zu den Türken. Diese waren nicht nur feindlicher Art, es existierte auch ein vielfältiger und intensiver Kulturaustausch. Weiters gab es die internationalistische Aristokratie, deren Sprache einmal Italienisch, dann wiederum Französisch war. In diesem Zusammenhang ist auch die Politik der Hochschulen zu nennen, die ihre Professorenstühle immer wieder mit ausländischen Kapazitäten besetzten und dadurch im internationalen Blickfeld lagen. Ähnliches ereignete sich bei der Besetzung von Führungsämtern in Kulturinstitutionen – der Fall Peymann besitzt in diesem Sinn eine lange Vorgeschichte. Wir kennen viele Mitteilungen über das hohe Maß an Liberalität, das hier herrschte, selbst in Institutionen wie dem k. u. k. Militär.
Wie paßt nun diese Geschichte der Wiener Liberalität zusammen mit der ganz spezifischen Fremdenfeindlichkeit, die hier herrscht, nämlich der Angst des Wieners vor den Ausländern?

LEUPOLD-LÖWENTHAL: Das dürfte einerseits mit der Schichtzugehörigkeit und andererseits mit dem Maß an Sicherheit, Integration und Identität, das jemand persönlich erlebt, zusammenhängen. Die Aristokratie als Herrschaftsschicht fühlte sich natürlich viel sicherer und war im Habsburgerreich viel internationaler als die Wiener Kleinbürger. Man hat an den tiefen Gefühlen und Ängsten dieser Gruppe, die sich immer durch besondere Unsicherheit und leichte nazistische Lenkbarkeit ausgezeichnet hat, sozusagen demagogisch gearbeitet. Denn das war ausnützbar. Denken Sie daran, was die Christlichsoziale Partei unter Lueger mit dem Antisemitismus und auch mit der Tschechenfeindlichkeit erreichen konnte.

Ich bin mir nicht sicher, ob an den österreichischen Universitäten eine solche Liberalität geherrscht hat. Es wird Sie nicht überraschen zu hören, daß es von dem berühmten Chirurgen Billroth eine Schrift aus den siebziger Jahren des vorigen Jahrhunderts über die Situation an der Universität gibt, in der er die Ablehnung von Medizinstudenten polnisch-jüdischer Herkunft fordert. Galizische Juden sollten seiner Ansicht nach in Lemberg studieren, aber nicht in Wien. Das Interessante daran ist, daß Billroth gar kein Österreicher war, sondern aus Deutschland kam, sich aber hier im Kreis von Brahms und anderen sehr wohl fühlte.

Immer dort, wo soziale Ausgrenzung und Störungen bei der Erlangung der eigenen Identität die Lebensumstände bedrohen, werden Sie eine größere Angst vor dem von außen Kommenden finden als bei jemandem, der sich geborgen und im Vollbesitz seiner sozialen Identität fühlt.

EHALT: Herr Ringel hat die These von der österreichischen Seele entwickelt, die ja sehr viel Wahres enthält. Wenn man seine Ausführungen liest, könnte man meinen, daß die österreichische Seele, wie er sie beschreibt, nämlich mit Untertanengeist und der Ambivalenz zwischen einer gewissen Freundlichkeit und Höflichkeit nach außen und einer dahinterstehenden Kälte, zur genetischen Grundausstattung der Wiener gehört. Ich als Historiker würde meinen, daß Seelenlandschaften ebenso wie politische Landschaften Veränderungsprozessen unterliegen. Fernand Braudel hat es so formuliert: Seelenlandschaften verändern sich innerhalb einer »longue durée«, in einer langen Dauer, während politische Landschaften eher schwanken. Es würde mich interessieren, wie Sie als Psychoanalytiker, der Wien sehr gut kennt, die Entwicklung der Seelenlandschaft hier beurteilen. Sehen Sie einen Wandel oder halten Sie das historische Erbe in den verschiedenen sozialen Milieus, wie Sie es beschrieben haben, für so massiv, daß sich kaum Veränderungen abzeichnen?

LEUPOLD-LÖWENTHAL: Ich glaube nicht, daß es so etwas wie eine österreichische Seele oder eine deutsche Seele gibt. Das wäre eine arge Verkürzung. Was man jedoch sehen kann, ist, daß sehr wohl Fremdstereotype und Eigenstereotype, wie es die Soziologen nennen, vorliegen. Das hängt mit der historischen und gesellschaftlichen Entwicklung und der

Ausbildung nationaler Kulturen zusammen. Und damit, welche Abwehrmaßnahmen in einem Kulturrahmen bevorzugt werden.
Wir in Wien haben schon eine sehr lange Tradition bei der Verleugnung der Realität. Denken Sie an den Lieben Augustin, der in der Pestgrube sitzt, fröhlich zum Dudelsack greift und singt: »Alles ist hin«, während er gleichzeitig restlos davon überzeugt ist, daß ihm eh nichts passieren kann. Daran erkennen Sie die ungeheure Kraft der Realitätsverleugnung, die Wien zu einer der überlebensfähigsten Städte der Welt gemacht hat. Denn Wien hat mit dieser Einstellung die Hunnen, die Awaren, die Türken, die Deutschen, die Franzosen und die Russen überstanden.

EHALT: Ich hätte eine Zwischenfrage. Das Verdrängen ist ja eine Eigenschaft, die man von einer psychologischen bis hin zu einer ethologischen Interpretation als Grundausstattung der menschlichen Wahrnehmung bezeichnen muß. So hat z. B. hier niemand die Greuel in Kambodscha wahrgenommen, obwohl sie sich nur 5000 Kilometer von uns entfernt abgespielt haben. In einer gewissen Weise wird überall verdrängt, und es wäre eine spannende Frage, wie eine spezifisch wienerische Verdrängung aussieht.

LEUPOLD-LÖWENTHAL: Ich würde nicht sagen, daß die Verleugnung der Realität etwas spezifisch Wienerisches ist, aber die starke Verwendung dieser Abwehrmethode ist charakteristisch für uns. Wenn der Deutsche sagt: »Die Lage ist ernst, aber nicht hoffnungslos«, dann sagt der Wiener: »Die Lage ist hoffnungslos, aber nicht ernst«. Anhand dieses Satzes sehen Sie sehr schön die narzistische Fähigkeit, am eigenen Überleben überhaupt nicht zu zweifeln, sondern fest davon überzeugt zu sein, daß schon alles gut gehen wird. Denn: »Der Wiener geht nicht unter«. Das sind verräterische Sätze, die ich jedoch nicht als spezifisch wienerisch – im Sinn einer eigenen Wiener Seele – interpretieren möchte, sondern die bestimmte Abwehrmuster darstellen. Dazu gehört auch die Projektion: Indem ich meine eigenen negativen Tendenzen den anderen zuschreibe, erlebe ich sie dann von außen auf mich zukommend. Es gibt bestimmte Abwehrmuster, die im Laufe einer geschichtlichen Entwicklung bevorzugt werden und über die prinzipiell jeder Mensch individuell verfügt, aber auch ganze Völker.
Sie können es auch daran sehen, daß die meisten Österreicher gar

nicht realisieren, daß wir nur ein sehr kleines Volk in Europa sind, nämlich sieben Millionen. Wenn jeder in sich hineinhört, wird er feststellen, daß die großartigen Ansprüche, die wir an uns stellen, dieser Zahl eigentlich nicht entsprechen. Denn die Deutschen als Siebzig-Millionen-Volk haben ein zehnfach größeres Potential. Trotzdem sind wir davon überzeugt, die Besten zu sein.

EHALT: In Anschluß daran habe ich eine etwas persönliche Frage. Sie haben es lange Zeit vor allem mit Wiener Patienten zu tun gehabt. Wenn Sie jetzt versuchen müßten, eine historische Perspektive aufzuzeigen, würden Sie dann sagen, daß sich in den Krankheits- bzw. Persönlichkeitsbildern Ihrer Patienten ein Veränderungsprozeß abzeichnet, der sich gesellschaftsgeschichtlich den Entwicklungen der letzten Jahrzehnte zuordnen läßt?
Ist diese Frage eines Strukturhistorikers nicht zulässig, weil es sich um individuelle Geschichten handelt? Oder ist sie völlig falsch im Hinblick auf die Persönlichkeiten, mit denen Sie zu tun haben? Denn möglicherweise sind das 150 individuelle Fälle aus ganz unterschiedlichen Bereichen.

LEUPOLD-LÖWENTHAL: Das ist eine sehr schwierige Frage. In Analytikerkreisen in ganz Europa und in Amerika herrscht jedenfalls die Meinung, daß sich die Zustände bzw. die Krankheiten geändert hätten. Man diagnostiziert heute nicht mehr die große Hysterie, dafür aber die Borderline-Störungen. Das sind Störungen, die an der Grenze zwischen Psychose und Neurose stehen. Es ist allerdings unmöglich, das statistisch zu belegen. Denn die Krankengeschichten von 1890 sind nicht wirklich vergleichbar mit den Krankengeschichten von 1990, da sie damals in einem ganz anderen Sinn geführt wurden. Wenn man sich allerdings die Krankengeschichten genauer anschaut, kommt man darauf, daß viele der Fälle, die damals unter Hysterie firmierten, heute durchaus im Bereich der Borderline-Störungen geführt würden. Ich glaube also nicht so sehr, daß sich die seelischen Störungszustände verändert haben, sondern ich glaube, daß sich unsere Anschauungsmethoden verändert haben, daß wir ein feineres Instrument haben. Die psychopathologischen Bilder, die wir zu zeichnen versuchen, haben sich geändert, nicht aber das, was im Patienten vorgeht. Deshalb kann ich diese Redensarten: »Es hat sich alles so schrecklich geändert« und: »Die narzistischen Persönlichkeiten stehen jetzt im Vordergrund« nicht so recht glauben.

EHALT: Das wäre im Sinne von Foucault, der sagte, daß weniger die Wirklichkeit als vielmehr die Reflexionsprozesse ihre Geschichte hätten.

LEUPOLD-LÖWENTHAL: Weil Sie Foucault erwähnen – unsere Methoden des Diskurses haben sich sehr geändert. Den geordneten Diskurs findet man fast nicht mehr, dafür aber immer mehr den ungeordneten Diskurs. Und darum kann man so schwer miteinander reden.

EHALT: Wenn man den Ethologen Glauben schenkt, so ist die Angst vor dem Fremden etwas, was der Menschennatur innewohnt. Konrad Lorenz oder Irenäus Eibl-Eibesfeldt beschreiben in diesem Bereich, daß es ganz bestimmte Abwehrmechanismen gibt, die scheinbar universell sind. Was sagen Sie als Experte der Geographie der Seelenlandschaften zu dieser These der Humanethologie? Ist die Xenophobie Ihrer Auffassung nach ein Bestandteil der psychischen Grundausstattung, oder können Sie sich Situationen vorstellen, in denen diese Grundausstattung an Bedeutung verliert? Etwa, wenn Menschen sehr ich-stark sind, so wie die vorhin erwähnte österreichische Aristokratie des 18. und 19. Jahrhunderts, oder wenn die Möglichkeit einer solchen Entfaltung für mehr Menschen gegeben wäre?

LEUPOLD-LÖWENTHAL: Die Verteidigung des Territoriums oder das Spacing, wie Eibl-Eibesfeldt das bezeichnet, ist im Tierreich bei den Säugetieren ziemlich weit verbreitet. Wenn Sie an einem Zaun vorbeigehen, hinter dem sich ein Hund befindet, bellt er Sie an und wehrt Sie ab. Ob man solche instinktmäßig angelegten Verhaltensmuster wirklich so ohne weiteres auf den Menschen übertragen kann, ist doch sehr fraglich. Wenn man nach Neuguinea fährt und dort sogenannte Primitive beobachtet, wird man vielleicht ähnliche Verhaltensweisen entdecken. Aber es geht um den Fremden, um das Fremde als eine Erlebnisqualität in uns, die uns Angst macht und die Unheimlichkeit auslöst. Denn nur das Vertraute, das, was wir kennen, macht uns keine Angst, und das Unheimliche ist das Gegenteil vom Heimlichen – wobei in all diesen Worten zugleich auch immer der Doppelsinn enthalten ist. Auch der Begriff »Heimat« hängt damit zusammen. Bei diesen Dingen geht es um die Geborgenheit des Menschen, der ja eine sehr lange individuelle Entwicklung hat, oder ethologisch ausgedrückt: um die Brutpflege des Menschen, bei der Erlebnisse der Entbehrung oder des Nichtgeborgenseins als katastrophal erfahren werden. Wir wissen heute aus der modernen Psychoanalyse, daß gestörte Beziehungen der Mutter zum Kind in der frühen Kindheit wirklich beträchtliche Folgen haben. Nur wenn jemand eine halbwegs normale psychische Entwicklung durchlaufen hat, wird er eine erwachsene Selbständigkeit erreichen und sich von diesen Dingen nicht so sehr beeindruckt fühlen. Er wird an dem Punkt, wo Unheimlichkeit auftritt, imstande sein, destruktive und aggressive Neigungen einigermaßen zu handhaben. Es geht nicht darum, daß man Fremde umarmen und lieben soll, sondern daß man die relativ irrationalen Bedrohungsphantasien im Zaum hält. Wir kennen in der Psychoanalyse den psychischen Abwehrmechanismus der Rationalisierung, das heißt, ich finde für irrationale Ängste eine rationale Begründung. Das erleben wir natürlich in der Diskussion um die Ausländer in sehr starkem Maße.

Ich muß daran denken, daß Österreich im Jahre 1956 innerhalb weniger Wochen 160.000 bis 180.000 Ungarn aufgenommen hat. Und damals war Österreich noch ein armes Land, aus dem die Russen gerade abgezogen waren. Trotzdem hatte die Bevölkerung zunächst keinerlei Abwehrreaktionen. Wenn ich dagegen die heutige Reaktion auf eine viel geringere Zahl von Flüchtlingen sehe, dann frage ich mich nach der Ursache. Denn es geht uns heute viel besser. Die Leute spenden sehr brav, um sich die Flüchtlinge vom Leib zu halten, nach dem Motto: »Wenn sie in Bosnien bleiben, dann geben wir gerne Geld und sind auch sehr lieb zu ihnen. Nur in die Nähe sollen sie uns nicht kommen.« Diese Diskrepanz ist für mich sehr erschütternd. Das hängt zusammen mit einer Regression zu Erlebnisweisen, die nicht mehr so reif sind.

EHALT: Diesen Vergleich zwischen den Ereignissen von 1956 und unserer heutigen Situation finde ich sehr spannend. Mir fällt dazu die Geschichte ein, die sich vor circa einem Jahr in Alt-Erlaa ereignet hat, wo sich nämlich Bewohner einer Wohnanlage gegen eine Schule und für neue Tennisplätze ausgesprochen haben. Womit hängt das in gesellschaftsgeschichtlicher Hinsicht zusammen? Ist es die Akzentuierung der Individualität, durch die die eigene Persönlichkeit, die eigene Geschichte, das eigene Refugium, vielleicht auch das Narzistische, eine größere Rolle zu spielen beginnt?

LEUPOLD-LÖWENTHAL: Na ja, diese Geschichte erscheint mir ein bißchen nach dem Prinzip: »Heiliger Florian, verschon' mein Haus, zünd' andere an«. In diesem Fall lautet das Argument: »Natürlich muß eine Schule sein, aber bitte nicht bei uns, denn Kinder machen Lärm.« Hier werden beispielsweise Schulkinder als Störende, also quasi als Fremde erlebt, die man abschieben möchte. Dieselben Leute finden natürlich nichts dabei, wenn sie selbst bei einem Besuch in einem Schanigarten der Innenstadt Lärm erzeugen, so daß die Anwohner fast wahnsinnig werden. Es gibt sehr differenzierte Verhaltens- und Erlebnisweisen, die zuwenig reflektiert werden. Und unsere Presse tut nichts, um bei der Reflexion zu helfen. Wir dürfen in diesem Zusammenhang nicht vergessen, daß unsere Meinung auch in hohem Maß »gemacht« wird. Wir könnten sicher mit einer anderen Presseeinstellung eine andere Einstellung zum Fremdenproblem erreichen. Aber natürlich sind Journalisten auch nur Menschen, die Bedrohungen und Ängste empfinden. Und mit der Angst macht man immer das beste Geschäft. Eine Geschichte in ähnlicher Preisklasse waren die Prognosen vor fünf Jahren, die verkündeten, daß heute ganz Österreich Aids haben wird. Oder wenn Sie daran denken, mit welcher Irrationalität auf Tschernobyl reagiert wurde, dann können Sie erkennen, wie sehr Angstmachen sich auch auszahlt.

EHALT: Daran möchte ich anschließen. Die Angst vor dem Fremden ist ein guter Abwehrmechanismus, und es bedarf einer schwierigen geistigen Anstrengung, sich mit den Verhältnissen genau und differenziert auseinanderzusetzen, wozu die Medien durchaus anregen und einen Beitrag leisten könnten. Es ist leichter, mit einfachen Wirklichkeiten und mit einfachen Feindbildern wie dem »Juden«, dem »Neger« oder dem »Tschuschen« zu leben.
Sehen Sie eine Möglichkeit für die Entwicklung gesellschaftlicher Strukturen und menschlicher Wahrnehmungsweisen, die dem entsprechen, was Altbundeskanzler Fred Sinowatz ein bißchen ungeschickt mit dem Satz: »Die Wirklichkeit ist so kompliziert« formuliert hat?
Vermutlich würde es uns gut tun, wenn wir die Welt in ihrer Kompliziertheit wahrnehmen könnten. So zeigt sich beispielsweise bei nähe-

rem Hinsehen, daß die Gastarbeiter eine geringere Kriminalität als die Österreicher aufweisen können, während hingegen die Existenz von Mafien im wesentlichen von Ausländern getragen wird. Meinem Gefühl nach nimmt eine solche Differenzierung – hier im Hinblick auf das Kriminalitätsproblem – bereits die Emotionen weg.

LEUPOLD-LÖWENTHAL: Es geht bei dieser Abneigung gegen die Fremden um den Abwehrmechanismus einer Projektion. Schon der österreichische Verbrecher dient mir als Projektionsfläche für meine eigenen, mir verbotenen aggressiven und destruktiven Neigungen. Wenn der etwas macht, was ich mir nicht erlaube, dann gehört er »über die Pritsche gespannt und ordentlich getrocknet«. Denn das hilft mir bei der Abwehr solcher Regungen. Daher bieten sich Sündenbockfiguren immer sehr gut an und fördern den Gruppenzusammenhalt. Das ist ein psychologisches Phänomen, das weder spezifisch österreichisch noch wienerisch ist. Die Schwierigkeit liegt darin, daß wir das Vorurteil – also das Urteil vor dem Einsetzen der kritischen Funktionsfähigkeit des Ichs – zum Leben brauchen. Sie können in der Schule nicht lernen, ohne gewisse Dinge zu übernehmen. Sie prüfen ja auch nicht kritisch nach, ob der pythagoreische Lehrsatz richtig oder falsch ist, sondern lernen ihn einfach. Genauso übernehmen wir in der Geometrie das Euklidische Vorurteil. Es gibt so viele Vorurteile, vor allem im gesellschaftlichen Bereich. Es wird nur dort gefährlich, wo Vorurteile die rationalen Überlegungen restlos ausschalten. Das Vorurteil hilft uns enorm, durch einfache Situationen hindurchzugehen.

EHALT: Ich persönlich würde auch glauben, daß die Entwicklung eines differenzierteren Weltbildes die Grundlage für eine humanistischere Welt sein könnte, obwohl mir klar ist, daß durch Aufklärung allein die Welt nicht besser werden kann.

LEUPOLD-LÖWENTHAL: Sie dürfen nicht vergessen, daß das Vorurteil große Vorteile bietet. Es hilft mir, rasch und sicher einen Standpunkt einzunehmen, ohne mir die anstrengende Arbeit des Reflektierens, des Überlegens und des Bedenkens machen zu müssen. Vorurteile sind also als Wirklichkeitsbewältigungsmechanismus sehr wichtig für uns. Andererseits können sie sehr schädlich sein.
Alexander Mitscherlich hat sehr viel über das Vorurteil geschrieben,

auch im Zusammenhang mit der vaterlosen Gesellschaft. Er sah nur in der Erziehung von urteilskritischen Menschen eine Lösungsmöglichkeit. Die Frage ist allerdings, wie man das bewältigen soll. Ich persönlich bin nicht so optimistisch.

EHALT: Im Gespräch mit Ihnen scheint mir deutlich zu werden, daß die Möglichkeit einer kritischen Wirklichkeitsauffassung doch eine sehr urbane Angelegenheit ist. Es hat etwas mit Aufklärung zu tun, mit unüberschaubaren Beziehungen, mit Internationalität. Die alten bäuerlichen Gesellschaften oder die primitiven Gesellschaften waren vermutlich reine Vorurteilsgesellschaften.

LEUPOLD-LÖWENTHAL: Dieser Satz hat einen etwas zu pejorativen Beigeschmack. In der dörflichen Gemeinschaft existierten ganz bestimmte Rituale, Vorurteile und Strukturen, die das Leben sehr sicher gemacht haben. Der einzelne wurde mehr oder minder in die dörfliche Gemeinschaft hineingezwungen, während der Außenseiter den Preis dafür zahlen mußte. Ebenso ist der Fremde abgelehnt worden.
Ich erinnere mich an einen Kollegen, einen Arzt, der nach Alpbach ging und dort nach dreißig Jahren immer noch als Wiener galt, obwohl er in seinem Beruf anerkannt wurde. Er war stets der Fremde geblieben, auch in sprachlicher Hinsicht. Insofern bieten solche Dorfgemeinschaften ein sehr gutes Anschauungsbeispiel.

EHALT: Kommen wir vielleicht abschließend von der Aufgabe der Analyse zu den Prognosen und Perspektiven. Was würden Sie sich für die wienerische bzw. österreichische Situation wünschen, auch in politischer Hinsicht?

LEUPOLD-LÖWENTHAL: Ich würde mir wünschen, daß unsere Medien ihre pädagogische Aufgabe besser erfüllten. Das wäre ein Ansatz. Allerdings müßte die Veränderung bereits in der Familie beginnen, bei der Erziehung der Kinder. Aber wie sollen Eltern, die selbst vorurteilsbehaftet sind, ihren Kindern eine vorurteilsfreie Erziehung zukommen lassen? Das ist die Frage. Außerdem müßten auch unsere Schulen ganz anders strukturiert sein, denn in der Schule findet ebenfalls ein Großteil der Prägung statt. Des weiteren müßten wir immer wieder versuchen, Probleme im öffentlichen Leben durch ernsthafte Diskussion und Auseinandersetzung zu lösen, und nicht nur durch einfaches »Drüber-

wischen«. Die Politiker sollten vor allen Dingen aufhören, der sogenannten öffentlichen Meinung zu folgen und lediglich im Hinblick darauf zu handeln, keine Stimmen zu verlieren.
Vielleicht noch eine weitere Ergänzung: Ich habe einen Vortrag über Wien und die Fremden gehalten und war mir dabei bewußt, daß ich mich damit nicht beliebt mache. Aber es gehört zum Beruf eines Analytikers, nicht beliebt zu sein. Wer hört schon gerne bekannte Wahrheiten? Und ich habe natürlich am Selbstwertgefühl der Wiener gekratzt und zu einer rationalen Überlegung hinsichtlich dieser Fragen aufgerufen. Ein großer Teil der Hörer hat nach dem Vortrag ad hoc reagiert: »Schauen Sie, ich habe zwar nichts gegen Fremde, aber ...« Seither habe ich Fanpost in Massen – oder müßte ich Feindpost sagen? Dicke Briefe mit zahllosen Zeitungsausschnitten über von Ausländern begangene Verbrechen kommen bei mir an, ich erhalte Telefonanrufe und Beschimpfungen, aber mich stört das nicht, denn es zeigt mir, daß ich etwas in Gang gesetzt habe. Nämlich all die Vorgänge, die wir erörtert haben: das Abwehren, das Sich-Wehren, die Aggression. Und solange sie nur mich angreifen und nicht die Fremden, ist es mir egal. Denn ich fühle mich hier nicht als Fremder. Ich gehöre hierher.

»DIE SENSIBILITÄT DES KINDES«

Gespräch mit Andreas Rett am 16. Dezember 1987

EHALT: Sehr geehrter Herr Professor Rett, lieber Andi, beim nochmaligen Lesen deines Manuskriptes ist mir aufgefallen, daß du mit großer historischer Sachkenntnis in einem weiten Bogen die Geschichte der Kindheit von der Antike bis zur Gegenwart dargestellt hast. Du skizzierst jedoch diese Geschichte des Umgangs mit den Kindern als eine Schreckensgeschichte der Vernachlässigung und der schlechten Behandlung, die nicht auf die Eigenheiten des Kindes einging und eingeht.
Mir als Historiker ist es vertraut, historische Prozesse als Kosten- und Nutzenprozesse, in denen also etwas gewonnen oder verloren wurde, zu sehen.
Siehst du die Geschichte des Umgangs mit den Kindern als eine Entwicklung, bei der sich die westliche Gesellschaft auf dem richtigen Weg befindet?

RETT: Nun, die Frage der Behandlung des Kindes und die Stellung des Kindes hängt immer vom Vorstellungsvermögen der jeweiligen Epoche ab. Das heißt, das Wissen von der körperlichen, geistigen und seelischen Entwicklung des Kindes ist in seine Behandlung eingeflossen. Wir können heute folgendes Resümee ziehen, das auf deine Frage eine deutliche Antwort gibt. Es gab noch keine Zeit in der Welt, in der man soviel über das Kind, seine Seele und seine körperliche Entwicklung wußte. Gleichzeitig passieren jedoch auch heute noch entsetzliche Untaten an Kindern. Dieser Widerspruch zieht sich durch die ganze Geschichte der Menschheit und die Geschichte des Kindes und scheint mir in dieser Frage das Entscheidende zu sein.

EHALT: Du hast eindrucksvoll dargestellt, daß das biologische Wissen über die Kinder größer geworden ist und daß es seit dem 19. Jahrhundert eine eigene Wissenschaft gibt, die sich mit dem Werden und der Entwicklung des Kindes beschäftigt. Zugleich wäre aber die Frage nach der seelischen Befindlichkeit von Kindern zu stellen. Wir pflegen sie zwar »richtiger«, daß heißt, wir wissen, was für ihre körperliche Entwicklung beispielsweise in puncto Ernährung wichtig ist, und auch, was ihrer seelischen Entwicklung guttut. Aber gehen wir in den entscheidenden Dingen besser mit ihnen um? Können sich nicht gerade in bezug auf die seelischen Notwendigkeiten von Tag zu Tag neue Fallen auftun, die furchtbare Entwicklungen und Deformierungen möglich machen?

RETT: Das ist durchaus richtig. Es gibt seit über hundert Jahren eine Psychologie des Kindes, wir wissen also über die seelischen Reaktionen und Veränderungen des Kindes seit langer Zeit Bescheid. Trotzdem sind noch vor fünfzig Jahren hunderttausend jüdische Kinder ermordet worden. Diese furchtbare Diskrepanz ist immer wieder das Entscheidende bei dem ganzen Problem. Einerseits wissen wir sehr viel, andererseits gibt es immer wieder Phasen in der Menschheitsentwicklung, in denen das nicht berücksichtigt wird. Daß sich solche Dinge auch in unseren westlichen Regionen abspielen, erfährt man aus der Zeitung. Mißhandlung und Mißbrauch von Kindern ist auch heute noch ein sehr häufiges Delikt, mit dem wir uns auseinanderzusetzen haben, gerade weil wir wissen, was so etwas für das Kind und seine Zukunft bedeutet.

EHALT: Die Erziehung ist fraglos jenes Nadelöhr, durch das wir alle durch müssen. Mir hat dein Titel: »Die Geschichte des Kindes als Geschichte der Menschheit« auch deshalb so gut gefallen, weil er zum Ausdruck bringt, daß aus der Menschheit jeweils das geworden ist, was in die Kinder investiert wurde und wird.
Kannst du in einigen Punkten zusammenfassen, welche Forderungen du aufgrund deines wissenschaftlichen Werkes als Pädiater und Erzieher, aber auch als politisch denkender Mensch an die Gesellschaft in bezug auf den Umgang mit Kindern stellst?

RETT: Meine Forderung an die Gesellschaft war und ist seit vielen Jahrzehnten, auch behinderte Kinder als Kinder mit körperlichen, seelischen und geistigen Ansprüchen zu akzeptieren. Ich glaube, daß ich hier im Laufe der Jahre doch einiges bewegen konnte. Heute sieht man das behinderte Kind trotz schwerster Behinderungen und Retardierungen als Menschen an, der auch als ganzer behandelt werden muß. Meine gesamte berufliche Laufbahn bestand eigentlich darin, diese Entwicklung voranzutreiben.

EHALT: Vielleicht muß die Gesellschaft in viel stärkerem Maß lernen, mit dem Andersartigen umzugehen. Meine Einschätzung von gesellschaftlichen Prozessen lautet, daß der Normendruck hinsichtlich unseres Verhaltens ständig größer wird. In vielen Seminaren wird vermittelt, wie der richtige Manager zu sein hat, angefangen von der Kleidung über die Sprache bis hin zum gesamten Persönlichkeitsbild. Und mir scheint, daß es sich in vielen gesellschaftlichen Bereichen so verhält. In Anbetracht von behinderten Kindern muß man den Normalitätsbegriff überprüfen, muß sich auf das Andersartige einstellen und es akzeptieren. Deine Arbeit hat dazu sicher einen ganz entscheidenden Beitrag geleistet.
Glaubst du, daß es genug Persönlichkeiten gibt, die diesen Anspruch mit aller Vehemenz an die Öffentlichkeit leiten und etwas dafür tun? Wie siehst du die Chancen dafür?

RETT: Zunächst einmal ist zu sagen, daß viele Krankheiten, die bis vor kurzer Zeit, also bis vor dreißig, vierzig Jahren, als unheilbar galten, heute besserungsfähig und heilbar sind, wie z. B. die Epilepsie. Die Epilepsie war früher eine fast tödliche Diagnose, bei der die Kinder abgeschrieben und abgeschoben wurden. Heute ist die Epilepsie heilbar, und so hat sich auch auf anderen Gebieten vieles deutlich gebessert. Leider Gottes hängen unserer Gesellschaft immer noch Reste der Nazizeit an. Es sind immer noch Spuren der Auffassung: »Na, die sind eh deppert, aus denen wird eh nichts. Die bring'n wir weg, das ist gescheiter« vorhanden. Sie sehen die ganze Tragik, wenn Sie an Professor Singer denken, der die Euthanasie behinderter Kinder propagiert. Denn wir wissen, daß wir selbst mit schwerstgeschädigten Kindern noch vieles erreichen können, daß wir sie menschlich leben lassen können, daß es Fortschritte gibt. Wir wissen vor allen Dingen, daß die Entscheidung über Leben und Tod, ob intelligent oder nicht intelligent, nicht allein bei der Geburt getroffen wird, sondern daß im menschlichen Gehirn noch Entwicklungsmöglichkeiten bestehen. Es ist eine entscheidende Aufgabe, das bekannt zu machen und zu propagieren. Daß es nicht immer geschieht, sieht man am Beispiel von Professor Singer.

EHALT: Das ist sicher eine Aufgabe, die von unterschiedlichen Instanzen der Gesellschaft wahrgenommen werden muß, von Ärzten genauso wie von Erwachsenenbildnern, Lehrern und Psychologen. Die Frage ist, ob wir uns auf dem richtigen Weg befinden.
Als Forscher und Wissenschaftler bist du ja in aller Welt zu Gast gewesen. Wie sehen deine Erfahrungen den Umgang mit Kindern betreffend im Kulturvergleich aus? Können wir aus der Sichtweise anderer Kulturen etwas lernen?
Ich selbst war oft in Nepal, wo mir aufgefallen ist, daß sich für Außenstehende ein sehr gutes Verhältnis zu den Kindern ergibt und daß den Kindern relativ viel Freiraum eingeräumt wird.

RETT: Diese Frage ist am besten mit unseren Erfahrungen in den ehemaligen Ostblockländern zu beantworten. Was dort aus der Ideologie der kommunistischen Diktaturen heraus geschehen ist, ist einfach entsetzlich und für uns aus dem Westen völlig unverständlich. Die Mutter hat gearbeitet, der Vater hat gearbeitet, die Großmutter hat gearbeitet – niemand war für das Kind da. Das behinderte Kind wurde sofort nach der Diagnose in eines der fürchterlichen Heime abgeschoben. Der Unterschied in der Auffassung zwischen dem Osten und dem Westen ist gigantisch. Im Westen gibt es Länder wie z. B. Amerika mit einer hohen Behindertenakzeptanz. Auch Italien ist in dieser Hinsicht bewundernswert und fantastisch. Die Stellung zum behinderten Kind ist von Land zu Land durchaus unterschiedlich, aber der Ostblock hat uns gezeigt, daß dort überhaupt kein Fortschritt in der geistigen Einstellung zum behinderten Kind vorhanden ist.

EHALT: Die Familien- und Gesellschaftsgeschichte verzeichnet in den letzten Jahrzehnten einen verstärkten Trend, den man mit der Überschrift »Von der Familie zum Single-Haushalt« beschreiben kann. Dieser Trend ist von einer Reihe gesellschaftlicher Entwicklungen begleitet, die die Kollektive schwächen oder an Bedeutung verlieren lassen und die dem Individuum eine größere Bedeutung verleihen. Das hat eine Reihe von positiven, aber auch negativen Aspekten zur Folge. Das Gefühl der Zugehörigkeit zu einem Kollektiv, sei es die Familie oder verschiedene Jugendgruppen, die einmal ein wärmendes Nest für den einzelnen abgegeben haben, geht verloren.
Welchen Ratschlag würdest du als Kinderarzt, der im Laufe seiner

langjährigen Tätigkeit die verschiedensten Familienkonstellationen sowie die Stellung des Kindes in Familie und Gesellschaft beurteilen konnte, den Familien- bzw. Gesellschaftspolitikern geben?

RETT: Jahrtausendelang hat man die Auffassung vertreten: »Gott hat's gegeben, Gott hat's wieder genommen«. Diese Einstellung haben wir heute natürlich nicht mehr. Wenn heute ein Kind stirbt, dann ist es eine Tragödie, egal, ob es ein Einzelkind war oder eines unter mehreren Geschwistern. Aus dieser Situation heraus ist auch unsere heutige Einstellung verständlich. Es gibt heute wesentlich weniger Kinder in den einzelnen Familien, ihre Betreuung jedoch ist besser und intensiver als jemals zuvor. Den Politikern ist zu sagen, daß das Kind heute eine enorme Bedeutung für die Familie hat und daß der Trend zu mehr Kindern in den Familien deutlich ist. Das wurde nicht nur durch Kinderbeihilfen und finanzielle Ressourcen erreicht, sondern entspricht einer geistigen Haltung. Die Menschen wissen heute, daß das Heranwachsen für ein Einzelkind schwieriger ist als das Heranwachsen in der Gemeinschaft.

EHALT: Vielleicht noch eine Frage zu deinen spezifischen Umgangsformen, die du an deiner Klinik eingeführt hast. Dort herrscht eine ganz helle, freundliche Atmosphäre, und die Gänge sind voll mit bunten Bildern, Kunstwerken und Zeichnungen der Kinder. Was war deine Behandlungsmethode, dein Credo gewissermaßen, das du als Pädiater in deiner Arbeit mit behinderten Kindern umgesetzt hast?

RETT: Das ist sehr einfach zu beantworten. Ich habe sehr bald nach Beginn meiner Arbeit mit behinderten Kindern gemerkt, daß diese eine ungeheure Sensibilität haben. Sie spüren mit traumhafter Sicherheit: »Der mag mich« oder »Der mag mich nicht«, und zwar viel besser als jedes gesunde Kind. Das Entscheidende und die Grundlage meiner Arbeit ist es, diese Sensibilität zu wecken, zu fördern und auch zu übernehmen. Wer diese Sensibilität nicht hat, wird mit behinderten Kindern nichts anzufangen wissen, da er nicht weiß, wie stark sie auf den, der mit ihnen umgeht, reagieren. Man kann sich daher vorstellen, wie sehr die Ergebnisse der Untersuchung und der Therapie davon abhängen. Ein unsensibler Arzt wird aus dem Kind nichts herausbekommen.

Ein Lehrer, der dieses Gefühl nicht hat, wird nichts erreichen. Ein anderer, der diese Sensibilität hat, wird eben erfolgreich sein.

EHALT: Unsere Schulen sind durch ein starkes Leistungsprinzip gekennzeichnet, und das Lernen der Verhaltensweise, besser zu sein als die anderen, dominiert. Nach meinem Dafürhalten fehlt die Solidarität als Erziehungsziel und -inhalt sowie das Lernen, anderen zu helfen. Ich denke, daß die Schule die wichtige Aufgabe haben sollte, diese Praxis mit den Kindern zu üben.
Glaubst du, daß die Solidarität mit den Schwächsten in unserer Gesellschaft wachsen kann, obwohl wir uns in einer Situation befinden, in der Egoismus und Narzißmus eine größere Bedeutung gewonnen haben als in den Jahrzehnten zu Beginn dieses Jahrhunderts?

RETT: Das hängt wiederum von der Persönlichkeit des Lehrers ab. Ein guter Lehrer wird diese Solidarität bei den sogenannten besseren Kindern durchaus fördern können, ein schlechter Lehrer nicht. Wenn z. B. ein Stotterer in einer Klasse ist und der Lehrer lacht über dieses Kind oder läßt die anderen lachen, dann ist das Kind für ewig verloren. Wenn er dagegen weiß, daß er ihm heute keine Frage stellen darf, da es zu nervös und gespannt ist, so daß es stottern würde, dann wird er mit dem Kind weiterkommen. Es ist eine Frage der Persönlichkeit. Und es hat immer schon sehr gute und sehr schlechte Lehrer gegeben. Der Erfolg, der bei den Lernschwachen herauskam, war immer wieder verschieden. Ich kenne seit vielen Jahrzehnten Lehrer, die einfach ein Gefühl für das schwächere Kind haben und ihm über seine Schwächen hinweghelfen. Andere schaffen das einfach nicht. Und ich glaube, das kann man auch gar nicht lernen, sondern man hat es oder hat es nicht.

EHALT: Was würdest du dir für die Weiterführung dessen, was du in einem großen und umfangreichen Lebenswerk geschaffen hast, wünschen? Was sind deine Wünsche beim Weiterreichen der Fackel, die du entzündet hast?

RETT: Diese Frage hängt davon ab, ob sich genügend Menschen finden, die imstande sind, diese Fackel zu tragen. Die imstande sind, das, was man als Sensibilität des Kindes bezeichnen kann, zu spüren und aufzunehmen. Die das behinderte Kind nicht als krankes Kind sehen, sondern als einen Menschen mit einer Störung in bestimmten Berei-

chen, die aber zu überwinden ist. Es gibt leider Gottes nur sehr wenige, die das tun.
Der langjährige Kontakt mit meinen Patienten – denn solche Kinder kommen heute noch nach zwanzig, dreißig Jahren zu mir – spricht dafür, daß die Beziehung zwischen Arzt und Patient sowie dessen Familie außerordentlich wichtig ist. Wenn die Familien immer wieder kommen und auch ihre gesunden Kinder mitbringen, wenn die Behinderten ihre eigenen Kinder mitbringen, dann heißt das, daß Vertrauen da ist. Ohne dieses Vertrauen geht es einfach nicht. Das ist ein, fast möchte ich sagen, Urvertrauen, das bestehen muß.

EHALT: Ich habe einmal eine sehr bedrückende Pressekonferenz miterlebt, bei der es um die Neueröffnung einer Schule im Wohnpark Alt-Erlaa ging. Die Vertreter der Mieter haben sich vehement gegen die Errichtung der Schule eingesetzt, weil sie sich dadurch gestört fühlten. Einige Mieter haben vorgeschlagen, man möge doch stattdessen einen Tennisplatz errichten. Darin sehe ich – wenn auch demographisch-soziologisch erklärbar – ein Auseinanderrücken der Generationen. Ich würde sagen, daß vertrauensbildende Maßnahmen zwischen den Generationen ungemein notwendig wären, so daß die Forderung, die du für das Verhältnis von Arzt und Kind formuliert hast, auch an andere Felder der Gesellschaft gerichtet sein sollte.

RETT: Ein Fehler, den derzeit die österreichische – und nicht nur die österreichische, sondern auch die europäische – Schulpolitik macht, ist die Forderung nach der Integration behinderter Kinder in Normalklassen. Das kann man nicht. Man kann wunderbare Integration betreiben – ich habe das jahrzehntelang gemacht –, indem man schwache Kinder mit gesunden zusammenkommen läßt und sie dabei richtig betreut. Das ist jedoch ein individuelles Geschehen. Wenn sie aber mit Gewalt in eine Klasse hineingesetzt werden, kommt es bei den Behinderten zu Depressionen und letzten Endes zu Aggressionen. Und dadurch wird es auch schwer sein, Solidarität bei den anderen zu erreichen. Die derzeitige Schulpolitik ist auf diesem Sektor nicht ideal. Sie möchte gerne ideal sein, ist es aber nicht. Ich kann nur den integrieren, der integrationsfähig ist, und ich kann nur bei dem Lehrer integrieren, der integrationsbereit ist. Wenn das der Fall ist, merken die Eltern, die einen

Leistungsabfall für ihre gesunden Kinder befürchten, sehr wohl, daß es geht.

EHALT: Ich möchte eine persönliche Frage zu deiner Lebensgeschichte an den Schluß setzen. Starke Persönlichkeiten, wie du eine bist, wählen den Weg, den sie einschlagen wollen, ganz gezielt. Trotzdem finden sich auf diesem Weg manche Zufälle und allerlei Ungeplantes. Du hast dich als Vierzehnjähriger wahrscheinlich noch nicht als Forscher, der sich mit behinderten Kindern beschäftigen wird, gesehen, sondern es war sicherlich die eine oder andere Begegnung, die dich auf diesen Weg gebracht hat. Würdest du in deinem Leben etwas anderes machen wollen? Etwas, das dich besonders interessiert hat, aber das du wegen deines intensiven Forscherlebens nicht verfolgen konntest? Würdest du, retrospektiv gesehen, den Weg wieder so gehen oder würdest du lieber Architekt oder Philosoph werden wollen?

RETT: Es gibt nur einen Beruf, den ich erwählt hätte, wenn ich nicht Arzt geworden wäre, und das ist der des Historikers, da ich historisch und politisch sehr interessiert war und bin.
Natürlich waren auf meinem Weg Zufälle, und natürlich gab es auch Menschen, die man als zufällige Begegnung bezeichnen kann. Aber es waren immer wieder solche, die mit unerhörter Intensität das aufgenommen haben, worum ich sie gebeten habe. So waren es verschiedene Wiener Stadtpolitiker, die mir die Möglichkeit gegeben haben, eine Klinik für Behinderte zu gründen. Dann gab es eine Reihe von speziellen Fällen, bei denen der Heilungserfolg spektakulär war und die mir gezeigt haben: Das ist der richtige Weg. Aber ich würde nie das Wort Berufung in den Mund nehmen, denn es erschiene mir viel zu hoch. Ich bin erst nach vielen Jahren der Berufsausübung so weit gekommen, daß ich zu mir selbst sagte: »Das ist meine Arbeit, die muß ich machen«.
Die Leute haben mich immer wieder gefragt, ob man nicht abstumpfen würde, wenn man soviel Leid und Elend sieht. Gerade das Gegenteil ist der Fall. Ich glaube, es ist auch das Gegenteil notwendig. Je mehr ich gearbeitet habe, je mehr Kinder ich gesehen habe und je mehr Katastrophen ich in den verschiedenen Familien erlebt habe, umso bescheidener bin ich geworden, umso größer ist mein Respekt vor der Haltung der Eltern und umso größer ist auch – und dieses Wort klingt vielleicht

etwas merkwürdig – meine Demut geworden. Ich bin also durch die Erfolge nicht größenwahnsinnig geworden, sondern bescheiden durch das Maß des Erreichbaren, das man, wenn man will, auch erreicht.

»DER LEBENSLAUF ALS ENTWICKLUNGSPROZESS«

Gespräch mit Leopold Rosenmayr am 10. Juni 1992

EHALT: Sie haben sich in vielen der von Ihnen durchgeführten Forschungen mit Fragen des Lebenszyklus und mit Problemen der einzelnen Lebensphasen beschäftigt. Das Faszinierende an diesen Arbeiten war für mich, daß Sie diese für die Gesellschaft und den einzelnen Menschen gleichermaßen wichtigen Fragen sowohl mit dem Blick des Philosophen und Anthropologen als auch mit jenem des Zeit- und Sozialhistorikers stellen. So reflektieren Sie in Ihren Arbeiten Probleme des Sozialen nicht ausschließlich aus der Perspektive der empirischen Sozialwissenschaft, sondern beziehen stets qualitative Zugangsweisen ein, so daß das menschliche Leben und die menschliche Wahrnehmung in ihren Variablen, zugleich aber auch in den über historische Epochen gleichbleibenden Elementen sichtbar wird. Die Frage des Umgangs der Generationen miteinander berührt wesentlich die Frage, was die Angehörigen unterschiedlicher Altersgruppen für wertvoll halten, berührt die Frage nach der Definition von Humanität und nach den Möglichkeiten, gestern, heute und morgen Humanität zu verwirklichen.
Meine erste Frage zielt auf die Distanz und die Unterschiede in den Denkweisen, Verhaltensmustern und Stilen zwischen den Generationen gestern und heute. Die Lebenssituation der Menschen war doch bis weit ins 19. Jahrhundert so geartet, daß junge Eltern vermuten konnten, daß ihre Enkel und Urenkelkinder einmal ähnliche Lebensverhältnisse vorfinden würden wie ihre eigenen Eltern und Großeltern. Das Leben des einzelnen stand in einer (weit über seine Generation) voraus- und zurückreichenden *Kontinuität*. Wir leben heute in der westlichen Welt in einer zeitgeschichtlichen Situation, in der zwischen den Generationen gewaltig große Unterschiede im »Zeitgeistigen« und »Alltagskulturellen«, in den Lebensmöglichkeiten und vor allem in den Technologien liegen. Der Gedanke, wie sich die Lebensverhältnisse al-

lein in den nächsten fünf Jahren verändern und gestalten werden, beängstigt uns, und die Veränderung der Technologien, Moden und Stile beschleunigt sich ständig. Ist diese sich dynamisierende Veränderung der Lebenswelt nicht ein Faktor, der die Generationen immer weiter auseinanderbringt?

ROSENMAYR: Sie haben recht, die Kontinuität hat die Generationen aneinander gebunden. Man könnte auch sagen, aneinander gefesselt. Ich möchte hiezu mit einem persönlichen Erlebnis beginnen. Ich erinnere mich, daß mein Bruder und ich – wir waren noch Kinder – unseren Urgroßvater Franz Wöss, einen Mühlviertler Bauern, in dessen 99. Lebensjahr in Lichtenberg bei Ulrichsberg besuchten. Der Urgroßvater war ein nüchterner und harter Mann, der neun Kinder gezeugt und ernährt hatte. *Ein* Sohn war der Vater meiner Mutter. Wir wußten nicht, ob es das letzte Mal sein würde, daß wir ihn besuchten, aber er, glaube ich, wußte das. Er führte uns aus dem Haus in den Obstgarten und ließ uns dort auf dem Rasen niederknien. Dann gab er uns beiden seinen Segen. Ich kam mir hilflos vor, denn gekniet wurde sonst nur in der Kirche, und dies geschah hier unter offenem Himmel.

Im Augenblick, da ich niederkniete, hatte ich das deutliche Gefühl, daß der Urgroßvater mit seinem Segen etwas weitergeben wollte. Ich wußte nicht *was*, und ich weiß es bis heute nicht. Aber ich bin froh, daß ich diesen Segen erhalten habe. Er bindet mich ein in die Geschichte meiner Vorfahren, und er gibt mir Mut für mein eigenes Alter.

In afrikanischen Dörfern ist mir Ähnliches begegnet. Auf meine Frage, was sein wichtigster Wunsch sei, antwortete mir ein alter Bambara, Zana Fofana aus dem Dorf Sonongo, daß die Tür seines Hauses sich nie schließen möge. Damit wünschte er sich, daß auch nach seinem Tod dort immer wieder neue Generationen aus- und eingehen sollten. Als ich zwei Jahre später nach Sonongo kam, lebte Zana nicht mehr, aber die Türe bewegte sich.

Der Vater von Tiefing Boaré, einem mir sehr vertrauten afrikanischen Freund in Sonongo, wußte genau, wann er sterben würde. Er ließ sich am Todestag von seinem Sohn Tiefing angelehnt an den tragenden Pfahl der Hütte setzen, so daß er sterbend zur Tür hinausschauen konnte. Der Blick durch die – geöffnete – Türe bedeutete auch für diesen Mann den Blick in die Zukunft der Generationen.

Für die traditionsgeleiteten Gesellschaften mit einfachen, wenig arbeitsteiligen Produktionsweisen war und ist der Blick durch die Tür der Blick in eine Kontinuität von der Vergangenheit in die Zukunft. Ich nenne das *eine geschlossene Kontinuität*.

Der erste Ratgeber des Häuptlings in einem Bambara-Dorf, das ich seit fast einem Jahrzehnt regelmäßig aufsuche und durch längere Aufenthalte gut kennenlernte, konnte bis fünfzehn Generationen zurück verschiedene Familienverhältnisse seiner und der Häuptlingssippe aufzählen und Besonderheiten dieser Generationen aus Zeiten der Dürre und aus Stammeskriegen berichten. Die Kontinuität liegt da im verzweigten System der Sippen, ihrer Selbstreproduktion durch Fortpflanzung und im Bezug auf die Ahnen. Familie und Religion sind verflochten in ein einziges, aus der Vergangenheit sich herleitendes Netz.

Gegenüber den Stammesgesellschaften war es in den Hochkulturen, sei es in Ägypten oder Babylon, die organisierte Religion und waren es die Priester, welche über Sippe und Ahnen hinaus durch den Jenseitsglauben einerseits und die Verehrung der Königsfamilie anderseits Kontinuität glaubhaft zu vergegenwärtigen vermochten. Die rituelle Gegenwart des Gottes im regelmäßig wiederkehrenden Festumzug oder im Tempel verband Vergangenheit und Gegenwart. Das war auch eine Kontinuität für *alle* absehbaren Generationen, aber eine *organisierte Kontinuität*. Es gab schon eigene Kräfte, die dafür zu sorgen hatten. Der Gott ließ sich im Kult von den Priestern immer wieder in die Gegenwart rufen.

EHALT: Aber es gab doch irgendwann einmal in der europäischen Geschichte einen deutlichen Bruch in dieser Kontinuität?

ROSENMAYR: Den eigentlichen Umschwung in der Vorstellung von Kontinuität und damit in der gesamten »Einbettung« des Individuums brachte die europäische Neuzeit mit ihrem unerhörten Drang nach Neuem. Kontinuität konnte allerdings durch Geschichte rekonstruiert werden. Die Adelsfamilien und Königshäuser legten darauf ebenso Wert wie die Generationen der Mönche in den bedeutenden Klöstern.

Bei aller Betonung des Selbstseins und der Überwindung der Unmündigkeit brachte die Aufklärung eine neue Form von Kontinuität ins Spiel. Die Aufklärung prägte den Begriff der durch Vernunft geleiteten

Entwicklung. Sie war als Wachstum – also als Größerwerden – zu verstehen. Es entstand ein neuer Typus: die *Kontinuität in die Zukunft*. Im Bürgertum suchte eine Generation auf die andere zu bauen.
In der zweiten Hälfte des 20. Jahrhunderts entwickelte sich nach der Enttäuschung über den Fortschrittsglauben eine neue Hoffnung, die auf *Innovation*. Die Innovation wird nun zum Götzenbild, von dem alle Generationen ein Stück an sich reißen wollen. Da gibt es dann eine Minimalisierung von Kontinuität. Sie privatisiert sich fast total und gerät in die Nähe des Anekdotischen und Unerheblichen, ja sogar der Last, oder sie wandert ins Museum oder in die Folianten der Historiker.

EHALT: Die Kinder- und Jugendzeit hat in dem gleichen Maß ihre Konturen verloren, in dem diese Altersphasen Aspekte des Erwachsenenalters (man denke an die Mode) annahmen; ebenso ist die Lebensphase des »AltSeins« verschwunden, indem die alten Menschen Moden und Verhaltensweisen der Jungen annahmen. Vor einigen Jahren wurde das Schlagwort von den »neuen Alten« geprägt: diese neuen Alten sind mobil, sportlich und bunt und haben jedenfalls nur wenig mit den tradierten Bildern des Alters gemein. Auch der biologische Prozeß des Alterns wird heute in der westlichen Welt in viel geringerem Maße sichtbar – ähnlich wie dies Aldous Huxley in seinem utopischen Roman »Schöne neue Welt« ja bereits 1932 beschrieben hat, und später durch das »Wiedersehen mit der neuen Welt« weitergeführt hat, wo die Menschen selbst im Sterben noch ihr jugendliches Aussehen haben. Ich möchte Sie also fragen, ob der Prozeß des Geschichtsverlustes, von dem wir vorher gesprochen haben, im individuellen Leben zu einem Verlust der scharfen Grenzen und der ritualisierten Konturen der Lebensalter geführt hat?

ROSENMAYR: In verschiedenen wissenschaftlichen Disziplinen sprach man von einer *De-Institutionalisierung der Lebensalter* (z. B. Kohli 1986). Vielleicht waren weniger die Lebensalter als die kulturellen Verhaltensvorschriften und die Riten und Normen institutionalisiert – mit Wirkung auf die Lebensalter. Wir sollten vielleicht von einer zunehmenden kulturellen Altersirrelevanz sprechen. Säuglinge tragen Strampelanzüge mit Designs, die ohne weiteres auch ein Sechzehnjähriger tragen könnte. Die Faschingsveranstaltungen in Elementarschulen zeigten noch vor zehn Jahren Märchenprinzessinnen, die verschiedensten Geister und Ritter oder sonstige Gestalten der Fabelwelt. Heute stellen sich bei Schulfesten die Achtjährigen als Teenager oder als die Helden der Popszene für Jugendliche dar.

Es ist überhaupt problematisch, in dieser unserer Welt von Festlegung und Abschlüssen zu sprechen. Alles Lernen ist heute mehr denn je immer nur ein Schritt, um einen nächsten zu machen. In fast allen Bereichen des Lebens hat sich Endgültigkeit als aufhebbar erwiesen. Der Mensch ist, was das mittelalterliche Denken schon vorentworfen hat, ein »Homo viator«, ein Wanderer durch sein Leben, geworden. Wir sollten heute nicht mehr vom »Erwachsenen«, sondern, wie die französische Soziologin Claudine Attias (1988) vorschlug, von der »Matureszenz«, dem lebenslangen Reifungsprozeß, sprechen.

Dieser Begriff der Matureszenz bedeutet eine Verallgemeinerung des Reifungsprozesses für das ganze Leben. Er ist umfassender als der Begriff des lebenslangen Lernens, der schon vor einigen Jahrzehnten als notwendig anerkannt und auch z. B. von der UNESCO propagiert wurde. Neben der Auswirkung des Lernens auf das berufliche Leben, des Eingehens auf die im vollen Wortsinn »laufenden« Entwicklungen in Wissen und Technologie, müßte auch – was ja viel weniger berücksichtigt wird – im Emotionalen, im Erotischen, in der Fähigkeit des kulturellen Lebens und Erlebens der offene Entwicklungsweg, die Entwicklungsfähigkeit meist bis ins hohe Alter gesehen werden, zumindest unter den von mir 1983 in Buchform beschriebenen Bedingungen der »späten Freiheit«.

Es gibt niemanden mehr, der ans Ende der Reifung gekommen wäre, sondern es gibt nur Menschen, die *in* Reifungsprozessen leben.

Hamlets Wort »Ripeness is all« weist ins Jenseits des Lebens. Er sagt dieses Wort am Schluß des eigenen Lebens. Vielleicht sollte man statt Reifsein übersetzen: »Reifen ist alles«. Wir sind alle Reifende, bis zum Tod. Auf das Reifen als Prozeß kommt es an.

Noch eine Bemerkung zur Generationenbildung. Wir erleben jetzt eine durchgehende Informatisierung einerseits und Beeinflussung, sogar Erfassung durch die Massenmedien, besonders durch das Fernsehen, andererseits, einen Himmel voller TV-Satelliten und Büros voller Computer. Vor diesem Strukturwandel im Einflußgeschehen war die Prägekraft von Gemeinschaftserziehung (in der Schulklasse, in Jugendgruppen und Organisationen und in sozialen Bewegungen) relativ stark. Die »epochalen« Effekte des Zeitgeistes konnten sich gegenüber dieser speziellen Prägekraft in den Jahrzehnten nach dem Ende des Zweiten Weltkrieges nicht intensiv und generell durchsetzen. Dies geschieht erst seit den achtziger Jahren durch die Telekratie und den Hang und Zwang zum jeweils Modischen der Werbungs- und Vermarktungsgesellschaft.

Lebensorientierende Grundhaltungen werden heute erstaunlich stark und laufend vom Druck des Zeitgeistes und der Zeitmaschinerie geprägt. Sie sind in abnehmendem Maße aus einer Gemeinsamkeit von Festlegungen durch Erlebnisse und Erfahrungen bestimmter Alterskohorten zu erklären. Die ursprüngliche Konzeption Wilhelm Diltheys von Generation (1875) ging von einer einmaligen, in der Jugend erfolgten und daraufhin für das gesamte Leben wirksamen Prägung aus. Karl Mannheim folgte in den zwanziger Jahren dieses Jahrhunderts Dilthey mit einer gewissen Abweichung. Für Mannheim (1928) stellte sich die Jugendgeneration jeweils als am stärksten von Einflüssen geprägt dar, die gerade neu waren. Auch Mannheim hielt an der Vorstellung der einmaligen und lebenslang wirksamen Prägung fest.

Vielleicht alterten früher die Generationen wirklich, indem sie aus der Jugend prägende Lebensformen und Werteinstellungen ins mittlere und höhere Alter mitnahmen. Jetzt werden sie an verschiedenen Punkten und in verschiedenen Phasen ihrer Entwicklung wirkungsvoll und eindringlich durch Lebensmodelle aus dem jeweils nur für kurze Frist gültigen Zeitgeist beeinflußt. Und die Generationen ändern, wie uns Untersuchungen, z. B. die Shell-Jugendstudie 1992 (Zinnecker/Fischer), zeigen, dementsprechend auch ihre Verhaltensweisen. Sie halten sich nicht wie früher an die einmal empfangenen »leitenden Vorstellungen« und Prägungen, die Wilhelm Dilthey und später Karl Mannheim zum theoretischen Ansatz des Generationsbegriffs geführt haben.

Das Erlebnisangebot entspezifiziert sich, wird altersunspezifischer bzw. zunehmend altersirrelevant. Der Markt erweitert die Zugangschancen von der Frühadoleszenz bis ins hohe Alter in ähnlicher Weise. Vielleicht wird sich, so wie die Senioren sich nur selten als solche angesprochen wissen wollen, auch für die Jugend das Jugendetikett abnützen. Das wird vorderhand noch dadurch verhindert, daß die Gesellschaft zwar nicht jugendfreundlich, aber auf der Suche nach Jugendlichkeit, oder, wie der Slogan lautet, »jugendgeil« ist.

EHALT: Wie steht es nun mit den sogenannten »neuen Alten«? Gibt es die überhaupt?

ROSENMAYR: Dieser Begriff läßt sich nicht nur durch die eigenen Forschungen in Österreich, sondern auch anhand von deutschen Studien von Ursula Lehr und Hans Peter Tews empirisch belegen. Medizinische Langzeit- und Vergleichsstudien wie die von Alvar Svanborg in Schweden (1985) konnten zeigen, daß die neuen Altengenerationen, z. B. die der achtziger Jahre, durchschnittlich gesünder waren als die früheren. Die »neuen Alten« lassen sich allerdings nicht genau umgrenzen, weil gewisse finanzielle und ökonomische Voraussetzungen dazugehören, um ein »neuer Alter« oder eine »neue Alte« (Tews 1993) zu sein. Es gibt in den neuen Altengenerationen starke Minoritäten, die fast ein Drittel der Jahrgänge ausmachen. Sie zielen auf Ausnutzung ihrer Ressourcen zur Erweiterung ihres Erfahrungsraumes, z. T. sogar – in nicht unbeträchtlichen Minoritäten von 20 bis 25% durch neuerlernte Aktivitäten, wie Claudine Attias für Frankreich nachwies.
Eine Wiener Studie von Kolland und mir aus dem Jahr 1992 zeigt allerdings deutlich, daß es trotz Wohlfahrtsnetz als Gegenbild zu den aktiven und gutgestellten neuen Alten zwei Gruppen von Benachteiligten und sich selbst Benachteiligenden gibt: Einerseits sind es diejenigen, die nicht genug ökonomische und andererseits solche, die nicht genug seelische Ressourcen und Mittel haben, um aus Isolierung und Selbstausgrenzung herauszufinden. Bei der zweiten hier genannten Art von gesellschaftsbedingter Selbstverursachung von Benachteiligung haben wir als Typus (neben der ökonomisch-sozialen Bedürftigkeit) die »Sinnarmut« als bedeutendes Problem bei diesen Alten gefunden. Doch gibt es Wege – sie sind in der pluralistischen Gesellschaft schwerer zu finden als anderswo –, durch Vorschläge, »Brücken« für eine Neudeutung und Umdeutung der eigenen Situation und soziale Stützung – beides ist dazu nötig –, um ihnen Hilfen zur Selbsthilfe im eigenen beschwerlichen Leben zu bieten.
Ein zentrales Ergebnis der Analyse der Lebenssituation benachteiligter älterer Menschen ist, daß man Benachteiligung nicht nur als Folge ob-

jektiver Mangelzustände sehen darf. Benachteiligung im Alter ergibt sich sehr stark auch aus mangelnden Fähigkeiten, die vorhandenen Ressourcen adäquat zu verwenden. Ein wesentliches Kennzeichen für die Benachteiligung durch »Sinnarmut« im Alter ist der Mangel an wirksamen Lösungsstrategien. Gerade dort, wo die »Sinnarmut« samt Motivationsschwächen, subjektivem Selbstbedauern, Passivität usw. vorliegt, werden durch *selffullfilling prophecy* die negativen Altersbilder für die betroffenen Alten wirksam. Sie wissen schon im vorhinein, daß sie von der Gesellschaft abgelehnt werden, und das trifft dann auch zu. Günstig wirkt sich in diesem Zusammenhang der Aufbau gruppenähnlicher, clubartiger Zusammenkünfte und Bindungen aus, welche die Entfaltung des Selbstwertgefühls und der Anerkennung des eigenen Selbst und seiner Aktivitäten stärken. Gruppen mit einiger Konsistenz und Dauer und mit Zielen, die als lohnend empfunden werden, erhöhen die körperliche und die seelische Mobilität. Sie gewährleisten auch ein gewisses Ausmaß an Erfahrungsaustausch. Jedenfalls brauchen Fähigkeiten zur Selbstgestaltung und zur Nutzung von sozialen Handlungsspielräumen soziale Stützung.

EHALT: Sie haben in diesem Zusammenhang etwas ganz Wichtiges gesagt, nämlich, daß das Altern zunehmend von einer biologischen auf eine soziale Problemebene verlagert wird. Die biologischen Zeichen des Alterns werden durch sportliche und intellektuelle Aktivitäten, durch Kosmetik und plastische Chirurgie hintangehalten; zugleich sind soziale Integrationsprobleme, z. B. auf dem Arbeitsmarkt, relativ unabhängig vom kalendarischen Alter.

ROSENMAYR: Ich meine, daß das Soziale das Biologische ins Schlepptau nimmt. Die Lebenserwartung der Berufsgruppen gehobener Qualifikation liegt wesentlich höher als die durchschnittliche. Wir können sehr deutlich sehen, daß ein bestimmtes Wissen und dessen Anwendung das Leben zu verlängern und die Hilflosigkeit im Älterwerden einzuschränken vermag. Je qualifizierter der Beruf, desto höher im Durchschnitt die Lebenserwartung. Dies läßt sich auch für die Gegenwart, wenn auch nicht mehr so drastisch wie vor 50 oder 100 Jahren, nachweisen.
Die individuellen, die politischen und sozialen Eingriffsmöglichkeiten des Menschen in biologische Prozesse des Alterns sind enorm vielfältig

und machtvoll. Sie werden mit der zu erwartenden Eingriffsmöglichkeit in die Genetik noch stärker werden. Aber die sozialen Komponenten des Eingriffs in die Alternsprozesse sind bereits vor der zu erwartenden »Kernspaltung im Biologischen« (Rusting 1993), nämlich dem genetischen Eingriff, von erstrangiger Bedeutung.

Altern ist deswegen so komplex, auch biologisch gesehen, weil es nicht nur Abnützung, sondern auch Wiederherstellung und Selbstheilung des Organismus enthält. Je mehr diese Wiederherstellung seelisch begünstigt wird, um so stärker vermag sie an Dynamik und Wirkung zu gewinnen. Altern bringt nicht nur Einschränkung oder Abnützung, sondern auch Prozesse, in denen Wiederherstellung und Kompensation bereits auf der Ebene des Organismus stattfinden. Altern wird von biologischen Korrektur- und Restitutionskräften begleitet. Es gibt zwar eine Vielzahl von Formen von Störungen, die mit dem Altern verbunden sind, aber man kann mit differenzierten Eingriffsmöglichkeiten antworten. Eingriffe sind allerdings nicht immer direkt möglich. Das ist oft der Fehler in der Alterspolitik, daß sie zu sehr und zu ausschließlich Hoffnungen auf direkte Intervention setzt. Die Eingriffe müßten aber prinzipiell über psychisches Einverständnis, über die »Kooperation der Gefühle«, über Vorbereitungen im Bewußtsein, Selbsterziehung, Achtsamkeit auf den Körper usw. laufen. Wir sehen bei verschiedenen Untersuchungen, daß die bloße ökonomische Anhebung von Ressourcen für bestimmte kritische Phasen im Lebenslauf nicht genügt. Bei der Aneignung für das eigene Selbst muß die Psyche mitspielen. Wahrscheinlich ist dies der Schlüsselprozeß, auch was die Gesundheit im Alter anlangt. Diese Aneignung der inneren und äußeren Ressourcen verlangt eine Mischung von Aktivität und Leistung einerseits und Verzicht, Zurückhaltung andererseits. Und noch eine Perspektive muß hinzukommen: Der Lebenslauf darf nicht nur unter der Perspektive des Alterns gesehen werden. Altern ist zwar eine durch Verluste und Einschränkungen gekennzeichnete naturhafte Veränderung des Lebendigen. Aber neben dem Altern, das man auch als naturhaftes »Verlieren unter Widerstand« bezeichnen könnte, ist ein seelisches und geistiges »Wachstum« durch Entwickeln auf Ziele hin möglich. »Wachstum« als geistig-seelischer Prozeß ist in gewisser Weise gegenläufig zum Altern. Hier kommen wir wieder zur oben entwickelten Vorstellung von der Matureszenz. Die psychischen, geistigen und sozialen Lebensprozesse sind viel umfassender als die des Alterns. Bei allen Einschränkungen, die ihnen auferlegt werden, gewinnen die Menschen im Lauf ihres Lebens (mit dem Älterwerden) an Erfahrung, wenn auch in dieser Erfahrung immer Verspätungseffekte mitgeschleppt werden.

Die kulturvergleichende Altersforschung, die ich in meinem Buch *Die Schnüre vom Himmel* (Wien 1992) an mehreren Beispielen vor allem aus afrikanischen Stammesgesellschaften und Übergangsprozessen in eine oft sehr rasch auferlegte Moderne vorstelle, vergegenwärtigt uns die enorme Bandbreite möglicher Alterns- und Alterspositionen in den verschiedenen Gesellschaftssystemen. Der Mensch lebt durch die vielfältigen Bedürfnisse sowohl in einem ökologischen Umweltverhältnis als auch in einem gesellschaftlichen Kulturbezug. Einerseits sind ständige Eingriffe in die Umwelt – in die ökologische wie in die soziale – zum Überleben nötig, andererseits ist die Umwelt ihrerseits Träger nicht nur von Bedingungen, sondern auch von Normen und Regeln. So wird Altern und so wird das Alter von der sozialen Umwelt und der in ihr wirksamen Kultur entscheidend bestimmt. Auch die Älteren, Alten und Hochbetagten werden kulturell bewertet und diesen kulturimmanenten Werten zufolge behandelt. Entsprechend stark ist daher auch das Selbstwertgefühl der Alten durch die kulturelle Bestimmtheit betroffen. Kultur wirkt eben nicht nur von außen, sondern auch von innen, von der psychischen Disposition und Struktur her, die durch Kultivierung der Individuen erreicht wurde, indem die Kultur in diese Individuen hineingetragen wurde. Der soziale Wert einer Altersgruppe wird durch die kulturell gesicherte bzw. gestützte Position bestimmt, den diese Altersgruppe im Machtgefüge der Gesellschaft jeweils einnimmt bzw. sich erobert, erwirbt. Die Macht wird ihrerseits wieder den sozialen Kontrollen über die Wirtschaft und den Herrschaftsformen einer Gesellschaft zufolge verteilt. Im Handwerk hatte der alte Meister durch den Besitz des Betriebes eine andere Position als der Altgeselle. Die moderne Verschiebung auf anonyme Verwaltung und mechanisierte Produktion zieht den Eigentumseffekt überhaupt ab und nimmt wenig Rücksicht auf höheres Alter, es sei denn, daß humanitäre Momente ins Spiel gebracht werden – oder wie eben jetzt ein Gegensteuern gegen zu viele ältere Arbeitslose. Die Informatik funktioniert in der modernen Welt quer durch alle Altersgruppen. Information fließt ohne Rücksicht auf das Lebensalter. Sie fließt nicht mehr vertikal in der Weitergabe

von den Alten auf die Jungen, sondern in alle Richtungen, funktionsbedingt von allen zu jedem und umgekehrt.
Die Aufwertung der aus vielerlei Gründen abgewerteten Alten bedarf also außerwirtschaftlicher Kräfte, solcher, die nicht marktkonform sind. In einer sehr stark utilitaristischen, auf individuellen Nutzen hin orientierten Kultur sind besondere Erkenntnisse, Einsichten und moralische Anstrengungen zur Aufwertung des höheren Alters nötig. Sie tragen zu einem moralischen Ausgleich bei. Die Alterswissenschaften können die Abwertung erklären, sie können auf das soziale Defizit hinweisen, aber sie können die Aufwertung nicht leisten. Der Anstoß zur Aufwertung muß von woanders kommen. Er müßte aus einer neuen sorgenden und bewußt Anteil nehmenden sozialen Mentalität und Moral hervorgehen, einer Mentalität, die statt Vergeudung und schrankenlosem Wettbewerb den Schutz des Menschen vor den eigenen Zerstörungstendenzen und vor sozialer Mißachtung fördert. Nicht zuletzt müßten die Alternden selber durch die eigene Lebensführung und ihr Beispiel etwas von ihrer gesamtgesellschaftlichen Mitverantwortung erkennen lassen.

EHALT: Diese soziale Mißachtung, von der Sie sprechen, heißt ja auch, daß unsere Gesellschaft – was wiederum eine Verbindung zum Beginn unseres Gespräches herstellt – Menschen sehr rasch verbrauchen kann. Ich komme noch einmal auf diesen Punkt zurück, daß das Altern heute im Spektrum seiner Bewertungen wesentlich durch soziale Faktoren bestimmt wird; zugleich möchte ich die Vermutung äußern, daß dies in historischen Zeiten in Europa nicht viel anders gewesen ist. In der vorindustriellen Gesellschaft finden wir ja z. B. die Dauer der Kindheit und der Jugendphase nicht durch biologische Zäsuren (z. B. die Geschlechtsreife) begrenzt, sondern durch soziale Zäsuren und Möglichkeiten: Die Jugendzeit war im vorindustriellen Europa die Zeit sozialer Abhängigkeiten; und jemand, der sein Leben lang abhängig blieb – indem ihm die Erlangung einer »Vollstelle« verwehrt blieb –, wurde in den sozialen Beziehungen, in denen er agierte, auch nicht als erwachsen angesehen. In der Terminologie seiner Mitmenschen blieb er ein Jugendlicher; die Begriffe für den Jugendlichen und für den Abhängigen waren ident. Noch der 60jährige Knecht, ein Mensch, der sozial nicht erwachsen und fertig war, war weiterhin der »Bua«. In dem Sinn scheint tatsächlich auch heute – so wie Sie das jetzt sehr schön in dieser Dialektik entwickelt haben – das Altern etwas Soziales zu sein, so daß eine 30jährige schlecht ausgebildete, wenig qualifizierte Frau zu alt ist, um wieder in einen adäquaten Beruf vermittelt zu werden. Die positive Seite der Medaille ist, daß heute – das ist ja vor allem Ergebnis einer Entwicklung der letzten Jahrzehnte – Persönlichkeiten, die rein numerisch gesehen ein sehr hohes Alter erreicht haben, wichtige Leistungen für die Gesellschaft vollbringen können, in einer Vielfalt sozialer Beziehungen stehen und in dem Sinne durchaus Merkmale haben, die man dem Jugendalter zumißt.

ROSENMAYR: Es ist paradox, daß durch die frühe psychische Verselbständigung der Jugend die Eltern auf die Verhaltensweisen, die Freizeitwahl, die Partnerwahl der Jugend schon ab 15 Jahren nur selten einen entscheidenden aktuellen Einfluß nehmen können. Die Alimentierung der Jüngeren durch die Eltern und den Staat setzt sich aber trotzdem oft bis zum 30. Jahr fort. Einerseits werden also Freiheit und Selbständigkeit, wird der Status des »vollen« Menschen früh im Leben zugebilligt. Andererseits können lebenswichtige Qualifikationen und kann ökonomische Selbständigkeit erst spät gewonnen werden. Wir konstatieren eine Vorverlegung der Ablösung der Jugend bei einer Verlängerung der Alimentierung. Die Jugendlichen sind also (für die Ablösung) sowohl zu jung als auch (für die noch bestehende Abhängigkeit) zu alt. Daher muß es in den Beziehungen zwischen den Generationen enorme Spannungen geben.
Früher waren die verschiedenen Komponenten, die Lebensalter konstituierten, eher gebündelt, fokussiert. Jetzt liegen diese verschiedenen Momente, die die Lebensalter konstituieren, wesentlich weiter voneinander entfernt, oder die einzelnen Momente widersprechen einander sogar, also ökonomische Unselbständigkeit der Jugend bei deren psychischer Selbständigkeit. Bei den Alten sieht es gerade umgekehrt aus. Die ökonomische Selbständigkeit ist in der Regel durch Pension und Sozialversicherung gegeben, doch z. B. die Selbständigkeit der Älteren in deren sexuellen Entscheidungen oder Handlungen wird gesellschaftlich keineswegs allgemein gebilligt. Die Kinder oder Schwiegerkinder sind nicht nur aus Erbschaftsgründen kaum damit einverstanden, wenn der alte Vater oder die alte Mutter sich noch einmal verheiraten.

Es gibt also große innere Spannungen in der Art, wie die Gesellschaft sowohl Jugend als auch Alter sieht und behandelt. Vielleicht liegen darin aber auch Chancen, wenn die Widersprüche wahrgenommen und bearbeitet werden.

»SEXUALITÄT UND KOMMUNIKATION«

Gespräch mit Marianne Springer-Kremser am 28. November 1991

EHALT: Liebe Marianne, du bist eine engagierte Psychotherapeutin, eine Frau, die sich kritisch mit den Inhalten und Methoden der Psychotherapie auseinandersetzt, in der Forschung, in den Medien sowie im Umgang mit dem Patienten. Aber du läßt es damit nicht bewenden, sondern stellst immer auch die Frage, wie diese Inhalte und Methoden im Zusammenhang mit sich verändernden gesellschaftlichen und politischen Entwicklungen stehen. Meine Frage geht dahin, welche Bedeutung die Freudsche Konzeption für deine wissenschaftliche Arbeit und Lehrtätigkeit hat. Im Hinblick auf den gesellschaftskritischen Ansatz könnte man sagen, daß Freud seine Konzepte – von denen ungeheure Impulse ausgegangen sind – an einer sehr schmalen gesellschaftlichen Schicht gewonnen hat, nämlich an einem bestimmten Segment der bürgerlichen Gesellschaft in Wien. Zudem hat er seine Theorie von einem stark patriarchalischen Kontext her formuliert. Wie sinnvoll ist dieser Ansatz heute? Insbesondere, wenn man aktuelle gesellschaftliche Entwicklungen, z.B. die feministische Theorie, mitberücksichtigt oder wenn man sich überlegt, welche Bedeutung die Psychotherapie in aktuellen Diskussionen hat. Und: Soll Behandlung anpassen oder aufmüpfig machen?

SPRINGER-KREMSER: Das sind ja viele Fragen auf einmal. Unter anderem die Frage, ob Frauen so sind, wie Freud sie sah. Ich werde versuchen, nacheinander darauf einzugehen. Grundsätzlich bin ich davon überzeugt – und das betrifft meine Forschungsarbeit, die Lehrtätigkeit und vor allem auch die Patientenversorgung –, daß das psychoanalytische Rüstzeug, die Psychoanalyse als Psychologie vom Menschen, sinnvoll und nützlich ist. Schauen wir uns vielleicht zuerst einmal den Bereich der Versorgung an, wo ich sehr viel mit Frauen arbeite. Ich habe eine psychoanalytische Kurztherapie entwickelt, mit der ich die Frauen in der psychosomatischen Ambulanz der Frauenklinik behandle. Grundsätzlich muß man davon ausgehen, daß die Psychoanalyse eine dynamische Wissenschaft ist und sich verändert. Es kommen neue Erkenntnisse hinzu. Die erste wichtige Entwicklung seit Freuds Zeiten war meiner Meinung nach die Entwicklung der Ich-Psychologie. Die Namen, die da zu nennen wären, sind Heinz Hartmann und etwa gleichzeitig Melanie Klein, die sich mit Kinderanalyse beschäftigt und vor allem erkannt hat, daß Aggression, also feindselige Gefühle und daraus entstehende Angst sowie Gefühle von Verfolgtsein, sehr früh im Leben beginnen. Ihre Hypothesen und Theorien sind von den neuen entwicklungspsychologischen analytischen Forschungsergebnissen, zum Beispiel von Daniel Stern, eher bestätigt als verworfen worden. Der nächste Schritt in der Erneuerung und Weiterentwicklung war die Objektbeziehungstheorie von Margaret Mahler, laut der die erste wichtige Person im Leben eines Kindes und die Interaktion mit dieser eine besondere Bedeutung hat. Wir wissen inzwischen, daß die Qualität körperlicher und seelischer Gesundheit sehr eng verknüpft ist mit der Tatsache, ob jemand in den ersten Lebenswochen bis -monaten eine beglückende Symbiose erlebt hat. Eine weitere wichtige Ergänzung sind die Theorien zur weiblichen Psychosexualität, wie sie vor allem von Französinnen in den späten sechziger Jahren entwickelt wurden. Die Namen dazu sind Janine Chasseguet-Smirgel und Joyce McDougall. Diese Forscherinnen haben eigentlich die letzten Arbeiten Freuds über die weibliche Sexualität, in denen er den Begriff des »dunklen Kontinents« geprägt hat, fortgesetzt. Sie haben einen wichtigen Aspekt hineingebracht, der für die praktische Arbeit sehr relevant ist. Daß nämlich der konkrete Penisneid des kleinen Mädchens nichts anderes bedeutet, als etwas haben zu wollen, was jemand anderer auch hat, nämlich ein »Mehr«. Mehr ist immer gut. Egal, ob das »Mehr« ein rotes Auto ist oder ein kleines Zipferl am Körper, mit dem man noch dazu im Stehen pischen kann, es ist einfach begehrenswert, wenn man zwei Jahre alt ist. Im späteren Leben geht es überhaupt nicht mehr darum, sondern um die letztlich auch gesellschaftlich mitbedingten Idealisierungen dieses Attributs und die symbolische Bedeutung dieser Idealisierungen. Es zeigt sich, daß Frauen etwas mehr unter Idealisierungen leiden, denn Idealisierung ist immer ein Unglück. Es bedeutet, hinter etwas mit hängender Zunge herzulaufen, was man *per definitionem* nie erreichen kann. Das Ideal ist dadurch definiert, daß es unerreichbar ist.

Um zur Ausgangsfrage zurückzukommen. Ich glaube, daß all das zeigt, daß es sich bei der Psychoanalyse um eine dynamische Wissenschaft handelt, die für das Verstehen von Zusammenhängen sehr wohl eine große Bedeutung hat. Damit meine ich das Verstehen von Zusammenhängen von Krankengeschichten, der Entwicklung von Leidenszuständen und dergleichen. Sicher überwiegen Leidenszustände, die sich im Psychologischen abspielen. Aber bekanntlich gibt es kein psychologisches Leiden – die einzige Ausnahme ist vielleicht die Zwangsneurose – bei dem es nicht körperliche Korrelate gibt. Es gibt immer Affekte: Angst, Scham, Trauer, Wut, Freude. Und die haben alle auch einen körperlichen Ausdruck. Der ist bei jedem von uns unterschiedlich und hat etwas mit der persönlichen Geschichte zu tun. Manche jubeln vor Freude, manche weinen vor Freude, das ist individuell geprägt. Aber es gibt körperliche Begleiterscheinungen: Tränensekretion, Schweißsekretion, Tremor, also Zittern, usw.

EHALT: Eine Zwischenfrage. Du hast die Geschichte der Psychoanalyse von Freud an dargestellt, die Erkenntnisgewinne und -erweiterungen, welche auch aufgrund einer im zwanzigsten Jahrhundert prosperierenden Wissenschaftsszene in diesem Bereich stattgefunden haben. Und du hast auch eine Reihe von Wissenschaftlerinnen genannt, also den weiblichen Anteil an diesem Terraingewinn. Ich möchte da eine grundsätzliche Frage stellen: Ändert sich der Stand der wissenschaftlichen Erkenntnisse, wie du es beschrieben hast? Ändern sich zugleich auch die Felder, die untersucht werden? Das wird meinem Gefühl nach nur peripher diskutiert. Wie siehst du die Frage der Konstellationen des Psychosozialen? Würdest du es anders als die Ethologen formulieren, die sagen, daß sich bestimmte existierende Grundmuster in immer neuen Verkleidungen präsentieren? Oder denkst du, daß – im Sinne einer Weiterführung von Elias' Gedanken oder eines historischen Rückblickes oder einer Vorwegnahme zukünftiger Zeiten – sich die Grundmuster tatsächlich ändern können? Vielleicht kann das Schichtenmodell, das Freud entwickelt hat, in 500 Jahren zu einer viel stärkeren Dominanz des Über-Ich führen, so daß das Es nur mehr eine untergeordnete Rolle spielt?

SPRINGER-KREMSER: Also ich glaube, daß schon die Tradierung der Erziehung dafür sorgt, daß das Es sowie die Rolle und Macht des Über-

Ich bleiben. Das kann man schon bestätigen. Die Erziehungsstile sind – auch wenn es Gruppen anders versuchen – nach wie vor kräftig autoritär.

Was man aber sicher beobachten kann, ist eine Gewichtungsverschiebung in den Abbildungen psychischer Störungen. Es gibt eine Verschiebung in Richtung jener Störungen, die als Grenzbereiche definiert sind, im Jargon Borderline-Persönlichkeitsorganisationen genannt. Wobei die Zunahme dieser Störungsbilder vielleicht auch damit zu tun hat, daß die Aufmerksamkeit darauf fokussiert ist, da wir differenziertere diagnostische Kriterien dafür entwickelt haben. Aber das ist sicher nicht der ausschließliche Grund. Es ist zweifellos richtig, daß klassische große hysterische Anfälle Seltenheit geworden sind. Daß es sie jedoch immer noch gibt, habe ich vor kurzem erlebt.

EHALT: Wenn man sich die »gesunden Menschen« einmal ansieht, dann ändern sich mit den säkularen gesellschaftlichen Veränderungen auch die psychosozialen Konstellationen. Und damit wären ja auch Utopien denkbar. Im Gegensatz zum Bild der siebziger Jahre, wo man den Menschen und seine Handlungsmöglichkeiten als Tabula rasa angesehen hat, hat die Psychoanalyse einen eher statischen Ansatz von der Psychostruktur und damit von den Lebens- und Glücksmöglichkeiten des Menschen, ähnlich dem Ansatz der Biologen oder Ethologen, bei denen der Mensch ein vorprogrammiertes Wesen aufgrund evolutionärer Gegebenheiten ist, um es pointiert zu formulieren. Nach dem Freudschen Konzept gibt es auch diese fixen Grundschichten, und vielleicht sind periphere Bereiche flexibel.

SPRINGER-KREMSER: Ich glaube, daß man nicht übersehen darf, daß die psychoanalytische Theorie eine intrapsychische Theorie ist, die neben psychosozialen Theorien besteht. Zweifellos spielen soziale Faktoren eine Rolle. Ein Beispiel nur: Wir wissen noch sehr wenig darüber, was es bedeutet, daß Männer zunehmend kleine Kinder versorgen, und zwar intensiv. Die Frau geht arbeiten, und der Mann bleibt zuhause. Der Mann kann das Kind nicht stillen, aber er kann es füttern, pflegen, wickeln usw. Er kann den kindlichen Körper angreifen. Kinder beiderlei Geschlechts. Wir haben sehr viele Beobachtungen und auch Theorien darüber, was es bedeutet, daß das immer von Frauen getan wurde, aber wir können lediglich darüber phantasieren, was es bedeuten könn-

te, wenn es Männer tun. Es kommen Untersuchungen aus Skandinavien und den Niederlanden, wo diese gesellschaftlichen Veränderungen einfach früher gegriffen haben. Aber in Wirklichkeit wissen wir sehr wenig. Wir wissen hauptsächlich etwas über die Abwesenheit und die Idealisierung der Väter, von der Nachkriegsgeneration. Das ist ein wichtiger und interessanter Punkt.
Aber um noch einmal historisch zu werden. Es gibt in den Berichten der Sitzungen der Mittwoch-Gesellschaft zu Freuds Zeiten einen Bericht aus dem Jahr 1908 über eine Abendsitzung zum Thema »weibliche Sexualität«. Dort sagte Freud explizit, daß die Forderung nach der Treue der Frau realistisch nicht wirklich haltbar sei, daß die gesellschaftlichen Bedingungen, die dieses erzwingen, letztlich dazu führen würden, daß Frauen sexuelle Probleme haben und daß diejenigen Frauen, die interessant seien und sich auch sexuell wohl fühlten, sich eher nicht an die Konventionen der bürgerlichen Moral hielten. Das lese ich immer meinen Studentinnen in der Vorlesung vor. Aber wie gesagt, die Psychoanalyse ist eine intrapsychische Theorie, und die Zugänge zum Unbewußten durch Fehlhandlungen und Träume sind nicht an bestimmte gesellschaftliche Strukturen gebunden.

EHALT: Ist deine scharfe Trennung zwischen den äußeren gesellschaftlichen Umständen und der Statik des Intrapsychischen nicht bereits ein Konzept, das man in Frage stellen kann? Wenn die These des Zivilisationsprozesses etwas für sich hat, dann gab es in der Geschichte oder in der Entwicklung von Kulturen in überschaubaren Zeiträumen von einigen Hundert Jahren auch Veränderungen im Intrapsychischen, nämlich in dem Sinne, daß die Ebene des Es kontrollierter wurde, an Bedeutung verlor und weiter zurückgedrängt wurde. Damit hat sich auch die Funktion des Traumes verändert. Es wäre doch denkbar, daß in einer Zeit, in der das Es stärker war, die Träume einen ganz anderen Spiegel des Seelenlebens bedeutet haben. Ist es zu spekulativ, sich eine solche Frage zu stellen? Gibt es zuwenig Material, um sie zu beantworten? Kannst du dir vorstellen, daß in der Zeit des 8. oder 9. Jahrhunderts, in der offensichtlich die affektive Komponente eine viel größere Bedeutung hatte, auch das Intrapsychische anders strukturiert war?

SPRINGER-KREMSER: Sicher nicht grundsätzlich anders strukturiert. Aber ich kann mit dem Begriff »die Statik des Intrapsychischen«, den du immer verwendest, nichts anfangen. Das ist in Wirklichkeit unglaublich dynamisch. In jedem Individuum ändern sich die Konstellationen im Laufe des Lebens immer wieder individuell. Es gibt sicher Gesellschaften oder Zeiten, in welchen eine besonders restriktive Erziehung eher autoritätsfürchtige, andererseits wieder autoritäre und aggressive, zwanghafte Menschen »produziert«. Ich kann mir nicht vorstellen, daß es, abgesehen von dynamischen und ökonomischen Verschiebungen, wirklich wesentliche Änderungen gibt. Das Unbewußte hat einfach einen Stellenwert. Es gibt ausreichend Beweise dafür, daß es den sogenannten freien Willen nicht gibt, sondern daß er überdeterminiert ist. Es hat sich auch gezeigt – und das ist vielleicht der Bereich, auf den du anspielst –, daß die Psychologie vom Menschen durchaus auch für massenpsychologische Phänomene gültig scheint, daß man sich Fragen wie »Was bewegt die Masse zu unterschiedlichen Zeiten, aus unterschiedlichen Gründen?« auch mit den Instrumenten der psychoanalytischen Technik anschauen kann. Ich weiß nicht, ob das eine Antwort auf deine Frage ist.

EHALT: Doch.

SPRINGER-KREMSER: Ich denke an die Arbeit »Nie wieder Krieg« von Sigmund Freud, die sich auf die Zeit nach dem Ersten Weltkrieg bezog. Es gibt meiner Meinung nach kaum eine aktuellere und pointiertere Stellungnahme zu dem, was sich im Hier und Jetzt abspielt.

EHALT: Ich frage jetzt nach dem Unterschied zur Humanethologie, die ja auch davon ausgeht, daß es mit dem freien Willen in Entscheidungen und mit der These des Menschen als Freigelassenen der Natur nicht weit her ist, sondern daß es bestimmte Vorgaben gibt und es sinnvoll ist, sich diese bewußt zu machen und zu sehen, daß der Entscheidungsspielraum nicht allzu groß ist. Mir kommt es so vor, als habe das Modell, das auf die Freudsche Theorie aufbaut, zumindest in methodischer Hinsicht eine gewisse Ähnlichkeit damit. Es hat aus einer wissenschaftlichen Perspektive erstmals das Verhältnis des Bewußten und Unbewußten aufgedeckt, hat erstmals einen wissenschaftlichen Zugang zum Seelenleben geschaffen und damit auch Strukturen aufgedeckt, die zumindest in den letzten Tausenden Jahren Gültigkeit hatten, und man muß damit umgehen.

SPRINGER-KREMSER: Darauf kann ich wirklich nur sagen: So ist es!

EHALT: Wenn man sich die Ergebnisse dieser Analysen wissenschaftlich anschaut, dann muß man doch auch akzeptieren, daß dem Entscheidungs- und Handlungsspielraum bestimmte Grenzen gesetzt sind, daß man einiges aus der Einsicht in diese Vorgaben lernen kann und daß die Freiheit größer wird, wenn man sich mit den Vorgaben abfindet oder sie zumindest kennt.

SPRINGER-KREMSER: Man darf nicht vergessen, daß es letztlich eine Theorie ist, die im Zusammenhang mit Krankenbehandlung aufgespürt und gefunden wurde. Freud hat immer vom Junktim von Heilen und Forschen gesprochen. Man kann nicht heilen ohne zu forschen und nicht forschen, ohne die Erkenntnisse auch gleich in gewisser Weise heilend umzusetzen. Mir ist wichtig, zu betonen, daß es neben dieser Theorie eine Fülle von anderen, z. B. ätiologischen Faktoren für die Entstehung von Neurosen oder Psychosen gibt und daß das immer auch seine Gültigkeit hatte. Auch in der psychoanalytischen Psychosenlehre finden wir die multifaktorielle Genese von Erkrankungen. Ich spreche hier über Erkrankungen als gesellschaftliche Phänomene, weil ich mich dem näher fühle. Aber es ist ganz wichtig, daß daneben ebenso genetische oder soziale Faktoren ihren Stellenwert haben. Zum Beispiel wurde bei der Frage der Ätiologie der Schizophrenie in den sechziger Jahren das Schlagwort der schizophrenogenen Familie Mode. Mir ist sehr wichtig, daß es immer diese Toleranz einer multifaktoriellen Genese gibt.

EHALT: Was hältst du denn von Ansätzen, wie sie etwa von Philippe Ariès –

SPRINGER-KREMSER: – von denen ich nichts verstehe –

EHALT: – oder von Elisabeth Badinter entwickelt wurden, die in Hinblick auf basale Verhaltensweisen historische Zäsuren einziehen? Badinter hat in ihren Büchern die These vertreten, daß die Mutterliebe ein Produkt der bürgerlichen Gesellschaft des 18. Jahrhunderts sei und daß diese spezifischen Konstellationen des intimen Zusammenseins einer bürgerlichen Familie so zu einer Aufhetzung der Gefühle zwischen Männern und Frauen sowie zwischen Eltern und Kindern geführt habe. Bei Philippe Ariès, auf den Badinter sicher aufgebaut hat, ist die Kindheit auch ein Produkt dieser neuen Konstellationen der bürgerlichen Familie. Kann man diese Ansätze angesichts dessen, was du vorhin entwickelt hast, nicht fast als banal werten? Was für einen Stellenwert haben solche Ansätze?

SPRINGER-KREMSER: Ich glaube, daß man dabei immer vergißt, daß die Säuglingssterblichkeit eine andere war und daß Frauen am Kindbettfieber gestorben sind; daß es ihnen überhaupt nicht möglich war, zu vielen der Kinder, die sie geboren haben, eine Beziehung zu entwickeln und daß sie, um überleben zu können, auch ihr Leiden verstecken mußten. Ich finde es ein wenig störend, daß man diese sozialen Bedingungen von Krankheit und Gesundheit in solche Überlegungen nicht miteinbezieht. Wie man weiß, haben andere Erkrankungen dominiert, gegen die es kaum effektive Behandlungsmöglichkeiten gab. Die Frauen sind am induzierten Schwangerschaftsabbruch gestorben, induziert durch infektiöses Material. Die Lebenserwartungen waren sehr viel niedriger, und der Lebenskampf war in bestimmten Bereichen des einfachen Überlebens, bei der Nahrungbeschaffung usw., für einen Großteil der Bevölkerung ein anderer. Mir tut es immer ein bißchen weh, wenn man diese Wirklichkeit außer acht läßt. Das würde die psychoanalytische Theorie nie tun.

EHALT: Noch einmal zurück zu dieser mich sehr interessierenden Frage. Du verzeihst, daß ich das Gespräch immer wieder im Hinblick auf die zeitliche Dimension der Veränderung führe. Ich neige aufgrund von Gesprächen und der wissenschaftlichen Arbeit immer stärker der These zu, daß der Prozeß der Veränderung nicht so bedeutend und groß ist und daß es zu jeder Zeit der Geschichte die Möglichkeit für bestimmte Ausformungen des Individuellen gab, also Möglichkeiten für das gesamte breite Spektrum des Psychischen. Die mechanistischeren Theorien der siebziger und frühen achtziger Jahre waren hingegen eher geneigt, Prozesse des Wandels der Mentalitäten zu sehen, also langfristige Veränderungsprozesse. So wie eben Ariès sinngemäß sagt: »Da entsteht die Kindheit«, oder Badinter: »Da entsteht in der bürgerlichen Gesellschaft langsam ein Feld für die Entfaltung der Mutterliebe«.
Die Gegenthese würde lauten, daß es zu allen Zeiten die Möglichkeit für die Entfaltung von Individualität oder Mutterliebe etc. gegeben hat.

Nur waren jeweils die Entfaltungsbedingungen anders. Das heißt, es hat sicher Zeiten gegeben, in denen das eine oder andere Merkmal des Psychischen eine bessere Entfaltungschance hatte. Damit treten die schönen Modelle eines langfristigen säkularen Wandels des Psychischen und Psychosozialen, wie sie zum Beispiel Norbert Elias formuliert hat, auf der Basis aktueller Forschungen in den Hintergrund. Würdest du auch eher einer solchen differenzierten These zustimmen?

SPRINGER-KREMSER: Eher ja. Wobei es möglicherweise doch in gewissen Bereichen Entwicklungslinien gibt, die man verfolgen kann. Du hast die Frage angeschnitten, ob die Kindheit erst entdeckt wurde oder …

EHALT: … oder erfunden wurde.

SPRINGER-KREMSER: … oder erfunden wurde. Das hat sicher auch – aber das verstehst du sehr viel besser als ich – mit einer Reihe von anderen, dazu parallel laufenden Entwicklungen zu tun, zum Beispiel mit der Industrialisierung, mit der Änderung der Wohnsituation, der familiären Struktur etc.

EHALT: Fraglos. Schauen wir in einen anderen Bereich, der stärker an aktuelle gesellschaftliche Fragen anknüpft. Wie schätzt du die Auswirkungen der gesellschaftlichen Entwicklungen der siebziger und achtziger Jahre im Hinblick auf Krankheitsbilder ein? Es fanden doch fraglos in den siebziger Jahren Neubewertungen im Bereich der Geschlechterrollen statt, die vor allem den Frauen, aber auch komplementär den Männern größere Entfaltungsspielräume gegeben haben, sowohl in der Verwirklichung ihrer Ziele als auch in ihrem Zusammensein. Diese Entwicklung hat sich Ende der sechziger Jahre angebahnt und hat dann von Jahr zu Jahr in immer weiteren Lebenssphären an Bedeutung gewonnen. Was waren die Auswirkungen dieser Neudefinitionen in den Geschlechterrollen und der Befreiung von in gewisser Weise überkommenen Vorstellungen, die auch in einer doppelten Moral fundiert waren, da im Hinblick auf das Sexuelle bei Mädchen und bei Buben andere Maßstäbe angelegt wurden? Ich glaube, daß es die tendenzielle Entwicklung der siebziger Jahre war, daß diese Doppelmoral in verschiedenen sozialen Schichten ein Stück weit zurückgenommen wurde. Man hat diese Bewegung auch als Phase einer sexuellen Befreiung definiert. Wie reagiert die Landschaft der Krankheiten auf diesen gesellschaftlichen Strukturwandel, der retrospektiv gesehen doch einiges an Freiheits- und Entfaltungsräumen und – einfach und banal gesprochen – mehr Ehrlichkeit in die sozialen Beziehungen gebracht hat? Ist für dich als Ärztin, die sich mit Fragen der Sexualität befaßt, hier etwas bemerkbar?

SPRINGER-KREMSER: Ja, zweifellos ist etwas bemerkbar. Es ist so, daß Frauen zunehmend sexuelle Bedürfnisse bzw. ein Leiden im Zusammenhang mit diesen, in welcher Art auch immer, artikulieren.

EHALT: Nimmt auch die Anzahl der Personen, die deswegen in eine ärztliche Praxis kommen, zu?

SPRINGER-KREMSER: Man kann es nicht generell für alle Störungen sagen. Wenn du das jetzt auf sexuelle Funktionsstörungen beziehst, dann eher ja. Das hat auch zunehmend niedergelassene Ärzte unter Druck gesetzt, sich mit möglichen Ursachen sowie mit Behandlungskonzepten anzufreunden. Es ist überhaupt keine Frage, daß eine Entwicklung da ist. Es ist ein Problembewußtsein geschaffen worden, daß es so etwas gibt und daß man auch darüber sprechen kann, sicher zum Großteil auch durch die Medien. Die andere Seite ist die, daß Verhaltensweisen, die sich stark an Rollenstereotypen orientieren, nach wie vor von großer Bedeutung sind. Das kann man daran sehen, daß es z. B. Frauen sehr viel leichter fällt als Männern, Emotionen oder auch belastende Lebensumstände als mitverantwortlich für das Entstehen einer Erkrankung, welcher Art auch immer, zu bezeichnen. Frauen können sagen: »Ich glaube, das hat etwas mit meiner Angst zu tun«. Männer können das nach wie vor nicht. Frauen haben – und das beschreiben viele Forscher – eher eine Laienätiologie, also eine Vorstellung von ihrer Krankheit als psychosozial mitverursacht, als Männer.

EHALT: Ist das etwas Neues, oder ist das traditionell so gewesen? Auch ich habe in unterschiedlichsten Gruppen die Erfahrung gemacht, daß Frauen einen viel klareren und analytischeren Bezug zu ihrem familiären und engeren gesellschaftlichen Umfeld haben, einen ernsthafteren und kritischeren Zugang, der sie – genau wie du sagst – klarer sehen läßt, während Männer auf eine einfache Analyse zunächst einmal mit Angst und mit einer merkwürdigen Abwehr reagieren, indem sie die Dinge ins Lächerliche ziehen.

SPRINGER-KREMSER: Was sicher damit zu tun hat, daß bestimmte Emotionen – und damit meine ich, daß es sich um Rollenstereotype und Klischees handelt – von Männern mit Schwäche assoziiert und daher nicht zugelassen werden. Angst zum Beispiel hat etwas mit Schwäche zu tun. Das spielt eine wichtige Rolle. Frauen haben zunehmend gelernt, nicht immer zu glauben, was ihnen Männer über ihren Körper und ihre Sexualität erzählen, sondern dieses zu überpüfen. Vorzeitiger Samenerguß etwa wird von Frauen als solcher thematisiert, während – da sehen wir einen deutlichen Unterschied – es lange Zeit eher der Fall war, daß Frauen der Meinung waren, daß es lediglich ihre Sache, ihre Schande und Schwäche sei, wenn sie selber keine Lust im Zusammenhang mit Sexualität empfinden können. Und damit sich das ändert, werden sie »in Therapie geschickt«. Das ist deutlich anders geworden. Der Umgang mit Sexualität ist eine Spur offener, aber nicht sehr viel. Zum Teil haben wir das der Tatsache zu verdanken, daß es doch relativ sichere kontrazeptive Methoden gibt, die auch verfügbar sind.

EHALT: Könnte es sein, daß die größeren Freiheitsräume, die größere Offenheit und die Möglichkeit, über Fragen der Sexualität zu sprechen, zunächst einmal einen Diskurs über die vielen verschiedenen Defizite in diesem Bereich in Gang gebracht haben? Daß sehr viele Dinge benannt und deutlich werden, die im Argen liegen, so daß man zunächst meinen könnte, daß die Dinge nicht besser, sondern schlechter geworden sind? In Wirklichkeit ist der offenere Diskurs vielleicht ein Ausdruck eines gewachsenen Anspruchsniveaus und größerer Ehrlichkeit. Also kann man es durchaus auch als positive Entwicklung interpretieren. Andererseits macht der Diskurs über die Defizite die Dinge auch schlechter, beziehungsweise die eigentlichen Probleme verstärken sich sogar noch mit dem Reden. Vielleicht ist das Reden gar kein Mittel in diesem Zusammenhang?

SPRINGER-KREMSER: Das Reden ist sicher kein Mittel, wenn es dazu ausartet, daß man sich innerhalb einer Beziehung gegenseitig therapiert. Dieses Spiel ist weit verbreitet. Das ist sicher für beide Beteiligten nur schädlich, und es zerstört den Rest an Lust, so überhaupt noch eine vorhanden ist. Es ist immer wieder von mehr Ehrlichkeit und Offenheit gesprochen worden. Es gibt aber auch einen Zwang dazu, es kann auch übertrieben werden. Bei dieser sogenannten Liberalisierung, an die ich nicht ganz glaube, weil ich sie nicht so sehr sehe, schwingt eine Art von Geständniszwang mit, wenn Partner einander Dinge beichten und berichten und dann mit Psychoterror miteinander umgehen. Das halte ich also nicht gerade für einen Gewinn. In Wirklichkeit hat das nichts mit einem freieren Umgang zu tun. Und ich glaube, es wird völlig vergessen, daß Sexualität eine Form der Kommunikation ist. Und wenn ich mit jemandem in Kommunikation trete, dann übernehme ich auch Verantwortung. Daher gibt es auch im Zusammenhang mit Sexualität Verantwortlichkeit. Das bedeutet, daß man sich sehr wohl überlegen muß, wo Offenheit unnötige Verletzungen setzt. Das heißt nicht, daß ich für eine Doppelmoral plädiere – das möge bei Gott nicht so verstanden werden –, aber für eine vernünftige Rücksicht. Außerdem glaube ich, daß viele alte Zwänge durch neue ersetzt wurden. Bei der Vorstellung, daß man eine freie Beziehung eingeht, das heißt, jeder die »Freiheit« hat, sexuelle Beziehungen mit anderen Partnern einzugehen, hat sich deutlich gezeigt, daß immer einer auf der Strecke bleibt.

EHALT: Noch eine Frage, die ich als notorischer Historiker stelle und die auf unser Grundthema »Sexualität als Kommunikation« und »Liebe« hinzielt. Es spricht einiges dafür, daß die These von Karin Hausen und von anderen stimmt, deren strukturanalytischer Befund war, daß sich im Zuge der Verbürgerlichung der Gesellschaft die Geschlechterrollen polarisiert haben; daß die Frauen stärker in die affektiven Aufgaben gedrängt wurden, indem sie für die häuslichen Belange, die Kindererziehung und die Pflege ihrer Männer, Kinder und Eltern zuständig waren, während die Männer mit einer stärkeren Außenorientierung in den Bereich des Rationalen und Vernünftigen getrieben wurden. Ich denke mir, daß diese Polarisierung sehr viel an Ungleichzeitigkeiten zwischen Männern und Frauen in den Gefühlslandschaften geformt hat. Meine Frage lautet, was diese vielfältigen Ungleichzeitigkeiten bedeuten. Ich glaube, sie beeinflussen in vielerlei Weise immer noch die Möglichkeiten selbst ganz junger Siebzehn-, Achtzehn-, Neunzehnjähriger mit, obwohl ich meine, daß da schon einiges in Bewegung gekommen ist. Haben diese Ungleichzeitigkeiten für die Generation der jetzt Vierzigjährigen nicht bereits sehr große Kommunikationsbarrieren aufgebaut? Waren nicht jene Situationen, in denen Mann und Frau glaubten, sich verstehen zu können, eher Ausdruck dafür, daß man sich die bestehende Kluft gar nicht bewußt gemacht hat? Vielleicht ist man sich irgendwann punktuell nahegekommen und hat daher gemeint, daß man sich tatsächlich versteht. In Wirklichkeit jedoch waren all die Beziehungen nur eine Kette von ständigen Mißverständnissen und sind, wenn der Anspruch auf Verständnis, Tiefergehen-in-den-anderen oder Miteinander-in-Kommunikation-Treten gestellt wurde, gescheitert, oder sie sind in den alten Ritualen der polarisierten Rollen erstarrt, oder die Partner sind irgendwann einmal draufgekommen, daß die Beziehungen von A bis Z mißverständlich waren.

SPRINGER-KREMSER: Also ich glaube nicht, daß es so viele wirklich gravierende Unterschiede in der Wahrnehmung von Affekten zwischen den Geschlechtern gibt.

EHALT: Du glaubst also, daß dieses Modell ein bißchen zu grob geschnitzt ist?

SPRINGER-KREMSER: Entschieden. Es gibt ja auch so etwas wie die Vorstellung von der Bisexualität. Sicher gibt es jetzt Strömungen, die es Männern eher gestatten, sich mit ihren weiblichen Anteilen auszusöhnen, und den Frauen, sich mit ihren männlichen Anteilen auszusöhnen, so daß eine ungestörtere Kommunikation über diese Linie möglich ist. Indem man sozusagen im anderen Geschlecht das Gemeinsame entdeckt. Da sehe ich schon eine Chance, daß in bestimmten Bereichen – wahrscheinlich wiederum nur in einer ganz bestimmten gesellschaftlichen Bildungsschicht – diese starren Grenzen ein Stück weit aufgeweicht werden. Das ist angenehm und erfreulich, denn in Beziehungen ist es einfach notwendig, mitunter für den anderen ein besseres Elternteil zu spielen. Das funktioniert nur dann, wenn man flexibel damit umgehen kann und sich nicht vor den Anteilen des anderen Geschlechts in einem selbst fürchtet.

EHALT: Es ist ja auch für jene Persönlichkeiten, die das gelernt haben, schön, mit den Traditionen umzugehen, weil sehr viele Spielmöglichkeiten drinnen liegen und weil man auf neue und alte Rollen zurückgreifen kann. Ich glaube, daß in demselben Maße, wie die gesellschaftlichen Veränderungen sehr stark zu einer Konvergenz der Geschlechterrollen und der Aufgabenfelder hintendieren – was ich positiv beurteile – dieses Spiel möglich sein wird. Um es wieder sehr grob darzustellen: Die Geschlechterrollen waren historisch gesehen durch ein sehr enges Korsett von Spielregeln vorgegeben. Hingegen befinden wir uns jetzt in einer Situation, wo manche die Möglichkeit eines schönen Spieles vorfinden, das sehr lustvoll sein kann, auch im Sinne der Phantasien. Wie wird das im Zuge einer deutlichen Linie des Konvergierens der Rollen aussehen? Mich würde deine Meinung dazu interessieren.

SPRINGER-KREMSER: Die andere Seite ist, daß es auch sehr viel Angst machen kann. Letztlich bedeutet das Vorhalten des Spiegelbildes durch den anderen, daß man vielleicht mit einer bestehenden Neigung zum gleichen Geschlecht konfrontiert wird. Das macht sehr vielen Menschen nach wie vor Angst; und zwar nicht nur Angst, die etwas mit gesellschaftlichen Sanktionen und Repressionen zu tun hat, sondern eine sehr viel tiefer gehende Angst. Angst, die etwas damit zu tun hat, daß Phantasien von Selbstaufgabe und Realitätsverlust Wirklichkeit werden können. Für manche ist das sicher eine Gefahr. Nicht umsonst ist in bestimmten gesellschaftlichen Gruppen die Abwehr, die Diskriminierung und Kriminalisierung von homosexuellen Tendenzen aus eben diesem Grunde so besonders stark.

»DENN HAST DU TEILE IN DER HAND ...«

Gespräch mit Paul Watzlawick am 20. April 1995

EHALT: Lieber Herr Watzlawick, Sie sind ein Vertreter des Konstruktivismus, der in den fünfziger und sechziger Jahren im Bereich der Naturwissenschaften das Weltbild geformt hat. Heute gehört die Theorie, daß die Welt, wie wir sie sehen, nicht objektiv so ist, zum Allgemeinwissen breiterer Schichten. Sie sagen nun, daß auch die Modelle, mit denen die Naturwissenschaft die Wirklichkeit erklärt, wiederum Konstruktionen sind. Im Bereich der Kultur- und Geisteswissenschaften waren Sie einer der ersten, der pointiert formuliert hat, daß es einen harten Kern des Wirklichen gibt. Man kann zum Beispiel quantifizieren, wieviel Blech in einer Ritterschlacht eingebeult wurde, wie groß die Wohnungen in Wien um die Jahrhundertwende waren und wie hoch der entsprechende Mietzins. Es gibt also einen Kern an Meßbarem und Objektivem, aber in den Beziehungen der Menschen untereinander stoßen wir auf Interpretationen und Konstruktionen.

WATZLAWICK: Es ist einfach so, daß es niemals bei der bloßen Wahrnehmung des von Ihnen beschriebenen Soseins der quantifizierbaren Welt bleibt, sondern daß es vielmehr darum geht, daß wir diesen Wahrnehmungen unweigerlich einen Sinn, eine Bedeutung, einen Wert zuschreiben. Ich kann mir fast keine Situation in irgendeinem Augenblick des Alltagslebens vorstellen, in dem das nicht der Fall wäre. Bestenfalls beim Autofahren verlasse ich mich ausschließlich auf die Wahrnehmungen. Aber solche Situationen sind wirklich sehr selten.

EHALT: In der Geschichtswissenschaft beispielsweise hat diese Erkenntnis dazu geführt, die Wahrnehmung als eine zentrale Kategorie einzuführen und zu fragen, was die Menschen jeweils aus bestimmten Situationen gemacht haben. Was Raum und Enge bedeutet, kann jeweils unterschiedlich oder »milieuspezifisch«, wie Sie es anhand des Beispiels von den Körperdistanzen beschreiben, interpretiert werden. Welche Erlebnisse und Erfahrungen haben Sie dazu veranlaßt, als einer der ersten – natürlich mit vielen Vorläufern wie bei jeder Idee – dieses Bild so pointiert zu formulieren?

WATZLAWICK: Die offensichtlichste Wendung kam für mich daher, daß in meinem Fach die Wirklichkeitsanpassung als Gradmesser für die geistige Normalität oder Gestörtheit eines Menschen benutzt wird. Nach dieser etwas primitiven Anschauung sind jene Leute normal, die die Wirklichkeit so sehen, wie sie »wirklich« ist, und die sogenannten Geisteskranken sehen sie anders und sind daher eben verrückt. Das wird in dem Augenblick völlig unhaltbar, in dem wir zu begreifen beginnen, daß wir keine Basis für eine objektive Erfassung der Wirklichkeit haben. Auch die Psychiatrie arbeitet mit Konstrukten und gerade dort wird der Name sehr oft für den Inhalt gehalten. Wir denken, wenn etwas einen Namen hat, wie z. B. Schizophrenie, dann muß es das damit benannte Ding auf jeden Fall auch geben. Das war mein Zugang zu dem Problem des Konstruktivismus.

EHALT: Wenn man jemanden aus einem anderen Kulturkreis mit anderen Denk- und Verhaltensmustern in unsere Kultur versetzt, wird deutlich, daß zwei unterschiedliche Normalitätskonstruktionen aufeinanderstoßen. Dann ist es letztlich eine Machtfrage, welche Normalitätsauffassung über die andere siegt und wem es gelingt, den anderen als abweichend und abnormal zu definieren. Man kann in dieser Auffassung einen Relativismus und auch einen sehr humanistischen Hintergrund sehen. Wie steht es mit diesem Ansatz eigentlich in den Vereinigten Staaten?

WATZLAWICK: Das ist schwer zu sagen. Dieses Land ist so riesengroß, und es gibt so viele Zentren, von denen ich keine Ahnung habe. Ich kann nicht sagen: »In den Vereinigten Staaten sieht man das so.« Im allgemeinen neigt der Amerikaner dazu, die Sachen praktischer anzugehen. Die Annahme, daß es eine wirkliche Wirklichkeit gibt, drückt sich z. B. auch in der Philosophie des Positiven Denkens aus. Wenn ich positiv denke, wird die Welt positiv, d. h. dann komme ich zu einem Punkt, wo ich tatsächlich Gutes und Richtiges tue. Der Amerikaner steht zum Teil den philosophischen und epistemologischen Dingen etwas ablehnend und fremd gegenüber. Meine Kollegen vom Mental-Research-Institute und ich haben von Gregory Bateson, einem Engländer, enorm profitiert, denn er hat uns Perspektiven eröffnet, die mehr auf die europäische Geisteswissenschaft zurückgehen.

EHALT: Ihre Arbeit als Therapeut war sicher ein wesentlicher Punkt für die Relativierung des Normalitätsbegriffs. Wie sieht es mit diesem theoretischen Hintergrund jetzt in der Praxis des Therapeuten aus? Man kann einem Patienten raten, eine Wirklichkeitskonstruktion, in der Leidensdruck entsteht, aufzugeben und dafür eine neue Wirklichkeitskonstruktion anzunehmen. Existiert nicht ein Widerspruch zwischen der wissenschaftlichen Analyse der Wirklichkeit und dem, was der Therapeut rät? Auf der einen Seite sagt man, daß es besser sei, eine neue Wirklichkeit aufzubauen, aber die gesamte Kommunikation mit dem Patienten wird vermutlich darauf hinauslaufen, ihm die neue Konstellation als eine sinnvollere darzustellen. Man sagt, daß er in einer allgemein falschen Welt lebt und es für ihn besser wäre, wenn er diese falschen Interpretationen aufgibt und sich richtigeren zuwendet. Ihre Einsicht besteht darin, daß es die richtige Interpretation gar nicht gibt.

WATZLAWICK: Wir kämen auf diese Weise zurück in das Gebiet der Deutung, die im Dienst der Einsicht steht. Man erklärt dem Betreffenden durch Interpretationen seiner Träume, seines Benehmens, seiner Vergangenheit immer wieder, wieso er auf diese Weise in Schwierigkeiten gekommen ist. Und man hofft, daß durch die magische Wirkung der Einsicht sich dann ein Wandel ergibt. Das ist die klassische Auffassung. Ich habe in meinem eigenen Leben und im Leben meiner Patienten bisher noch keinen einzigen Fall erlebt, wo Einsicht dem Wandel voranging. Was ich merkwürdig finde, ist die Tatsache, daß sich meines Erachtens alle großen Schulen der Psychotherapie in abstruse Theorien verirrt haben, statt von Anfang an das Offensichtliche zu tun, nämlich zu untersuchen, wie sich menschlicher Wandel tausendfach im tagtäglichen Leben der Menschen ergibt. Das wäre doch viel interessanter.
Ein wesentlicher Schritt dazu wurde schon in den dreißiger Jahren von Franz Alexander, einem amerikanischen Psychoanalytiker, gemacht, der von einem korrigierenden Gefühlserlebnis (»corrective emotional experience«) als Vehikel des Wandels sprach. Damit meinte er irgendein Zufallsereignis im Leben des Betreffenden, das plötzlich klar macht: »Moment, in diese Richtung geht's ja auch. Hier geht's sogar besser als

auf dem Weg, auf dem ich bisher gegangen bin«. Das versuchen wir bewußt herbeizuführen. Es gibt da eine Reihe von Techniken, unter anderem die der Umdeutung. Das heißt, daß einer von mir sogenannten Gegebenheit erster Ordnung, der Wertbedeutungen zugeschrieben werden, eine andere durchaus mögliche Bedeutung gegeben wird. Diese Umdeutungen passieren natürlich oft auf der Basis der Hypnose, aber es ist keineswegs notwendig, daß der Betreffende in Trance ist. Nehmen wir einmal jemanden, der ununterbrochen scheitert, und zwar meistens auf die gleiche Weise einen Meter vor dem erwünschten Ziel. Dieses Phänomen hat bereits Freud dazu veranlaßt, vom Wiederholungszwang zu sprechen. Wir sehen das heute anders und würden einem solchen Menschen folgendes sagen: »Sie müssen wahrscheinlich einen Grund haben, das Erreichen des Ziels zu vermeiden. Möglicherweise sind Sie einer jener seltenen Menschen, die genau wissen, daß das Erreichen des Ziels nur zur Setzung eines noch höheren, schwierigeren Ziels führen würde. Sie scheinen im Grunde genommen recht zu haben, wenn Sie lieber nicht losgehen bzw. nicht ankommen, statt die Enttäuschung des Ankommens und die sofortige Fixierung eines neuen Ziels zu erleben.« Alfred Adler hat das in seinen Werken mehrfach aufzeigt.
Ein anderes Beispiel: Frau Selvini, die berühmte Psychiaterin aus Mailand, berichtete von dem Fall einer Fünfzehnjährigen, die schon mehrmals in eine Klinik eingeliefert worden war, weil sich ihr Gewicht so reduziert hatte, daß sie sich in einem medizinisch gefährlichen Zustand befand. In der ersten Therapiesitzung mit dieser Fünfzehnjährigen und ihren unmittelbaren Angehörigen kam zur Sprache, daß eine ganze Reihe von anderen Problemen in der Familie existierten. Was an sich verständlich ist, denn es gibt keine problemfreien Familien. Am Ende der Sitzung sagte die Psychiaterin: »Ich habe den Eindruck, daß Sie mit Ihrem Fasten ein überaus loyales Opfer bringen. Denn wenn Sie beginnen würden zu essen, hätte ihre Familie keinen Grund mehr, sich um Sie zu sorgen und müßte sich mit den anderen Problemen auseinandersetzen.« Hier passiert also eine Umdeutung. Anstatt wie bisher zu sagen: »Fang an zu essen. Es ist gefährlich, wenn du nichts ißt«, wird dem Nichtessen plötzlich eine andere Bedeutung zugeschrieben. Frau Selvini berichtete, daß die Patientin auf dem Weg nach Hause gesagt habe: »Ich will nicht länger der Sündenbock sein«, und mit dem Essen begonnen habe.

EHALT: Ich sehe zwischen diesen beiden Beispielen einen Unterschied. Bei dem ersten geht es um die Relativierung eines sehr fragwürdigen Lebensbildes, nämlich dem immer rascheren Nachrennen irgendwelcher Ziele, wobei der Weg vergessen wird. Mir gefällt in diesem Zusammenhang Ihr Zen-Zitat sehr gut, in dem es darum geht, sich auf das Gehen zu konzentrieren und auf die Leute, denen man begegnet: also im Augenblick zu leben. Ihr erstes Beispiel enthält einen sehr guten Ratschlag und ist zugleich Kritik am allgemeinen Verhalten. Vielleicht hat derjenige, der sich dem Ziel verweigert, eine bessere Wirklichkeitskonstruktion als jene, die häufig Ziele erreichen.
Im zweiten Beispiel geht es jedoch darum, daß die Patientin nicht nur einen großen Leidensdruck hat, sondern auch großen physischen Schaden erleiden würde, wenn sie ihren Weg fortsetzen würde.

WATZLAWICK: Das gilt doch für beide Fälle. Zugegeben, in einem Fall handelt es sich um physischen Schaden und im anderen darum, daß ein Mensch ein scheinbar verpatztes Leben führt und immer hoffnungsloser wird. In beiden Fällen versuchen wir nicht irgend etwas hineinzulesen, sondern geben nur eine andere mögliche Interpretation derselben konkreten Situation. Auf diese Weise kann es dazu kommen, daß der Betreffende ein korrigierendes Gefühlserlebnis hat.

EHALT: Dieser Satz müßte für viele Leute aus der Erwachsenenbildung und der Politik sehr interessant sein. Ich glaube, er bereitet all jenen Schwierigkeiten, die auf die Aufklärung setzen und meinen, daß durch die rationale Erfassung von Strukturen und durch Bildung die Voraussetzungen für eine bessere Welt, für einsichtigere Menschen geschaffen werden können. Es gibt allerdings sehr viele Gegenbeispiele. Zur Antisemitismusdiskussion gibt es hundert Meter lange Bibliotheken und aufklärerische Sendungen mit erhobenem Zeigefinger, aber Filme wie zum Beispiel »Holocaust«, der sehr emotional gemacht ist, haben mehr in Bewegung gebracht. Gerade beim Umgang mit Vorurteilen zeigt sich, daß Ihre Formulierung auf den Menschen sehr gut zutrifft und ihn besser beschreibt.

WATZLAWICK: Ja sicher. Die große Gefahr ist die Annahme: »Die Welt ist so und so, und da ich das weiß, ist es meine Aufgabe, dies den anderen klarzumachen.« Die Annahme, man habe die objektive Wirklichkeit entdeckt, führt selbstverständlich zur messianischen Verpflichtung, der Welt die Wahrheit mitzuteilen. Schon Platon schrieb in seinen Hauptwerken, daß der Philosophenkönig seinen Untertanen die Wahrheit notfalls mit Gewalt beibringen müsse. Und er beschrieb dafür zu gründende Institutionen, die bereits den Charakter von Konzentrationslagern hatten. Dagegen wenden wir uns. Ich bin vollkommen einverstanden, wenn der Philosoph Karl Popper sagt, daß wir eine Politik der kleinsten Schritte brauchen und keine grandiosen, schon zurechtgezimmerten Wirklichkeitsdefinitionen.

EHALT: Das wäre also ein Bildungsbegriff, der nicht mit Endgültigkeiten und dem letzten Wahren, Schönen und Guten behaftet ist, sondern eher im Sinne von Francis Picabia, der sagte: »Der Kopf ist rund, damit das Denken die Richtung wechseln kann«. Er meinte also Menschen, die umdeuten können. Hat das damit zu tun, was neuerdings von den Psychologen »Coping-capacity« genannt wird?

WATZLAWICK: »Coping-capacity«, die Fähigkeit, mit den Dingen fertig zu werden, ist wieder einmal ein monadischer Begriff. Das meint, daß man mit einem gewissen Quantum dieser Fähigkeit bereits geboren wird, sie schon in seiner Seele oder in seinem Kopf trägt. Diese monadischen Begriffe sind uralt und längst unmodern geworden, genau wie Motivation, Persönlichkeit und dergleichen mehr. Es sind reine Konstruktionen, aus denen sich dann scheinbar zwangsläufig eine wissenschaftliche Wirklichkeit ergibt. Darüber sind wir längst hinaus, obwohl das die Psychologie keineswegs anerkennt. Aber das Wesentliche ist meines Erachtens, daß wir endlich einmal Rechenschaft ablegen müssen, daß es nur ein Kriterium gibt, das für uns ausschlaggebend sein darf, nämlich der Leidensdruck. Das Vorhandensein von Leid ist axiomatisch, das brauche ich nicht erst zu erklären. Leiden ist etwas Präsentes, ist etwas, was ich erlebe, ob seelisch, körperlich oder beides zusammen. Meine Aufgabe ist die Reduktion des Leidens und nicht das Erreichen phantastischer geistiger Höhen.

EHALT: Ethnologie und Anthropologie zeigen, daß es kulturell bedingte Normalitätsbegriffe und somit unterschiedliche Wirklichkeiten gibt. Vermutlich war das vor fünfzig bis siebzig Jahren noch stärker der Fall. Ich sehe heute einen ständig rascher werdenden Prozeß der Synchronisierung der Wirklichkeiten und der Vernetzung, so daß die angebotenen Wirklichkeitskonstruktionen in zehn, zwanzig Jahren vielleicht bedeutend geringer sein werden. Ist das nicht gefährlich, weil sich dann jeweilige Wirklichkeiten noch leichter als die letztlich unkritisierbaren und allgemeingültigen vermitteln lassen?

WATZLAWICK: Es wird zweifellos zu einer größeren Standardisierung von Verhaltensweisen kommen. Je mehr wir reisen, je mehr die Kulturen sich durchdringen, desto mehr wird man sich wahrscheinlich auf gewisse Verhaltensweisen festlegen. Das war aber vermutlich immer schon so. Ich nehme an, daß in der Steinzeit das Verhalten eines Stammes und das Verhalten eines anderen Stammes sich bei zunehmender Bevölkerung etwas geändert haben dürfte. Aber ich verspreche mir nicht viel davon. Einige der banalsten Konflikte werden vielleicht auf diese Weise aus dem Weg geräumt werden, aber ich glaube nicht, daß wir zu einer Wirklichkeitsauffassung kommen, die auf jeden Fall gültig und brauchbar ist.

EHALT: Ihrer Meinung nach ist das Denken, welches die Relativität der Wirklichkeit in Betracht zieht – Wirklichkeiten sind immer Konstruktionen –, nicht mehr auf festgeschriebene Sinne angewiesen, sondern rekurriert letztlich auf das Individuum. Es gibt dem Individuum die Möglichkeit, frei zu sein, sich für eine Wirklichkeit zu entscheiden und sich diese selbst auszusuchen. Man lernt dadurch, konziliant zu sein, weil man weiß, daß die eine Wirklichkeit nicht besser ist als die andere. Und man lernt, verantwortlich für das zu sein, was man tut, weil einem niemand die Verantwortung abnimmt. Das gefällt mir sehr gut. Als Historiker vertrete ich dieselbe These. Die Zeitreise in die Geschichte ist nämlich ein Medium der Relativierung des Gegenwärtigen, da man sowohl Kosten und Nutzen sieht als auch den historischen Prozeß. Man wird dadurch freier.
Ich sehe allerdings einen kleinen Widerspruch. Ihre Aussage könnte man einerseits als Fundament eines Relativismus und Nihilismus bezeichnen, zugleich scheint sie mir aber das Fundament einer humanistischen Weltauffassung und eines sehr festgefügten Wertsystems zu sein.

WATZLAWICK: Wenn ich die drei Eigenschaften eines bewußten Konstruktivisten beschreibe, dann verwende ich natürlich die Sprache einer bestimmten Ethik oder einer bestimmten Auffassung. Das muß ich schließlich tun. Damit will ich nicht gesagt haben, daß ich ein endgültiges System entworfen habe. Ich verwende nur Vergleiche und Begriffe, die bereits bestehen, um eine Sache zu erklären und um den Konstruktivismus gegen die Anklage zu verteidigen, er sei ein glatter Nihilismus und die Auflösung aller Werte. Ich versuche dann, in der Sprache der Betreffenden zu antworten. Das tun wir auch im therapeutischen Bereich immer wieder, indem wir versuchen, die Sprache unserer sogenannten Patienten zu sprechen, anstatt ihnen eine neue Sprache beizubringen.

EHALT: Noch eine Frage, die mich als Kulturwissenschafter interessiert, nämlich nach der Beurteilung von Entwicklungsprozessen im Alltagsleben in Amerika sowie in Europa. Meiner Einschätzung nach hat die alteuropäische Gesellschaft bis weit in das 20. Jahrhundert hinein sehr starke kollektive Sinne besessen, zum Beispiel waren die Parteien mehr als nur Partei. Es gab das rote, sozialistische Lager, das bürgerliche Lager, die Pfadfinder, die Roten Falken und die Familie mit ihren Ritualen. Diese Kollektive hatten sich nicht nur aus der ephemeren Konstellation ergeben, sondern standen in einer langen historischen Tradition. Heute verlieren die Kollektive mit ihren langen, über ein Menschenleben hinausgehenden Sinnzusammenhängen an Bedeutung, und wir gehen zunehmend in eine Gesellschaft der Individuen über. Stichwort: »Von der Familie zum Single-Haushalt«, wo es zur Notwendigkeit rascher und jeweils aktueller Sinnkonstruktionen kommt. Das Individuum steht jetzt in dem breiten Spannungsfeld zwischen dem Zustand eines Massenteilchens ohne jede Gestaltungskompetenz und -möglichkeit und der Chance, frei, konziliant und tolerant zu sein. Spiegelt sich dieser Prozeß im Hinblick auf Ihre Patienten, in der Zahl und der Qualität der Fälle wider?

WATZLAWICK: Natürlich hat die Gesellschaft heute mehr denn je einen enormen nivellierenden Einfluß, z. B. durch die Massenmedien. So spricht man, so zieht man sich an, so löst man Probleme. Meist mit der Pistole, nicht wahr. Eigenart ist heutzutage fast verpönt. Individualismus ist fast schon ein Außenseitertum, eine halbe Verrücktheit. Ich erinnere mich an einen Fünfzehnjährigen, der die größte Angst hatte,

daß seine Freunde herausfinden könnten, daß er Klavierstunden nimmt, denn das galt in seiner Gruppe als altmodisch. Zu seinem unerhörten Erstaunen erfuhr er dann zufällig, daß genau jener Junge, von dem er sich die bitterste Kritik erwartet hätte, auch insgeheim Klavierstunden nahm. Dieses Beispiel zeigt meines Erachtens recht gut den heutigen Zustand.
Bereits der spanische Philosoph Santayana sagte: »Es gibt nichts Neues unter der Sonne außer das Vergessene.« Es ist schrecklich, wenn man sieht, daß Dinge, die vor vierzig Jahren als vollkommen unmenschlich und unbrauchbar in die Kläranlage der Geschichte geschüttet wurden, heute am östlichen Horizont als ungedachte, wunderbare neue Erkenntnisse aufsteigen.

EHALT: Ich beobachte auch, daß ich meinen Studenten Bücher der Erscheinungsjahre 1980 bis 1990 zu lesen gebe, und es wäre vielleicht genausogut oder besser, sie Durkheim, Max Weber und Karl Marx lesen zu lassen. Gibt es ein Gegenrezept?

WATZLAWICK: Sehen Sie, ich kann es nur in der Arbeit mit dem einzelnen machen. Denn Sie würden sonst wiederum eine Ideologie einführen: »Leute, glaubt nicht an das, was man euch heute vorredet. Nehmt die Geschichte und seht sie euch an.« Das wäre nur durch eine Gleichschaltung erreichbar, so daß sich alle mit dieser Sache befassen müssen, und das führt zu nichts. Nur der einzelne in seinem Erleben und Erleiden der Wirklichkeit kann dazu gebracht werden, die Relativität der Dinge zu sehen.

EHALT: Als Lehrer, der mit Bildungs- und Kulturarbeit zu tun hat, wünsche ich mir eine Antwort für die Modellierung von Lehrplänen, Curricula und der Universitätsorganisation. Gibt es irgendeinen Ratschlag, den Sie mir aus Ihrer Arbeit geben können? Sie sagten vorher, wichtig sei, den einzelnen in emotionalen Situationen zum Umdenken zu bringen.

WATZLAWICK: Ich meine, daß das Buch bzw. die Literatur eine enorme Rolle spielt. Ich glaube, wenn die Kinder der Wohlstandsgesellschaft mit ihren »unerhörten Problemen« Hermann Hesse oder das Tagebuch der Anne Frank lesen würden, gingen ihnen vielleicht die Augen auf. Aber in Amerika gibt es heute schon eine Gegenrichtung, die von einer

Überschätzung der westlichen Kultur spricht und eine Hinwendung zur Literatur der Dritten Welt verlangt. Das stimmt natürlich teilweise. Aber zu behaupten, daß es keinen Sinn hätte, wenn ein junger Mensch Shakespeare oder gar ein griechisches Drama liest, geht meiner Meinung nach zu weit.

EHALT: Ich teile Ihre Auffassung. Eine Kollegin von mir macht gerade auf dem zweiten Bildungsweg die Matura nach. Ich habe das Gefühl, daß die Biologie und die Geschichte sie überhaupt nicht beeinflußt haben, hingegen die Beschäftigung mit der Literatur bei ihr sehr viel in Bewegung gebracht hat hinsichtlich der Entwicklung ihrer Persönlichkeit.
Jetzt noch ein paar Fragen zu Ihrer Biographie. Ihr Weg über Wien, Kärnten, dann USA und El Salvador ist sehr faszinierend. Was war davon bewußt angesteuert, und was war Zufall? Es gibt Persönlichkeiten, die ein bestimmtes Ziel vor Augen hatten und es verwirklicht haben. In Ihrer wissenschaftlichen Weltauffassung vertreten Sie den Weg und nicht das Ziel. Hängt das mit Ihrer Biographie zusammen, die einfach ein Sich-Einlassen auf Situationen gewesen ist, die dann zufällig ein sehr faszinierendes Ergebnis für Sie und für Ihre Umwelt hervorgebracht haben?

WATZLAWICK: Das Schicksal war bisher sehr freundlich mit mir. Es hat mir nämlich ungefähr alle meine Wünsche erfüllt. Daher ist anzunehmen, daß meine Wünsche einigermaßen vernünftig waren. Aber es gibt nichts Ernüchternderes als immer wieder am Ziel anzukommen und zu begreifen: »Das Ziel hält nicht, was das Streben nach dem Ziel versprochen hat.« Zur anderen Hälfte der Frage: Die Auslöser bei mir waren oft rein zufällig. Ich will Ihnen ein Beispiel nennen. Ich war zum ersten Mal in der Schweiz, in Zürich, und ging spazieren. Da kam ein Gewitter, worauf ich in ein Kaffeehaus ging, einen Kaffee trank und in der dort liegenden Wochenzeitung blätterte. In dieser Nummer war zufällig ein Bericht über das Jung-Institut in Zürich. Auf diese Weise habe ich erfahren, daß es so etwas gibt. Nach meiner Rückkehr nach Dresden, wo ich damals wohnte, habe ich an das Institut geschrieben, und man teilte mir mit, daß ich dort studieren könnte. Auf diese Weise wurde ich Psychotherapeut. Es war im Grunde das Resultat eines Platzregens. Sehr oft in meinem Leben ist das so gegangen. Ich nehme an, daß das nicht nur bei mir so ist, sondern bei sehr vielen Menschen. Aber wie gesagt, die Freundlichkeit des Lebens hat mich unerhört ernüchtert.

EHALT: Darf man fragen, was das für Wünsche waren, die dann auch erfüllt worden sind?

WATZLAWICK: Erstens war es für einen Österreicher meines Jahrgangs noch selbstverständlich, daß ich mir ein Doktorat erarbeiten mußte. Wobei es mir gar nicht darauf ankam, ob das in Agronomie oder in Astronomie war. Ich war damals in der britischen Armee und diente in Italien, wo ich die Möglichkeit bekam, in Venedig zu studieren. Das war damals relativ einfach, weil man nicht unbedingt zu einer Vorlesung kommen mußte, sondern nur die Prüfungen ablegte. Das konnte man irgendwie arrangieren, und auf diese Weise habe ich in sehr interessanten Fächern das Doktorat gemacht, nämlich in modernen Sprachen und Philosophie. Und dann kam die Sache mit Zürich. Dort hat mir ein Arzt, ein deutscher Jude, der flüchten mußte und nach Bombay ging, folgendes gesagt: »Gehen Sie nach Bombay, wenn Sie Ihr Diplom haben. Da gibt es noch keine westlichen Psychotherapeuten, da können Sie sich ohne weiteres eine sehr gute Praxis aufbauen.« Also bin ich nach Bombay gegangen.

EHALT: Wie alt waren Sie damals?

WATZLAWICK: Da war ich 33 Jahre alt. Die indischen Behörden waren sehr korrekt, aber sie verweigerten mir eine Arbeitsbewilligung, da ich lediglich mit einem Touristenvisum eingereist war. Sie sagten mir sehr freundlich und höflich: »Bitte, Sie müssen aus dem Ausland dafür ansuchen.« Also bin ich nach Europa zurück und erhielt dort plötzlich die Mitteilung, daß die Universität von El Salvador einen Lehrstuhl für Psychotherapie errichtet habe. In harter Auseinandersetzung mit zwei anderen Bewerbern habe ich die Stelle bekommen. Das war sehr schön, aber nach drei Jahren wollte ich doch wieder nach Europa zurück und wissenschaftlich arbeiten, wie es dort nicht möglich gewesen wäre. Auf dem Rückweg überlegte ich mir: »Jetzt bin ich schon in der westlichen Hemisphäre, jetzt schaue ich mir einige Forschungsinstitute in Amerika an.« Ich war damals in Philadelphia und erfuhr von dem Mental-Research-Institute. Da dachte ich mir: »Das ist hochinteressant, da gehe ich noch auf sechs oder zwölf Monate hin.« Und aus den zwölf Monaten sind einunddreißig Jahre geworden. So ungefähr ist die Sache verlaufen.

EHALT: Wie war die Entwicklung in Palo Alto hinsichtlich der Forschungssituation, die Sie dort vorgefunden haben, und hinsichtlich Ihrer Arbeit?

WATZLAWICK: Es waren damals sehr interessante Jahre. Gregory Bateson war unser großer Mentor, ein Mann, der auf praktisch allen Wissensgebieten wirklich profunde Kenntnisse hatte. Dann war dort unser Gründer und Chef Don Jackson, ein unglaublich talentierter Psychiater. Ich habe niemals jemanden so elegant und wirkungsvoll arbeiten gesehen wie ihn. Auch Milton Erikson, der große, berühmte Hypnotherapeut, hat uns in unseren Techniken beeinflußt. Dann haben leider langsam die Schwierigkeiten mit den Forschungsgeldern begonnen. Denn jetzt schwingt das Pendel in Amerika, aber auch schon in Europa, zurück in die andere Richtung. Von einem völlig übertriebenen Glauben an die endgültige Wirksamkeit des psychodynamischen Ansatzes geht man jetzt in die ausschließliche Konzentration auf die biochemischen Vorgänge im Gehirn. Man glaubt, in kurzer Zeit Geisteskrankheiten medikamentös heilen zu können.

EHALT: Das ist die Übernahme des Hauptstromes in der Medizin, die den Menschen als reparierbare Maschine ansieht.

WATZLAWICK: So kritisch würde ich das nicht sehen. Es gibt gar keinen Zweifel, daß eine Störung der chemischen Vorgänge im Gehirn sich auf das Verhalten auswirkt. Aber das ist keine Einbahnstraße. Wir denken systemisch und müssen daher in Betracht ziehen, daß es genausogut möglich ist, daß ein Ereignis, das mich fürchterlich erschreckt und mitnimmt, einen Einfluß auf das Funktionieren meines Gehirns hat. Im Augenblick sieht man allerdings nur eine Richtung, nämlich vom Hirn zum Verhalten, statt von der Wahrnehmung zurück zum Gehirn.

EHALT: Sicher haben Sie die Fähigkeit, in Situationen voll hineinzugehen. Aus dieser Haltung und aus kurz- oder längerfristigen Projekten sind Bücher entstanden. Woran arbeiten Sie momentan? Was kommt in den nächsten Jahren?

WATZLAWICK: Im Augenblick schreibe ich an keinem Buch. Ich möchte erwähnen, daß ich an einem langfristigen Projekt beteiligt bin, nämlich in einem Kurztherapiezentrum. Dort versuchen wir zu erfassen, wie man die Therapie kürzer, zielgerichteter und wirksamer machen kann. Dabei kommt mir die Systemtheorie sehr zu Hilfe, also der Ansatz, nicht mehr nur das Individuum zu betrachten, sondern das Zusammenwirken, die Interaktion zwischen den Individuen. Seit über zehn Jahren werde ich oft eingeladen, diese Sichtweise auch bei großen Organisationen wie z. B. Großfirmen zu erklären und anzuwenden. Dort kommt man langsam zur Einsicht, daß im Fall des Nichtfunktionierens eines Systems oder bei Schwierigkeiten einer Organisation die Ursache sich nicht mehr auf die Böswilligkeit oder Dummheit eines Individuums zurückführen läßt. Das war die klassische Auffassung: »Wenn es nicht geht, muß einer schuld sein.« Jetzt beginnen sie zu begreifen, daß es so etwas gibt wie systemische Pathologie. Das heißt, daß die Dinge nicht auf eine Person rückführbar sind, sondern sich aus der Interaktion heraus erklären. Das ist ein Teil meiner jetzigen Arbeit. Dann bin ich persönlich sehr daran interessiert, die Einsichten des Konstruktivismus auf ihre praktische Anwendbarkeit zu untersuchen und mir dabei zu überlegen, was für mich persönlich herausschaut.

EHALT: Welche Ansätze bieten sich für den Therapeuten, wenn so ein System eine falsche Konstruktion der Wirklichkeit hat, hinsichtlich der Kommunikationsformen? Wie geht der Therapeut damit um?

WATZLAWICK: Das ist eine Frage, die ich in diesem Rahmen schwerlich beantworten kann. Ich möchte nur darauf verweisen, daß dem Umgang mit der Komplexität heute in der Wissenschaft eine immer größere Bedeutung zukommt, denn die Dinge sind nicht nur Einzelphänomene, sondern ungeheuer komplexe Abläufe. Man ist langsam dazu übergegangen, den Begriff des Komplexitätsverminderers einzuführen, das meint eine Sache, die die Komplexität nicht zerstört, aber dennoch in den Griff bekommt. Früher zerlegte man eine komplexe Struktur einfach in ihre Einzelteile, studierte diese und glaubte dann, aus dem Verständnis der Einzelteile heraus zum Verständnis des Ganzen zu kommen. Das glaubte schon Faust nicht, der sagte: »Denn hast du Teile in der Hand, fehlt leider nur das geist'ge Band.« Unser Komplexitätsverminderer ist die versuchte Lösung. Das erste, was wir zu verstehen versuchen, ist die Frage: Was haben die Betreffenden bis heute getan, um mit dem Problem fertig zu werden, und welchen Rat haben sie von anderen erhalten? Denn wenn diese Problemlösungsstrategie erfolgreich wäre, hätten sie nicht dieses spezifische Problem. Das ist unser Ausgangspunkt.

EHALT: Ihr Ansatz, Ihr Weg und Ihre Theorien stehen doch in einem sehr europäischen Kontext. Würde es Sie nicht reizen, in diesem Kontext wieder stärker wirksam zu werden? Gibt es keine Möglichkeit, in Europa zu arbeiten und zu denken?

WATZLAWICK: Ich bin zweimal im Jahr in Europa, reise von Stadt zu Stadt und spreche auf Einladung über bestimmte Themen. Aber ich fühle mich in Palo Alto klimatisch sehr wohl und habe die Absicht, dort zu bleiben.

»MIR GING ES IMMER NUR UM DIE MENSCHEN«

Gespräch mit Erika Weinzierl am 9. Februar 1994

EHALT: Liebe Erika, du gehörst zu jenen Forscherpersönlichkeiten, die wissenschaftliche Arbeit einerseits und Volksbildung, Medienarbeit, also Vermittlung der Forschung, andererseits miteinander verbunden haben, für die Wissenschaft und ihre Vermittlung eine integrale Aufgabe bilden. Du bist auch eine der wenigen Personen, die in diesem Punkt eine durchgehende Kontinuität vorweisen können.
Nun kann man im Umgang mit Geschichte eine Entwicklung des historiographischen Engagements und Interesses aufzeichnen. Wenn ich mich an die letzten zwanzig Jahren erinnere, so würde ich den wissenschaftsgeschichtlichen Verlauf so beschreiben: Anfang der siebziger Jahre ging es um die Frage »Wozu Geschichte?«, gefolgt vom Ansatz, die Strukturen herauszuarbeiten. In den achtziger Jahren stellte sich die Frage nach all jenen, die die Geschichte nicht unmittelbar selbst gesteuert hatten, sondern die als Betroffene involviert waren. Man versuchte die Geschichte der kleinen Leute aufzuarbeiten. Eine weitere durchgehende Linie seit der Mitte der siebziger Jahre bestand bei der Forderung, die Geschichte aus der Sicht der Frauen und die Stellung der Frauen zu rekonstruieren. Da du ja zur Avantgarde unter den Historikern und Historikerinnen gehört hast und noch heute gehörst, möchte ich dich fragen, welches deine persönliche Geschichte als engagierte Historikerin war.

WEINZIERL: Die Frage nach dem Engagement wäre zu beantworten mit der Beschreibung des Weges, den ich als Historikerin genommen habe. Eigentlich habe ich als Mittelalter-Historikerin begonnen. Es war der Wunsch meines Vaters gewesen, daß ich Ärztin werde. Ich habe also zuerst zwei Semester Medizin studiert; allerdings haben die Mediziner im Mai 1945 ihre Lehrtätigkeit nicht sofort wieder aufgenommen – im Gegensatz zu den Geisteswissenschaften. Damals rieten mir Freunde aus der Gruppe katholischer Studenten, bei der ich war, mir doch einmal die Geisteswissenschaften anzuschauen. Ich könne danach auch alles wieder vergessen, aber es gehöre eigentlich zur persönlichen Entwicklung dazu. Also habe ich 48 Wochenstunden, darunter auch ein historisches Proseminar, inskribiert und mir brav alles angehört. Und wie das Sommersemester vorbei war, war klar, daß ich bei Geschichte bleiben würde. Ich habe dann parallel zu meinem Geschichtsstudium den Lehrgang des Instituts für österreichische Geschichtsforschung absolviert, der ja bis heute eine Anstellungsbedingung für Archivare in Bibliotheken und Staats- und Landesarchiven ist. Es handelt sich dabei um eine dreijährige Postgraduate-Ausbildung in den historischen Hilfswissenschaften mit Schwerpunkt Mittelalter. Ich habe das Geschichtsstudium mitsamt dem Institutslehrgang in nur drei Jahren geschafft, denn ich wollte das Jahr, das mir der Arbeits- und Kriegshilfsdienst gestohlen hatte, wieder aufholen. Das heißt, ich bin sechs Semester lang an der Philosophischen Fakultät gewesen und bekam außerdem die zwei Semester an der Medizinischen angerechnet, war also mit 23 Jahren fertig.

Bereits als Studentin hatte mir mein erster Lehrer, Professor Santifaller, gesagt, daß ich mich sicher habilitieren werde, obgleich ich zu diesem Zeitpunkt noch gar nicht wußte, was das eigentlich ist. Vorerst dissertierte ich über ein mittelalterliches Kloster in Kärnten, genauer gesagt Millstatt – aus dem schlichten Grund, weil ich dort viele Jahre auf Sommerfrische verbracht hatte. Das Millstätter Kloster gehörte bis 1469 den Benediktinern, gefolgt vom Georgs-Ritterorden Friedrichs III. und zum Schluß den Jesuiten. Ich hatte mich jedoch auf das Mittelalter beschränkt. Ich saß also aufgrund meiner Institutsarbeit – einer Edition des geschlossenen Bestandes Millstätter Urkunden – immer wieder fleißig kritzelnd im Staatsarchiv und wurde daraufhin vom damaligen Archivdirektor Dr. Rath, der das beobachtet hatte, angesprochen. Er fragte mich, ob ich schon wüßte, was ich machen werde. Ich sagte nein, ich hätte keine Ahnung, obgleich mir die Arbeit sehr viel Freude bereiten würde. Er erwiderte, daß er mich gerne im Archiv behalten würde, was jedoch schwierig sei, da er derzeit keine Akademikerstelle, sondern nur eine Maturantenstelle frei habe. Ich zögerte keine Minute und sagte: »Ja, gerne«. Daraufhin habe ich am 1. Juli 1948 im Haus-, Hof- und Staatsarchiv zu arbeiten begonnen und im Dezember promoviert.

Meine Bestände waren von Anfang an die Urkunden, vom 9. Jahrhundert aufwärts bis einschließlich der Staatsurkunden, die ja bis in die Gegenwart hineinreichen. Ich hatte zum Beispiel den ersten Südtirolvertrag in meinen eigenen Händen und viele andere. Denn sie sind im Gegensatz zur Registratur des Außenministeriums immer sofort zu uns gekommen. Ich habe allerdings erst noch an den Beständen aus dem Mittelalter weitergearbeitet. Zu diesem Zeitpunkt traf ich den späteren Generaldirektor Mikoletzky, der mich fragte, was ich so mache und ob ich nichts publizieren wolle. Ich erwiderte, daß ich eigentlich nichts Geeignetes hätte. Er antwortete mir: »Hören Sie, ein junger Mensch wie Sie, der muß doch ehrgeizig sein und was publizieren. Ich habe im zweiten Band der Festschrift zum 200jährigen Bestehen des Haus-, Hof- und Staatsarchivs noch einen Platz für Sie.« Daraufhin habe ich nachgedacht und etwas geschrieben, was durchaus schon in den Bereich der späteren Alltagsgeschichte gehört hat, die mich immer schon interessierte, aber in meiner Dissertation keinen Platz mehr gefunden hatte. Ich habe über das Leben der Mönche in Millstatt berichtet: wie sie in der Nacht zu ihren Mädchen hinausgegangen sind und die Fastengebote nicht eingehalten haben. Als Quelle habe ich Visitationsberichte verwendet, in denen die Visitatoren all dies streng mahnend und erbost festgehalten hatten. Das war meine erste Publikation.

Aber auch meine Dissertation ist gedruckt worden, im Jahr 1951. Das Honorar in der Höhe von 6.000,– Schilling, das ich damals vom Verlag Carinthia bekommen habe, war für mich eine sagenhafte Summe. Dieses Buch wird übrigens heute noch immer wieder nachgedruckt und in Millstatt, das ja ein Fremdenverkehrszentrum ist, verkauft.

Nach dem ersten Buch bin ich dann auf den Geschmack gekommen. Ich habe mich langsam durch die Bestände gearbeitet und wirklich zu jedem Jahrhundert einen größeren Aufsatz verfaßt, ganz seriös nach der Methode, die ich an der Universität gelernt hatte, nämlich streng positivistischer Wissenschaft. Das Einbringen von persönlichen Wertvorstellungen war tabu. Das tat man nicht.

Inzwischen weiß ich, daß selbst eine Edition – wenn man nicht gerade einen geschlossenen Quellenbestand von A bis Z ediert – durch die Auswahl, die man trifft, das eigene, subjektive Interesse widerspiegelt. Dieses »erkenntnisleitende Interesse« wurde erst viel später von Habermas sozusagen »entdeckt«.

Besonders gerne erinnere ich mich an einen großen Aufsatz, an dem ich lange gearbeitet habe. Im Archiv gab es einen großen Bestand von Visitationsberichten österreichischer Bischöfe an Kaiser Franz II., der 1806 die deutsche Kaiserkrone niedergelegt hat und 1835 gestorben ist. Das Anfertigen solcher Protokolle ging auf Kaiser Joseph II. zurück, der, um die Kirche zu kontrollieren, angeordnet hatte, daß die Bischöfe jährlich über den Zustand in ihren Diözesen zu berichten hätten. So wurde beschrieben, wie es sozial in den Gemeinden stand: daß viele Leute gar nicht so fromm und brav seien, daß sie trinken würden und ähnliches, daß es da und dort Sekten gäbe etc. Interessanterweise gab es sehr viele Sektenanhänger in einer Gegend in Oberösterreich, und zwar, wie ich herausgefunden habe, genau dort, wo früher die Hochburgen des Protestantismus angesiedelt waren. Und diese Region war dann später auch besonders anfällig für den Nationalsozialismus.
Ich habe aufgrund dieser Quellen, die sich bis dato noch niemand angesehen hatte, und mit Hilfe der Literatur eine wissenschaftliche Arbeit verfaßt – eigentlich eine Alltagsgeschichte, mit vielen Unterabteilungen und schön gegliedert nach Sachgebieten. Ich glaube, daß es auch heute noch eine sehr interessante Darstellung ist. Mein erster Assistent, der mittlerweile Professor in Salzburg ist, war jedenfalls sehr erstaunt und überrascht, als er bei der Vorbereitung einer Festschrift für mich auf diesen umfangreichen Aufsatz über die Alltagsgeschichte am Beginn des 19. Jahrhunderts stieß.
Inzwischen gab es schon mehrere Publikationen von mir, nämlich zehn wissenschaftliche Aufsätze und zwei Bücher, eines davon die Dissertation. Ich beschloß, den Versuch zu wagen und mich zu habilitieren, quasi als letzte Station, die ich durch meine eigene Leistung und mit meinem Ehrgeiz erreichen konnte.
Als Thema hatte ich mir »Die österreichischen Konkordate von 1855 und 1933« gewählt, was mich in die Zeitgeschichte führen sollte. Mein großer Vorteil war, daß ich Zugang zu vielen Akten aus der Zeit um 1933 hatte, obwohl offiziell eine Archivsperre von fünfzig Jahren vorgesehen war. Ich tat allerdings nur das, was jeder Archivar tun kann, nur eben nicht sagen darf. Ich habe wirklich anhand der Akten geschrieben, wenngleich ich Belege mit der Zitierung anderer Arbeiten angeführt habe. Vielleicht noch am Rande eine Bemerkung zu den Möglichkeiten eines Archivars. Man kann drastisch sagen, daß ein interessier-

ter Wissenschafter niemals an bestimmte Sachen herankommt, wenn das Archivpersonal nicht will.
Ich wurde jedenfalls 1961 von Professor Lhotsky habilitiert und die Habilitationsschrift ist auch sofort beim Verlag für Geschichte und Politik gedruckt worden.
Inzwischen war mir jedoch etwas Merkwürdiges passiert. Ich hatte nach wie vor ganz nach den Grundsätzen gearbeitet, die ich gelernt hatte. Aber als ich mit dem 33er-Konkordat beschäftigt war, sah ich mich plötzlich mit der damaligen Innenpolitik konfrontiert, von der wir in der Schule und an der Universität natürlich überhaupt kein Wort vermittelt bekommen hatten. Und indem ich einfach aufgrund der Akten die Politik von Dollfuß, die Ausschaltung des Parlaments und die autoritäre Entwicklung beschrieben habe, brach ich ein Tabu – auch in meinen weiteren Arbeiten. Professor Botz, der im Jahr 1973 das Buch »Der 4. März 1933« herausgab, meinte dazu, daß bisher immer die Annahme von der geteilten Schuld gegolten hätte und daß ich die erste gewesen wäre, die von dem ungeschriebenen Gesetz der Koalitionsgeschichte abgewichen wäre und eine andere Darstellung gegeben hätte. Dieses Urteil hat mich sehr gefreut.
Es folgte bald die nächste Stufe. Im Jahr 1960, als ich noch im Archiv war, wurde von Ernst Wolfgang Böckenförde, der heute ein sehr bekannter Höchstrichter der Bundesrepublik ist, in einer mittlerweile eingegangenen katholischen deutschen Zeitschrift ebenfalls ein Tabu gebrochen: er veröffentlichte nämlich den ersten kritischen Aufsatz über Kirche und Nationalsozialismus im Deutschen Reich im Jahr 1933. Es ging um das Verhalten der Bischöfe, die noch ein Jahr zuvor die Nationalsozialisten exkommuniziert, dann aber ihre Haltung sehr schnell geändert hatten. Dieser Artikel wirbelte damals ungeheuren Staub auf. Denn die Kirche hatte sich bis dahin im wesentlichen mit den Etiketten »Nur verfolgt« und »Hort des Widerstandes« versehen. Der damalige Akademiker- und Künstlerseelsorger Otto Mauer, mit dem ich bis zu seinem Tod eng befreundet war, meinte dazu: »So etwas täte man in Österreich wirklich auch brauchen – nur traut sich hier keiner.« Daraufhin habe ich ihn angeschaut und gesagt: »Doch, ich.« Also habe ich die nächsten eineinhalb Jahre nur dafür gearbeitet, und das Ergebnis wurde in drei großen Abschnitten von 1963 bis 1965 publiziert.

Durch diese Arbeit bin ich dahintergekommen, was für einen aberwitzigen katholischen Antisemitismus es bereits vor 1933 und noch viel weiter zurück in der Geschichte gegeben hat. Ich hatte das nicht gewußt. Ich bin natürlich katholisch getauft, genauso wie meine Eltern, die allerdings keine praktizierenden Katholiken waren. Ich selbst habe erst als Erwachsene den Weg zum Katholizismus gefunden. Da wir aber keine Nazifamilie waren, kannte ich von zuhause auch keinen Antisemitismus. Ich bin jedenfalls bei meinen Funden sehr erschrocken und dachte: »Das darf doch nicht wahr sein«. Ich bin zum Beispiel auf das dreißig Strophen lange »Wanzenepos« von Sebastian Brunner aus dem Jahr 1888 gestoßen. Mit den Wanzen waren natürlich die Juden gemeint, die an allem schuld seien. In der letzten Strophe wird auf die Frage, wie man sich dieses Ungeziefers erwehrt, geantwortet: mit der Verwendung von Pestiziden. Ich sehe darin sehr wohl eine Vorbereitung des Weges, der nach Auschwitz geführt hat. Man kann mir entgegenhalten, daß solche Leute nie einen Juden umgebracht hätten, aber: »mit den Worten beginnt's« und »die Macht der Gewalt liegt in der Zunge«.
Seit damals sitzt diese schockierende Erfahrung sehr tief in mir. Und so ist der katholische Antisemitismus das weitere Leitthema meiner Arbeit geworden, wenngleich ich auch andere Schwerpunkte habe.
Es hat mir allerdings auch viel Ärger eingebracht. Denn ich habe im Diözesanarchiv – das man mich damals noch großzügig hat benützen lassen – einiges gefunden und habe daraufhin Dinge anders als bisher dargestellt. So zum Beispiel in bezug auf Kardinal Innitzer. Denn der war nach einem Gespräch mit Hitler im Hotel Imperial sehr begeistert und beeindruckt, weil jener ihm das Blaue vom Himmel herunter versprochen hatte. Das kann man anhand von Äußerungen belegen.
Für mich und meine Arbeit war es jedenfalls eine wichtige Station, und es war in gewisser Weise etwas anderes, als wir bisher gelernt hatten. Denn für seriöse, noch im 19. Jahrhundert geborene Historiker war die Beschäftigung mit so junger Geschichte schon hart an der Grenze zum Journalismus. Das hat sich in den letzten dreißig Jahren sehr geändert.

EHALT: Es ist sehr interessant, daß deine Interessen, deine Fragestellungen und auch dein Engagement im wesentlichen aus den Quellen heraus und aufgrund von Entdeckungen gekommen sind. Denn etwas später, in den siebziger Jahren, ist die Historikergeneration von den Problemen, das heißt von der gesellschaftlichen Situation her zu ähnlichen Zugängen und Fragestellungen gekommen.

WEINZIERL: Das ist schon richtig. Ich muß außerdem sagen, daß sich mit der Arbeit auch meine Methodik gewandelt hat. Natürlich kann man für frühere Jahrhunderte keine Zeitzeugen befragen. Ich habe das aber bereits bei der Arbeit über Kirche und Nationalsozialismus getan, obgleich von Oral history damals noch keine Rede war. Und ich habe auch gelernt, daß Arbeiten wie meine sehr ungute Folgen haben können, obwohl ich korrekt zitiert habe. Mittlerweile weiß ich, daß ich gewisse Arbeiten doppelt hätte absegnen lassen müssen.
Ich habe mir meine Methoden selbst angeeignet, und sie sind sicher in manchen Bereichen bis zum heutigen Tag laienhaft geblieben. Aber ich habe vieles vorweggenommen, was dann später, natürlich ganz anders und auf einem höheren Niveau, von den Franzosen kam.
Quantifizieren kann ich bis zum heutigen Tag nicht selbst, obwohl man das für jede Geschichtsperiode anwenden kann und es für die Gegenwart besonders interessant ist. Aber ich habe gelernt, daß man zusammenarbeiten muß, und wenn ich etwas nicht selber kann, dann bitte ich eben einen Soziologen. Auf diese Art wurden auch meine simplen Fragebogen über das Schicksal österreichsicher Juden in Palästina/Israel in einer eigenen Abteilung der Universität Jerusalem in hochqualifizierte Fragebogen umgewandelt.
Merkwürdigerweise habe ich bisher kein einziges Buch über einen Einzelmenschen verfaßt – außer Biographien für österreichische und deutsche Lexika. Ich muß sagen, daß, auch wenn ich immer nur über viele Menschen geschrieben habe, dabei jeder einzelne für mich interessant war. Denn es geht immer um Menschen. Das ist in der Geschichte vom 15. Jahrhundert bis zum heutigen Tag für mich das entscheidende Kriterium. Später kam dann die Strukturgeschichte …
Aber ich will erst einmal meinen Werdegang weiter berichten. Ich war also habilitiert und habe immer noch im Staatsarchiv gearbeitet, wo ich auch sehr glücklich war. Der bedeutende österreichisch-amerikanische Historiker Prof. Kann meinte allerdings, daß ich jetzt woanders hingehören würde. Er schlug mir vor, es beim Ford-Institut zu versuchen,

das gerade gegründet worden war und noch auf ganz schwachen Beinen stand. Aber ich habe mich nicht weiter darum gekümmert. Inzwischen war es in Salzburg zur Gründung der staatlichen Universität gekommen. Es gab zwar einen uralten Plan zum Bau einer katholischen Universität, aber nachdem die Benediktiner eine Expertenkommission befragt hatten, die ihnen vorrechnete, daß das nicht zu bezahlen wäre, gaben sie und die österreichischen Bischöfe ihr altes Vorhaben wieder auf. Aber immerhin wurde als Alternative ein internationales Forschungszentrum am Mönchsberg errichtet, in dem es interessanterweise auch ein Institut für kirchliche Zeitgeschichte gab, das Norbert Miko für sich erkämpft hatte. Und als dieser mit 49 Jahren an Krebs starb, kam der damalige Präsident P. Thomas Michels zu mir ins Staatsarchiv und machte mir das Angebot, den Posten in Salzburg zu übernehmen, denn er kannte meine Arbeit und wußte, daß sich damals in Österreich niemand außer mir mit diesem Themenbereich beschäftigt hatte.

EHALT: Das also war der Postenwechsel?

WEINZIERL: Ja, das war der Postenwechsel. Ich bin nach Salzburg gegangen und wurde dort zwei Jahre später außerordentliche und im Jahr 1969 ordentliche Professorin an der Philosophischen Fakultät der jungen staatlichen Universität Salzburg. Und ich war bis 1992 Vorstand dieses Institutes für kirchliche Zeitgeschichte, was ich nie für möglich gehalten hätte, denn ich habe es zum Schluß faktisch von Wien aus geführt.
Ich muß aber noch einmal zurück ins Jahr 1962, zum zweiten Österreichischen Nachkriegs-Katholikentag. Aufgrund der Empfehlung meines Freundes Otto Mauer sollte ich auf der Vortagung in St. Pölten ein Referat über die Geschichte des Katholizismus in Österreich von der Zwischenkriegszeit bis in die Gegenwart halten. Und das habe ich getan. Ich hatte mich gut vorbereitet, war überhaupt nicht aufgeregt und habe auch intensiv gesprochen. Nachdem ich geendet hatte, gab es zuerst eine Schrecksekunde und danach stürmischen Beifall. Als ich die Stufen vom Podium hinunterging, hörte ich, wie jemand sagte: »Jetzt wird die Weinzierl berühmt.« So arg ist es dann doch nicht geworden.
Von da an sind regelmäßig Einladungen vor allem aus dem katholischen Raum gekommen, zum Beispiel vom Katholischen Bildungswerk,

und ich mußte in den vergangenen Jahren immer wieder und überall Vorträge zu diesem Thema halten.

Parallel dazu habe ich dann, nachdem ich die Venia bekommen hatte, schon in Wien kleine Vorlesungen und mein erstes Seminar gehalten. Das Thema war ein Vergleich der Darstellungen über den 15. Juli 1927 in den österreichischen Tageszeitungen. So etwas hatte bis dato noch niemand gemacht. Es ist zum Teil heute noch aktuell, wie konträr ein und dasselbe Ereignis den österreichischen Zeitungslesern vermittelt worden ist und wird.

EHALT: Ich habe eine Zwischenfrage. Die traditionelle Geschichtswissenschaft bis in die sechziger Jahre hat sich ja – in der Tradition Leopold von Rankes – bemüht, die Ereignisse so zu beschreiben, wie sie eigentlich gewesen sind. Der Konstruktivismus einerseits und die akzentuierende Diskussion über Erkenntnis und Interesse andererseits haben das Bild von der Möglichkeit, soziales Handeln objektiv darzustellen, empfindlich gestört. Du hast schon erzählt, welches Erlebnis es für dich war, die unterschiedliche Darstellung ein und desselben Ereignisses zu registrieren.

Ich möchte gerne wissen, wie sich der Weg bei dir entwickelt hat von einer Geschichtswissenschafterin, die nach den objektiven, ein für allemal feststehenden Daten und Zusammenhängen sucht, zu einer Historikerin, die bei ihrem Blick auf die Vergangenheit die Dynamik von aktuellen, politischen Prozessen stets mitreflektiert?

WEINZIERL: Diese Reflexion im Bereich der unmittelbaren Zeitgeschichte hat eigentlich schon mit der Habilitationsarbeit begonnen und wurde dann während dieses ersten Seminars mit den Studenten noch vertieft. Denn das war ein Versuch in gesellschaftswissenschaftlicher Methodik. Natürlich wußte man, daß es sehr gegensätzliche Sichtweisen gab, beispielsweise zwischen groß- und kleindeutschen Historikern im 19. Jahrhundert. Aber man hatte doch nicht erkannt, welche starken und unmittelbaren Nachwirkungen das hatte. Zudem hatten bisher höchstens die Publizisten die Zeitung als Quelle verwendet, bei den Historikern hingegen war das noch nicht anerkannt.

Wie gesagt, mir ging es immer nur um die Menschen. Natürlich war mir klar, wie wichtig Strukturen sind, aber ich habe mich nie als Strukturalistin empfunden und war es auch nicht.

Aber natürlich gab es auch theoretische Auseinandersetzungen, besonders mit meinen jungen Mitarbeitern und Assistenten von der Universität Salzburg.
Ich war also auf der Universität und habe einerseits die Wissenschaft für ganz wichtig gehalten, die eigentlich auch meine »erste Liebe« ist. Andererseits habe ich immer die Notwendigkeit gespürt, meine Erkenntnisse an Menschen zu vermitteln, die sich nicht wissenschaftlich damit beschäftigen, aber Interesse an diesen Fragen haben. Das hat mir Freude bereitet. Ich habe mich sehr in der Volksbildung engagiert, und nicht nur für die katholischen Bildungswerke. Ich habe viele Vortragsveranstaltungen mit Diskussion in ganz Österreich gehalten und auch über die Grenzen hinaus. Außerdem war ich sehr stark an der Lehrerfortbildung beteiligt, zum Beispiel in Mittelschulen.

EHALT: Man kann also sagen, daß die Idee der Aufklärung immer ein wesentlicher Impuls für deine Tätigkeit gewesen ist. Du hast beschrieben, wie aus dem Umgang mit den Quellen ein Markstein für deine Aufklärungsarbeit entstanden ist. Gab es noch einige andere Einschnitte, die für dich die Notwendigkeit einer aufklärenden Geschichtswissenschaft besonders deutlich gemacht haben?

WEINZIERL: Das war für mich eigentlich schon bei der Arbeit »Kirche und Nationalsozialismus« sehr deutlich. Ich habe dann auch den Universitätsbereich erfaßt, und untersucht, was an den Universitäten der Zwischenkriegszeit gelehrt worden ist. Es hat eine einzige Vorlesung über Demokratie gegeben, von einem Professor, der Wien im Jahr 1929 verlassen hat: Hans Kelsen. Meine Antrittsvorlesung in Salzburg war: »Universität und Politik – Österreich 1918–1938«. Die Folgen waren beträchtlich. Denn die damaligen Professoren waren Vertreter des Deutschnationalismus bis hin zum Nazismus gewesen. Ich meine, daß die Universitäten der Zwischenkriegszeit in ihrer Aufgabe versagt haben, denn meiner Ansicht nach gehört zu dieser Aufgabe eben auch Aufklärung, nicht unbedingt im Sinne politischer Bildung, aber die Vermittlung eines Demokratieverständnisses. Statt dessen haben die Professoren massiv Ideologie gelehrt, Stichwort »Schandvertrag von Saint-Germain und Versailles«, »Deutschtum« etc. Das ist auf wenigen Seiten immer noch nachlesbar. An den Universitäten ist Antisemitismus, Antidemokratismus und Deutschnationalismus vermittelt worden. Diese Ansichten waren nicht nur unter den Studenten stark verbreitet, die eigentlich nur ein Spiegelbild ihrer Professoren geboten haben.

Für mich waren Demokratie-, Republik- und Österreich-Bejahung kein Problem. Für mich ist es ganz selbstverständlich, eine Angehörige der österreichischen Nation zu sein, aber ich habe gesehen, daß es für die anderen in früheren Zeiten nicht so war.

Hiermit bin ich bereits bei den Themen angelangt, die bis heute meine Arbeit bestimmen. Die Theorie-Diskussion ist an mir nicht spurlos vorübergegangen. Meine Mitarbeiter und ich, wir haben uns vierzehntägig getroffen und haben verschiedene Theorien, wie z. B. von Habermas, diskutiert und dabei durchaus auch gestritten – es war jedenfalls hochinteressant und hatte Wirkung: 1977 wurde ich die Leiterin des Ludwig Boltzmann-Instituts für Geschichte und Gesellschaft (bis 1991 für Geschichte der Gesellschaftswissenschaften) in Salzburg, dann in Wien. In den siebziger Jahren begann ich mich auch für Frauengeschichte zu interessieren, 1975 veröffentlichte ich das Buch *Frauengeschichte? Österreichische Frauen im 20. Jahrhundert.*

Ich möchte aber noch ein für mich sehr einschneidendes Erlebnis berichten. Die berühmte 68er-Bewegung hat in Österreich ja nicht in dem Ausmaß wie in Frankreich oder in der Bundesrepublik stattgefunden, es hat lediglich schwache Nachwehen gegeben. So auch in Salzburg. Ich hatte damals das Buch von Hannah Arendt gelesen und hatte einem Politikwissenschaftler von der theologischen Fakultät vorgeschlagen, zwei Semester lang ein Seminar über Totalitarismus-Theorie zu machen. Wir kamen nichtsahnend zur ersten Sitzung in den großen Seminarraum, der bereits brechend voll war mit sämtlichen Linken, die es damals in Salzburg gab. Die waren natürlich wütende Gegner dieser Theorie, laut der der Nationalsozialismus mit dem Kommunismus gleichzusetzen ist. Wir waren nicht darauf gefaßt gewesen, daß es von Anfang an Streit geben würde. Mein Kollege kam nach der zweiten Session nie wieder. Und ich habe mich jedesmal die ganze Woche lang davor gefürchtet, aber ich habe mich vorbereitet und mir gesagt: »Wenn ich das nicht durchstehe, werde ich mir das nie verzeihen.« Ich habe also auch das zweite Semester durchgehalten, wenngleich sich die verschiedenen Standpunkte nicht angenähert haben, sondern nur ausgetauscht und vertreten wurden. Und gegen Ende des Studienjahres

kamen die Studenten plötzlich zu mir und meinten, daß sie gerne noch weitermachen würden. Ich erfuhr, daß sie sich immer die ganze Woche für das Seminar vorbereitet und sich bei einem linken Assistenten in der Wohnung sozusagen konspirativ getroffen hatten. Wenn man heute ehemalige Salzburger Studenten fragt, dann antworten sie: »Das revolutionäre Erlebnis war das Totalitarismus-Seminar bei der Weinzierl.« Alle haben es in guter Erinnerung, denn sie haben mir später gestanden: »Schade, daß das nicht mehr stattfindet. Es geht uns direkt ab.«
Für mich war dieses Erlebnis aus mehreren Gründen von Bedeutung. Ich habe erfahren, wie wichtig es ist, bei einer Sache, die man sich vorgenommen hat, zu bleiben und gerade gegenüber jungen Menschen nicht zu kneifen. Für mich selbst war es ein Beispiel, an dem ich mich orientieren konnte, wenn ich mich vor etwas gefürchtet habe. Das ist eben der berühmte Mut, den man braucht, um seine Angst zu überwinden. Schließlich war es auch für meine Wissenschaft bzw. für mich persönlich eine ganz entscheidende Erfahrung, in dieser Form zur Rede gestellt zu werden und Antwort geben zu müssen.
Dann starb der Begründer des Wiener Universitätsinstituts für Zeitgeschichte, Professor Jedlicka. Daraufhin wurde die Stelle neu ausgeschrieben, und ich habe mich beworben, allerdings nicht so, als ob's um mein Leben ginge. Mein Probevortrag handelte vom »Antisemitismus in Europa im 19. und 20. Jahrhundert«, jedoch nicht mehr auf den Katholizismus konzentriert, sondern in einem internationalen Überblick über die Ereignisse in Frankreich, Rußland, Österreich etc. Das Thema kam besonders bei den Studenten sehr gut an. Ich wurde auf dem Kandidatenvorschlag an erster Stelle gereiht, und die damalige Wissenschaftsministerin Firnberg hat mich dann auch berufen. So bin ich nach Wien gekommen.

EHALT: Ich habe 1969 zu studieren begonnen und mein Studium wurde noch stark von den Nachwirkungen von '68 bestimmt. – Retrospektiv gesehen kann man sagen, daß die Aufarbeitung des Faschismus und Nationalsozialismus in Österreich im wesentlichen das Arbeitsergebnis deines Instituts war und ist. Des weiteren entwickelte sich in den Jahren seit deiner Berufung die Forschung in der Zeitgeschichte von einem personen- und ereignisgeschichtlichen Ansatz hin zu einem stärker strukturgeschichtlichen Zugang.

Wie beurteilst du wissenschaftsimmanent diese Entwicklung und den derzeitigen Stand der Forschung und Aufarbeitung?

WEINZIERL: In diesem Zusammenhang möchte ich unbedingt Wert auf eine Tatsache legen, die ich mir selbst vor kurzem bei der Vorbereitung eines Vortrags wieder ins Gedächnis gerufen habe. Die erste Institution, die sich hierzulande mit Zeitgeschichte beschäftigt hat, war das Dokumentationsarchiv des österreichischen Widerstandes, das zunächst als Verein gegründet worden war und heute Nationalstiftung ist. Wenn man einzelne Personen der Gründergeneration nennen will, dann wäre das Herbert Steiner und Professor Jedlicka, der allerdings in seinen Arbeiten nie über das Jahr 1938 hinausgegangen ist. Dann Professor Stadler in Linz, der ungefähr gleichzeitig mit mir berufen wurde und dessen Schüler mittlerweile viele Ordinariate und Extraordinariate quer durch ganz Österreich innehaben. In Salzburg gab es zu diesem Thema lediglich mein eigenes Ordinariat. Etwas später kam Klagenfurt mit Professor Schausberger, dann Professor Konrad in Graz und Innsbruck mit Professor Steininger. Es gibt also mittlerweile an jeder Universitätsstadt in Österreich im Kanon der historischen Fächer auch die Zeitgeschichte. Wir und vor allem die Studenten haben jüngst erreicht, daß im neuen Studienplan Zeitgeschichte mit den Pflichtfächern gleichgestellt wird – auch gegen viele Widerstände.
Ich hatte neulich ein Kurzreferat über Judenverfolgung und zeitgeschichtliche Forschung in Österreich zu halten. Bei der Beschäftigung mit dem Thema bin ich darauf gekommen, daß es immer schon eine Zeitgeschichtsschreibung gegeben hat – z. B. hat ein Heinrich Friedjung eine österreichische Geschichte der neunziger Jahre des 19. Jahrhunderts geschrieben. Das war ebenfalls Zeitgeschichte, aber nicht in dem Sinn, wie wir es heute verstehen.
Die moderne Form der Zeitgeschichte hängt unmittelbar mit den Sühne- oder Justizmaßnahmen gegen die Verbrecher der NS-Zeit, vor allem gegen die Exekutoren der Shoa, zusammen. Denn man hat bei den Kriegsverbrecherprozessen, z. B. vor der Einvernahme der Zeugen im großen Auschwitz-Prozeß im Jahr 1964, zeitgeschichtliche Gutachten eingefordert. Das waren die ersten wichtigen Arbeiten der Mitarbeiter des Münchner Instituts für Zeitgeschichte, die dann als Bücher veröffentlicht wurden. Diese Gutachten hatten die Aufgabe, den Hinter-

grund aufzuhellen, vor dem die einzelnen Angeklagten ihre Verbrechen begangen haben. So begann die NS-Forschung. Zum Beispiel besteht das berühmte Buch *Die Anatomie des SS-Staates* aus lauter solchen Gutachten, die in den fünfziger und sechziger Jahren gemacht wurden. Dabei wurde betont, daß diese Aufarbeitung eine Rolle für die Gerechtigkeit spielt, im Sinn der Aufklärung für die Richter und möglicherweise auch für die Angeklagten. Ich halte diese Formulierung für eine ganz wesentliche, und sie ist für mich fast zu einem Ethikgrundsatz geworden. Wenn nun – was ich mir vorstellen kann – viele Leute diese aufklärerische Arbeit im Dienst der Gerechtigkeit für eine Anmaßung halten, dann muß ich sagen, daß sie eher eine Verpflichtung ist. Ich selbst habe gerade in einem Gutachten dargestellt, wie dominant in der ganzen Ersten Republik der deutschnationale Gedanke war. Und nicht alle sind Nazis geworden, auch nicht alle Großdeutschen. Aber viele.
In diesem Zusammenhang wurde geschrieben: »Wir sind daher auch anders; wir sind von vornherein aufgrund dieser Aufgabe auf die Zusammenarbeit mit anderen Sozialwissenschaften angewiesen.« Das war für mich eine neue und wichtige Dimension. Mit der Feststellung: »Wir können nicht allein arbeiten, wenn wir wirklich moderne Zeitgeschichte machen wollen. Es geht uns um die Gesellschaft« tauchen weitere Fragen auf: »Wer ist die Gesellschaft, die aus Millionen einzelnen besteht? Wer steht zwischen dem Individuum und der Gesellschaft? Wer manipuliert das Individuum?«
Die Herkunft der Zeitgeschichte aus den Aufgaben gegenüber Verbrechern der NS-Zeit heraus war mir früher nicht so klar bewußt, aber es kommt meinem ethischen Anspruch sehr entgegen.

EHALT: Also Aufklärung im doppelten Sinn. Im engen und unmittelbaren Sinn eine Aufklärung über die von Menschen begangenen Schrekken, die in einem strukturellen Kontext stehen. Im weiteren Sinn die Aufklärung einer größeren Öffentlichkeit über diese Ereignisse.
Ich komme zu meiner letzten Frage. Wenn man zurückblickt auf die reiche Arbeit, die sehr viele spannende und wichtige Forschungsergebnisse, die international rezipiert werden, hervorgebracht hat, auf eine reiche erwachsenenbildnerische Tätigkeit, die in Lehrbücher der allgemeinbildenden Schulen Eingang gefunden hat und auch sonst in vielfältigster Weise zum Ausdruck kam, so meint man fraglos eine Erfolgs-

bilanz zu erkennen. Zumindest in den siebziger Jahren hatte man den Eindruck, daß die geleistete aufklärerische Arbeit ein unmittelbares, positives Ergebnis in Form eines Demokratisierungsprozesses der Gesellschaft zeitigt. In den achtziger Jahren tut man sich mit einer solchen Einschätzung zunehmend schwerer. Wie beurteilst du – retrospektiv gesehen – die Wirkung einer aufklärerischen Geschichtswissenschaft?

WEINZIERL: Ich stimme zu, daß man in den siebziger und achtziger Jahren das Gefühl hatte, daß – wenn auch wissenschaftlich noch viel mehr aufzuarbeiten war – doch bereits viel aufgegriffen worden war und es auch Wirkung hatte. Ich habe im Zuge dieser volksbildnerischen Umsetzung übrigens gelegentlich Zeitungsartikel geschrieben. Auch wenn manche Kollegen bis zum heutigen Tag behaupten, daß sich das für einen seriösen Wissenschaftler nicht gehöre.

Ich habe in den achtziger Jahren zum ersten Mal in meinem Leben an Massendemonstrationen teilgenommen, im Zusammenhang mit der Friedensbewegung. Ich hatte das Gefühl, persönlich zeigen zu müssen, was man in der Volksbildung vermittelt.

Heute allerdings hat die optimistische Haltung: »Es kann nur besser werden« einige Kratzer abgekriegt. Denn am Ende dieses Jahrhunderts sind alle Probleme wieder da, die die Zwischenkriegszeit bestimmt haben, die letztlich den Zerfall der Habsburger-Monarchie bewirkt haben, nicht nur wegen der berechtigten Sezessionswünsche der Nationalitäten, sondern auch wegen der Uneinsichtigkeit der herrschenden deutschen Minderheit in der Monarchie. Jetzt zerfällt endgültig die Friedensordnung von Versailles. Man kann gelegentlich Depressionen nicht ganz vermeiden, wenn man sich fragt, ob man sich jahrzehntelang für etwas engagiert hat, was nun keine Rolle mehr spielt. Ich glaube allerdings, daß man mit Pessimismus nicht aufklären kann, sondern dazu auch Optimismus braucht. Ich glaube an den Fortschritt. Vor Jahren haben mich einmal Studenten gefragt, ob man den Fortschritt irgendwie messen kann. Ich habe mir damals Antworten von Kant bis Kelsen überlegt und dann erwidert: »Es gibt etwas: die Menschenrechte.« Ob sie angewendet werden oder nicht, wäre zum Beispiel ein Gradmesser. Dazu gehört auch die Meinungsfreiheit. Ich persönlich glaube also erstens, daß wir intensiv weiterarbeiten müssen, und zweitens, daß man sich darüber hinaus engagieren muß. Der Antisemitismus hat zugenommen, nicht nur in Österreich, sondern quer durch Europa. Wir haben die Nationalitätenkonflikte, wir haben vor unserer Tür den Krieg im ehemaligen Jugoslawien, wir haben die Armut, die Ausländerfeindschaft. Wir wissen aus der Forschung, daß parallel zum Ansteigen des Fremdenhasses auf rätselhafte Weise der Antisemitismus zunimmt, wenn auch deutlich niedriger. Hier engagiere ich mich und habe immer daran gearbeitet, mit vielen Artikeln, die man nicht sieht. Nach zehn Jahren ist nun endlich ein Herzensprojekt von mir Realität geworden: das Buch *Israelische Bürger österreichischer Herkunft*. Mein wichtigstes Buch *Zu wenig Gerechte. Österreicher und Judenverfolgung* ist 1969 zum ersten Mal und 1985 und 1986 zum zweiten und dritten Mal erschienen.

Ich habe mich an den Aktionen gegen das Volksbegehren beteiligt. Ebenso Dagmar Ostermann, eine überlebende Zeitzeugin der Greuel der Konzentrationslager. Sie fährt als über Siebzigjährige heute noch im Rahmen der Schulaktion »Zeitzeugen kommen in die Schule« bis in die Bundesländer. Sie ist bei einer der Demonstrationen trotz kaltem Wetter den ganzen Weg mitgegangen – für sie gehört offensichtlich Fremdenhaß und Antisemitismus auch zusammen. Die wissenschaftlichen, zeitgeschichtlichen Aufgaben sind noch lange nicht erschöpft, und sie sind gleichzeitig die Basis. Ich habe mir mittlerweile eine klare Vorgangsweise angeeignet: Ich präsentiere die Ergebnisse meiner Forschung ohne Wertung – »das und das ist geschehen« – dann ziehe ich einen Strich drunter und sage: »Und dazu meine ich das und das«. Die eigene Meinung einzubringen, sie aber zu trennen von der erforschten Darstellung, halte ich nach wie vor für die sauberste Möglichkeit. Das sage ich auch meinen Studenten.

Und natürlich – warum soll ich es verschweigen? – hat mir mein Engagement gegen den Antisemitismus von Anfang an auch viel Feindschaft eingebracht. Viele anonyme Briefe, viele öffentliche Angriffe, in Leserzuschriften und in Artikeln – das tut weh. Ich müßte lügen, wenn ich sagen würde, daß es nicht weh tut. Daran gewöhnt man sich nämlich nicht, besonders wenn immer wieder eine neue Facette gefunden wird. Aber ich habe das Gefühl, ich muß es tun, aufgrund meines Werdeganges und meiner bisherigen Arbeit und aufgrund dessen, was ich noch weiterarbeiten möchte, solange ich kann.

»DAS ZURÜCKFINDEN ZU SICH«

Gespräch mit Roland Werner am 11. Dezember 1991

EHALT: Lieber Herr Werner, Sie sind ausgebildeter Mediziner und haben sich viele Jahrzehnte lang mit Formen traditioneller Heilkunde in anderen Kulturen befaßt. Sie kennen die westliche Medizin sehr gut, die sich seit der Aufklärung, insbesondere aber in den letzten zweihundert Jahren herausgebildet hat. Sie wissen sowohl um die positiven als auch um die negativen Seiten der westlichen Medizin. Das entsprechende gilt für die traditionelle Heilkunde, die in den westlichen Ländern weitgehend verlorengegangen ist. Was sind für Sie die Defizite der aktuellen westlichen Medizin?

WERNER: Wenn wir einen Menschen als Ganzheit betrachten – also Körper, Geist und Seele – und diese Betrachtungsweise auf heilkundliche Phänomene übertragen, so können wir sagen: »Dieser Mensch kann unter dem Aspekt der Religion, der Magie und des Rationalismus im heilkundlichen Bereich integriert sein.« Die moderne westliche Medizin hat den religiösen Akzent und das magische Element verloren, sie ist nur noch purer Rationalismus. Ich will Ihnen ein Beispiel nennen. Ein Mann mit einer eindeutig definierten Malaria wird in ein westliches Klinikum eines Entwicklungslandes aufgenommen. Die Diagnose steht fest, die Malariatherapie beginnt, und im Lauf der Zeit werden die Werte wieder normal. Das Blutbild stimmt und die Laborbefunde zeigen, daß der Patient klinisch gesund ist. Aus unserer Sicht ist der Fall erledigt, und der Mann kann entlassen werden. Was macht dieser jedoch? Er geht vom Krankenhaus weg sofort zu einem eingeborenen Heiler. Wenn er nun nach zehn bis vierzehn Tagen wieder zur Nachuntersuchung kommt, wird er nach dem Grund dafür gefragt. Und er wird erklären, daß die Doktoren zwar alles nur Mögliche für seine Leber getan hätten, aber leider nichts für ihn selbst. Das heißt also, daß aus seiner ganzheitlichen Betrachtungsweise heraus dieses Leberproblem – das für uns medizinisch-wissenschaftlich gesehen das Hauptproblem war – eine völlig sekundäre Bedeutung hatte. Warum? Weil

für ihn die Erkrankung der Leber einen Verlust seiner Harmonie darstellt. In seiner ganzheitlichen Vorstellung ist jede Krankheit eine Störung der Harmonie. Diese Betrachtungsweise paßt überhaupt nicht in unser westliches Weltbild, wir kennen nur die pathologischen und funktionellen Veränderungen. Wir wissen, daß wir bei Absinken des Blutdrucks blutdrucksteigernde und bei einer Blutdrucksteigung eben blutdrucksenkende Mittel zu geben haben. Warum aber der Blutdruck gestiegen oder reduziert ist, das interessiert uns nur sektoral. Aufgrund der Meßergebnisse kommen wir zu eindeutigen wissenschaftlichen Aussagen auf rationalistischer Grundlage, alles andere spielt für uns nicht die entscheidende Rolle. In anderen Kulturen hingegen wird der Blutdruck in Zusammenhang mit völlig anderen Dingen gesehen. Der Patient kann unter Umständen religiöse Probleme haben, er kann beispielsweise seine religiösen Opferungen vernachlässigt oder das Brauchtum seines Clans gebrochen haben. Möglicherweise hat er ein Magengeschwür auf der Grundlage von in Unordnung gekommenen spirituellen Beziehungen. Es sind also psychologische Faktoren, die zu diesen Sekundärerscheinungen geführt haben.
Wenn wir die beiden Systeme miteinander vergleichen, so sehen wir auf der einen Seite die rein rationalistische Definition von Krankheit, die mit entsprechenden Mitteln beseitigt wird, während auf der anderen Seite nicht das Medikament das Entscheidende ist, sondern das kulturelle Umfeld, die Reintegration in die Gemeinschaft. Denn als harmonisch Gestörter ist der Kranke aus dem gewohnten Zyklus innerhalb seiner Familie oder seines Clans hinauskatapultiert. Er braucht folglich jemanden, der die Reintegration seiner gestörten Harmonie durchführt. Das geht weder mit Tabletten oder Spritzen noch mit Antibiotika oder Hormonen, sondern dazu bedarf es eines kulturspezifischen Trägers in Form des Heilers, der genau weiß, mit welchen religiösen, magischen und auch sonstigen Akzenten er diese Störung behebt.

EHALT: In unserem Kulturkreis gibt es diese »Antenne« für das nichtrationalistisch Erfaßbare nicht mehr – sie ist weitgehend verlorengegangen. Dabei handelt es sich nicht nur um Defizite der modernen Medizin, sondern auch um Defizite unseres Weltbildes, in dem das Magische, das Religiöse, die ganzheitliche Auffassung unseres Menschseins verlorengegangen ist. Das geht so weit, daß nicht nur die Mediziner unseren Körper als Maschine sehen, den man mit technologischen Mitteln wieder zum Funktionieren bringt, sondern daß vermutlich wir alle eine schizophrene Ansicht von uns selbst haben. Auf der einen Seite haben wir einen Körper, für dessen Fitness wir viel tun und den man bei Bedarf in die Reparaturwerkstätten der mit exzellenten Werkzeugen ausgerüsteten Krankenhäuser bringt. Auf der anderen Seite haben wir ein sehr rationalistisch-individualistisches Selbstbild. Und es gibt in unserer Kultur wenig, was diese zwei Dinge – den Körper als Maschine und den scharfen rationalistischen Geist – einbindet und zusammenbringt. Mit anderen Worten: in unserer Kultur sind verbindende Systeme wie die Religion oder integrales Denken wohl verlorengegangen.

Ich meine, daß die Neuzeit sehr viele Defizite im Menschenbild erzeugt hat. Wenn auch durch ein naturwissenschaftlich-empirisches Weltbild großartige Erfolge an funktional-kausalen Erklärungen der Wirklichkeit geleistet wurden, so hat es uns doch in vielen Dingen allein gelassen und durch den Verlust des ganzheitlichen Denkens Sinndefizite gebracht.

Könnte die westliche Medizin einen Beitrag zur Wiedererstellung eines ganzheitlichen Menschenbildes leisten? Gibt es eine Umkehr in der Medizin, oder liegen die Defizite im Gesamtgang der Kultur, der dieses holistische, einheitliche Weltbild zerstört hat und uns eine Art atomisierte Vorstellungswelt des Menschen zurückgelassen hat?

WERNER: Zwei Dinge sind vielleicht nicht uninteressant. Es gibt in allen westlichen Kulturen in den sogenannten zivilisierten Ländern eindeutige Hinweise dafür, daß der Gesamtfortschritt nicht unmittelbar einen Fortschritt für den einzelnen bedeutet. Beispielsweise ist es eine fantastische Leistung, wenn wir heute den Mond begehen können. Deswegen wird aber das Problem eines einzelnen auf dieser Erde nicht gelöst. Wir können zwar ein Herz transplantieren, aber nicht das Problem des Patienten lösen, das er mit dem Herzen hat. Und zwar vorher wie nachher, denn ein Fremdkörper – wenn ich ein Herz von einem anderen übernehme, ist es ein fremdes Teil – ist nicht so ohne weiteres integrierbar. Es pumpt zwar und das EKG mag auch normal sein –, wie aber nun der Mensch mit diesem neuen Ding zurechtkommt, ist eine ganz andere Frage. Selbst im Bereich der technischen Medizin gibt es also Komponenten, die mehr Beachtung finden müssen, denn Technik allein bringt noch nicht die Lösung des Problems.

Bedenken Sie zweitens, wieviele westliche Menschen sich zunehmend mit Dingen beschäftigen, die früher kaum Beachtung gefunden haben. Warum gibt es hier auf einmal viele asiatische Kulturvertreter? Warum kommen buddhistische Mönche nach Europa? Warum ist der Islam neben dem Christentum die dritte religiöse Macht geworden? Weil gewisse Kulturen aufgrund der ihnen innewohnenden Kräfte in der Lage sind, anderen Kulturen, die vielleicht etwas »satt« geworden sind, zu zeigen, was Ganzheitlichkeit bedeuten kann. Beim Islam zum Beispiel sehen Sie das Primat des Religiösen, erst in zweiter Linie kommt das Rationalistische. So wird der gesamte Koran als Heilmittel bezeichnet, ebenso der Name »Allah«. Und jede einzelne Sure, besonders aber die erste Sure, wird als wichtige Medizin für die Seele betrachtet. Dann darf man sich nicht wundern, wenn Leute glauben, daß, wenn sie den Koran befolgen und die damit verbundenen täglichen Rituale praktizieren, sie bereits ein großes Heilspotential in sich tragen. Das hilft über verschiedene Dinge hinweg. Hieran erkennen Sie, wieviele Elemente einer Kultur durch die Religion beeinflußt werden.

Auf der anderen Seite gibt es auch im abendländischen Christentum wieder Tendenzen, zu den Wurzeln zurückzukehren. Ich denke zum Beispiel an Fatima, an Gargano, an Santiago de Compostella, an all die Orte, wo es Wunderheilungen – wie immer geartet sie auch sein mögen – gibt. Es gibt einfach ein Bedürfnis im Menschen, so daß er nicht weiter auf der Basis einer rationalistischen Medizin existieren kann.

Warum muß denn ein Moslem unbedingt einmal im Leben nach Mekka pilgern? Warum muß ein Hindu im heiligen Fluß Ganges baden, um sich von seinen Lasten zu befreien? Wir sehen weltweit die Tendenz, daß das religiöse Element wieder verstärkt an Boden gewinnt. Man muß natürlich differenzieren zwischen einem religiös-politischen Element und dem tiefreligiösen Element, das mit dem ganzheitlichen Menschen im Hintergrund zusammenhängt. Ich meine das Bedürfnis, eine übernatürliche Kraft in den Heilungsvorgang miteinzuspannen und mitzuverwenden, um sozusagen die eigenen Kräfte zu mobilisieren. Phänomene wie Fatima, Gargano, Santiago de Compostella oder der Papstsegen in Rom sind doch nichts anderes als Mobilisierung der Körperkräfte. Und letzten Endes bedeutet eine Mobilisierung des Immun-

systems auch eine Stärkung des rationalistischen Teils des Menschen. Das heißt, daß über die religiös-psychologisch-magische Komponente ein wesentlicher Beitrag zur Verbesserung des Heilungsvorgangs geleistet wird.
Nehmen wir als Beispiel zwei Patienten in demselben Alter mit derselben Herzkrankheit. Der eine ist willens à la Martin Luther King: »We shall overcome«, der andere sagt: »Es ist mir alles wurscht. Ich bin doch nichts nutz.« Der eine wird die Krankheit überstehen, der andere nicht. Hier ist also die Mobilisierung seines Selbst und der eigenen Körperkräfte der treibende Faktor bei der Überwindung von Problemen, unter Zuhilfenahme von spirituellen oder religiösen Aktivitäten. Ich spreche dabei von Krankheitsproblemen vielfältigster Art und von einer Gesundung im Sinne einer Rückkehr zur ganzheitlichen Harmonie.

EHALT: Ich möchte dazu eine soziologische Frage stellen. Zum ersten Mal in ihrer Geschichte feierte die moderne Medizin in den letzten drei, vier Jahrzehnten im Bereich der Therapie großartige Erfolge. Gerade zu diesem Zeitpunkt entstand aber auch eine große Krise im Hinblick auf das Vertrauensverhältnis zwischen Medizinern – in Klammern »Heilern« – und Patienten. Wenn man Ihren Ausführungen folgt, so beruhte diese Beziehung in der traditionellen Heilkunde weniger auf dem Vertrauen des Kranken in den Techniker oder in den Wissenschafter, sondern vielmehr auf dem Vertrauen des Kranken in die charismatische Fähigkeit des Heilers, die aus seinen Kontakten mit den Mächten der Welt resultiert. Dieser Glaube ist gründlichst verlorengegangen und konnte offensichtlich durch das Wissen um die großartigen technologischen Erfolge nicht kompensiert werden. Meine erste Frage ist, ob Sie als Universitätsprofessor der modernen Medizin eine Chance sehen, etwas von jenem traditionellen Vertrauen, das die Heiler genossen hatten, wiederzugewinnen. Die zweite Frage lautet, ob die traditionelle Heilarbeit in einer modernen Gesellschaft nicht auch ganz anders funktionieren könnte? Ich könnte mir die moderne Medizin positiv vorstellen, wenn die modernen Ärzte nicht nur gute Mediziner im technologischen Sinne sind, sondern auch humanistische Menschen, die sich viel Zeit nehmen und sich auf den Patienten, sein Umfeld, sein Leben und seine Probleme einlassen. Der Arzt sollte sozusagen ein humanistisches Interesse für den Patienten haben und dieses mit einem psychologischen und psychoanalytischen Ansatz und mit einer fundierten schulmedizinischen Ausbildung verbinden. Das wäre ein ganz neues und anderes Modell als die bloße Rückkehr zur traditionellen Heilkunde.

WERNER: Sie haben von der modernen Medizin gesprochen und in Klammern »Heiler« hinzugefügt. Das möchte ich zunächst einmal gewaltig in Frage stellen, denn ein moderner Mediziner kann kein Heiler sein. Ein Heiler ist etwas Ganzheitliches. Als der alte Hausarzt noch existierte, der die Familie von der Wiege bis zur Bahre betreute, hätte man ihn vielleicht unter Anführungszeichen als »Heiler« in unserem Bereich bezeichnen können. Mit der zunehmenden Spezialisierung in der Medizin, die aufgrund der rasanten, technischen Entwicklung notwendig war, weil keiner mehr alles wissen konnte, hat sich zweifellos das Bild des Menschen wesentlich geändert. Es gibt nun mal den Augenarzt, der nichts vom Gehirn versteht, es gibt den Gynäkologen, der nichts von Kieferchirurgie weiß, und es gibt den Proktologen, der keine Ahnung von Neurologie hat. Es sind jeweils nur Spezialisten auf ihren Gebieten. Sie können beobachten, wie in einer großen Klinik in Amerika ein Heilsuchender von Abteilung zu Abteilung weitergereicht wird und, nachdem er vierzig Spezialbereiche durchlaufen hat, als Patient gar nicht mehr gefragt ist. Man hat schließlich die Befunde und danach entscheiden die Spezialisten, was der Mann wirklich hat. Ob das sein tatsächliches Problem löst, ist eine andere Frage. Wenn man weiterhin diesen Trend verfolgt, kann man natürlich niemals eine holistische Konzeption haben.
Wir können auch nicht von der Vorstellung ausgehen, daß ein Behandler diese Grundsätze, die wir sehr positiv aufgezeigt haben, in sein Spektrum aufnehmen kann. Warum nicht? Weil er – ganz abgesehen davon, daß er als Spezialist den ganzen Menschen sowieso nicht mehr kennt, viel weniger noch dessen Psyche oder gar seine religiösen Beziehungen – möglicherweise selbst auch keine Ahnung mehr hat, worum es geht. Ich meine, er sieht allmählich den Wald vor lauter Bäumen nicht mehr. Es gibt zum Beispiel in Amerika jemanden, der sich auf den unteren Weisheitszahn spezialisiert hat. Und zwar nur auf das und auf sonst gar nichts. Gehen Sie einmal von diesem Menschen aus und transportieren Sie seine Philosophie auf ein gesamtmenschliches Bild. Das ist unmöglich.

Das gesamte medizinische System läßt nicht zu, daß eine holistische Betrachtung stattfindet. Denn es wird nur die Leistung des Spezialisten bezahlt. Ich kann beispielsweise als Kardiologe keine Varizen des Beines behandeln, denn das zahlt mir keine Kasse. Im Gegenteil, ich werde bestraft, wenn ich das tue. Das heißt, unser System beschränkt den Spezialisten auf seinen kleinen Bereich. Wenn er darüber hinaus andere Bereiche sehen wollte, dann nur zu seinem Privatvergnügen. Solange er das Geld nur für Tätigkeiten innerhalb seines Spezialbereiches bekommt, ist er natürlich darauf angewiesen, möglichst viele Spezialisierungen durchzuführen, um überhaupt seine Existenz und die seiner Familie zu bestreiten.

Ich will es ganz deutlich sagen. In unserem Honorarsystem bekomme ich für ein Röntgenbild und diverse andere Laboruntersuchungen tausend Mark in der Stunde. Vergleichsweise kriege ich für ein Beratungsgespräch sieben Mark fünfzig, je nachdem, um welche Kasse es sich handelt. Da wird einer doch sagen: »Also bitte schön, ich könnte mit dem Patienten eine Stunde reden und wüßte dann genau über sein Problem Bescheid, aber in der Stunde kann ich fünfundzwanzig Laborbefunde machen.« Sie sehen, wohin uns unser System bringt. Es ist gut in bezug auf die technischen Seiten, aber in bezug auf die ganzheitliche, menschliche Seite völlig verfahren. Das große Problem der modernen westlichen Medizin heute ist, daß wir trotz aller fantastischen und unbestreitbaren Erfolge nichts mehr für die Menschen tun – und tun können. Es sei denn, das gesamte System ändert sich. Es sei denn, es wird wirklich das honoriert, was man honorieren müßte, nämlich die kommunikative Leistung zwischen den Hilfesuchenden und dem Arzt. Der Arzt müßte wieder in die Philosophie hineingehen und zugleich Priester sein, so wie es bei den Heilern der Fall ist. Das heißt, er müßte ein Studium absolvieren, welches weit über seine vierzehn, fünfzehn, sechzehn medizinischen Fächer hinausgeht. Er müßte zusätzlich noch Religionsphilosophie oder Verhaltenspsychologie haben. Die philosophischen, die religiösen, auch die religiös-historischen Komponenten müssen aufgearbeitet werden, noch dazu in der multikulturellen Gesellschaft. In die Praxis kommt einmal ein Türke, einmal ein Spanier, dann ein Atheist. Wenn der Arzt nicht versteht, daß er diese Patienten verschieden behandeln muß, gibt es ein Chaos, und er flüchtet sich wieder zurück zu seiner spezialisierten Einzelleistung. Das ist die Problematik.

EHALT: Die traditionelle europäische Heilkunde hatte dieses holistische Weltbild, und sie ist vermutlich in manchen Aspekten mit der noch existierenden Heilkunde in asiatischen und afrikanischen Ländern vergleichbar. Allerdings ist in Europa die traditionelle Heilkunde eigentlich ausgestorben. Es gibt vielleicht in Österreich noch zwei oder drei Wenterinnen, die aber ihr Wissen nicht mehr an junge weitergeben. Eine Koexistenz zwischen traditioneller Heilkunde und der modernen Medizin könnte vielleicht geschaffen werden durch die Einführung asiatischer, afrikanischer oder anderer kultureller Heilsysteme, die von interkulturell gebildeten Heilern oder von Heilern einer anderen Kultur hier implantiert werden.
Die alteuropäische Gesellschaft kannte zwar das ganzheitliche Welt- und Menschenbild, das den Menschen in ihrem Leben auch sehr viel Sinn gegeben hat, zugleich aber auch – aus der Sicht der Moderne – viele Defizite hatte. Beispielsweise analysieren Demographen, wie kurz und beschwerlich das Leben in den traditionellen Gesellschaften war. Arthur Imhof beschreibt, wie in unserer Gesellschaft in den letzten zweihundert Jahren sehr viele Lebensjahre dazugewonnen wurden. Fraglos gibt es in der Moderne eine Nutzenrechnung, die aus einer verlängerten Lebensdauer, höheren Lebensstandards und manch anderem mehr besteht, sowie eine Verlustrechnung, die den großen Sinnverlust und den Verlust der Ganzheitlichkeit auflistet.
»Was tun?« ist die Frage. Die eine Variante scheint mir zu sein, daß die moderne Medizin ein holistisches Bild des Menschen zurückzugewinnen versucht. Sehr viel spricht dagegen. Denn die Entwicklungstendenzen gehen meiner Auffassung nach in die entgegengesetzte Richtung. Die Spezialisierung schreitet rapide voran. Die andere Variante könnte sein, daß sich die Schulmedizin weiter technisiert und zu einer ungeheuer effektiven Reparaturmaschinerie wird, während für all die Sinnfragen eine Berufsgattung entsteht, die eine andere Form des Umgangs mit Leib und Seele praktiziert. Wäre das eine Möglichkeit?
Derzeit besteht in der westlichen Welt folgende Tendenz: Auf der einen Seite gibt es die sich perfektionierende Technikmedizin und auf der anderen Seite vielfältige psychotherapeutische Schulen, die sich mit den

menschlichen Problemen beschäftigen und die Zeit für das Gespräch geben. Und bei den verschiedenen Psychoanalytikern wird die Gesprächszeit auch teuer bezahlt. Vielleicht ist das die einzig mögliche Arbeitsteilung im Umgang mit den Problemen. Aber vermutlich wird dieser Weg nicht der Psychosomatik und dem Wissen um den Zusammenhang von Körper und Seele gerecht, denn die Schulmedizin beschäftigt sich weitgehend mit der Analyse eines sehr isoliert gesehenen Physischen, während die psychoanalytischen Schulen im großen und ganzen das Körperliche links liegen lassen.

WERNER: Ich möchte dazu noch zwei oder drei Aspekte ergänzen. Zunächst sollten wir einmal festhalten, auf wen es sich eigentlich bezieht, wenn wir von der Wertschätzung der modernen Medizin sprechen. Wenn Sie es global sehen, sind etwa 85 bis 90 Prozent der Weltbevölkerung überhaupt nicht davon betroffen, denn sie haben gar nicht das Geld dazu. Und es wird noch schlimmer, wenn die Bevölkerungsexplosion weiter zunimmt. Das heißt also, wir beschäftigen uns mit diesem Problem im Rahmen von 10 bis 15 Prozent der gesamten Weltbevölkerung. Das muß man ganz ehrlich sagen.
Zweitens: Sie hatten vorhin gefragt, ob es möglich wäre, daß afrikanische oder asiatische Heiler nach Europa kommen, um sozusagen den Europäern bei der Suche nach dem rechten Weg zu helfen. Das wäre aus einem ganz bestimmten Grund ein etwas schwieriges Unterfangen. Traditionelle Heilkunde ist nur möglich in einem umschriebenen soziokulturellen Milieu. Sie werden schon in Asien feststellen, daß eine Heilkunde traditioneller Art im Bereich des Hinduismus, im Bereich des Buddhismus oder des Islam nicht zu verschieben ist. Es ist unmöglich, daß ein islamischer Heiler einen Buddhisten heilen könnte oder umgekehrt. Wir sind innerhalb der großen Kulturen und Religionen festgelegt, und nur innerhalb der Kulturen greift der Heilprozeß. Ich habe das selbst in verschiedenster Weise gesehen, zum Beispiel in Thailand, als es um die Behandlung von Drogensüchtigen ging, die in einem Kloster auf der Basis der buddhistischen Heilslehre durchgeführt wurde. Es gab dort auch einige Leute aus dem Ausland, die hinkamen, um geheilt zu werden. Aber im wesentlichen funktionierte es nur im soziokulturellen Milieu des Buddhismus. Ich habe das gleiche in anderen Regionen Asiens auf der Basis des Islam beobachtet. Es geht nur im Rahmen

einer gestandenen Kultur, weil die Religionen bestimmte Dinge verbieten und weil es der Glaube nicht erlaubt. Bei dem alten biblischen Satz: »Steh auf, nimm dein Bett und gehe. Dein Glaube hat dir geholfen« ist »dein Glaube« das Primat dabei, und wenn der Glaube an ein bestimmtes Überirdisches – wie es auch immer sei – nicht vorhanden ist, dann kann auch eine Ersatzreligion nicht zum Zuge kommen. Natürlich wenn ein Europäer zu einem gläubigen Buddhisten oder zu einem gläubigen Moslem wird, und es käme ein buddhistischer oder islamischer Heilslehrer, dann könnte zweifellos auf der Basis dieser Glaubensvorstellungen ein gewisser Akzent aus seinem Heilssystem überfließen.
Ich halte also die Vorstellung, es könnten Heiler aus anderen Kulturen herüberkommen, um unsere Defizite auszugleichen, für schwierig. Das wäre vielleicht auf der Basis eines kolonialen Christentums möglich gewesen, als Spanien und Portugal – beide katholisch – die Weltmächte waren und Dreiviertel der Welt ihnen gehörte, während sowohl in Asien und Afrika als auch in Süd- und Mittelamerika die Religion mit das treibende Element war. Natürlich könnte man sich jetzt vorstellen, daß ein in Spanien lebender gläubiger Christ von einem christlichen Heiler aus Lateinamerika, also von einem seines Kulturkreises, betreut wird. Rein theoretisch wäre es möglich. Real ist es aber schon deshalb nicht möglich, weil wir gerade in Lateinamerika sehen, wie die verschiedenen religiösen Elemente durchbrechen. So brachten die ehemaligen Sklaven, die von der Goldküste, aus Westafrika, Nigeria oder aus anderen Gegenden Afrikas auf die lateinamerikanischen Plantagen verschleppt wurden, ihre religiösen Kulte mit, beispielsweise der Djangokult. Sie wurden dem lokalen Milieu ausgesetzt, also Indianerkulturen, mit denen man sich dann vermischt hat. Es wurden indianische Elemente übernommen. Schließlich kam noch das koloniale Christentum obendrauf mit seiner Forderung: »Hier gilt nur das, was wir sagen.« Daraufhin wurde ein Kompromiß getroffen, es kam zu religiösen Mischformen, sei es nun Voodoo, Umbanda oder wie die Religionen in Lateinamerika alle heißen. Dieser religiöse Schmelztiegel hat wiederum zur Folge, daß im Bereich der Heilung alle Komponenten mitspielen müssen. Wenn Sie beispielsweise einen Heiler in Brasilien beobachten, dann wird er einen christlichen Heiligen mithaben und die Jungfrau Maria anbeten, er wird seinen indianischen Gott anrufen und auch noch ein bißchen afrikanisches Ritual hineintun. Das Prinzip ist

im wesentlichen das gleiche. Dieser Mann muß daran glauben, dann greifen auch verschiedene kulturelle Dinge, weil er im entsprechenden Kulturkreis lebt.

Aber es wäre nicht machbar, daß ein indischer Heiler für vierzehn Tage nach Europa kommt, um uns die Wahrheit zu bringen, und hinterher wieder zurückfliegt. Genausowenig ist umgekehrt machbar, daß ein europäischer Kranker für vierzehn Tage in eine buddhistische Monastrie nach Tibet oder Indien geht und daraufhin meint, er hätte das Heil gefunden. Das geht nicht, denn er bleibt nach wie vor in seinem Milieu.

Aber das ist nicht das eigentliche Problem. Wir sind im Bereich der Medizin in einer Weise materialistisch geworden, die keine andere Richtung mehr ermöglicht. Denn im Materialismus geht's, auf deutsch gesagt, nur ums Geld und was man daraus machen kann. Natürlich muß es auch mit einem sichtbaren Erfolg verbunden sein. Ein abgetrenntes Bein muß angenäht werden, und das Blut muß wieder fließen. Das ist zwar sehr teuer, aber es wird gemacht. Ob der Mann dann mit seinem Bein zurechtkommt oder Probleme als Mensch hat, ist eine völlig andere Sache.

Wir haben ja versucht, die moderne Medizin in den Rest der Welt zu katapultieren, damit die anderen 85 bis 90 Prozent der Bevölkerung an unseren Segnungen Anteil haben. Dabei müßten wir eigentlich sagen: »Wenn wir Dinge, die wir als ganz besonders wichtig ansehen, in eine bestimmte Kultur hineinbringen, müssen wir erst untersuchen, ob sich das überhaupt umsetzen läßt und ob es nicht mehr Schaden als Nutzen bringt.« Was nützt es, wenn ich brillante Leistungen lediglich an einigen Auserwählten vollbringe? Ich habe hundert Patienten, die nach allen Prinzipien der Kunst geheilt werden, während zugleich Tausende nicht einmal die primitivste medizinische Versorgung bekommen. Wir bringen unser System in eine Welt, die weder materiell noch intellektuell in der Lage ist, es aufzunehmen. Wir können es nicht vollständig umsetzen, weil uns dafür das Geld fehlt. Wir tun also so, als ob wir diesen Leuten einen Segen bringen könnten, was in selektiven Fällen möglich ist, aber für den Rest der Menschen, die ebenfalls betroffen sind, überhaupt nichts bedeutet.

Dazu kommt noch etwas anderes. Wir meinen aufgrund unserer fortgeschrittenen Erkenntnisse negieren zu müssen, daß es vor Ort Heiler gibt, die von den Leuten respektiert werden, die ein Teil ihrer Gemeinschaften sind und die über die Jahrhunderte hinweg zu Leistungen fähig waren und sind. Wenn wir aufgrund unseres Systems sagen, daß die Heiler mit Berufsverbot belegt werden sollen, weil sie nicht unserem Standard und den modernen Kriterien entsprechen, und das auch noch politisch umgesetzt wird aufgrund der Vorstellung: »Wir sind ein eigenständiger Staat geworden, wir können solch ein primitives Substrat unserer Vergangenheit nicht mehr zulassen«, dann entsteht Chaos. Wenn die Heiler nicht mehr arbeiten dürfen, gehen sie in den Untergrund, denn die Leute haben nach wie vor das Bedürfnis nach einem Heiler, da alles andere für sie nicht machbar ist, abgesehen von den wenigen Auserwählten. In verschiedenen Ländern war zu sehen, daß das hauptsächlich die Regierungsbeamten sind und solche, die in einer staatlichen Organisation arbeiten und über das Geld, mit dem sie eigentlich ihre Leute betreuen sollten, verfügen.

Um es ganz deutlich zu sagen: Wir können auf den Heiler außerhalb der westlichen Hemisphäre nicht verzichten. Und wenn wir ihn zu einer Persona non grata machen, wird es nur noch schlimmer. Dadurch geht die Identität verloren, denn die Heiler sind Führer in religiöser und spiritueller Hinsicht, sie tragen ihr Kulturerbe weiter und haben zusätzlich noch Funktionen im Mineralien-, Pflanzen- und Tierreich, damit diese das entsprechende als Heilmittel liefern können.

Wir müssen lernen, wie »da draußen« die Strukturen sind. Die sind in Lateinamerika, in Ozeanien oder in China unterschiedlich. Wir müssen unser medizinisches System mit Lehrinhalten verbessern, die die Grundsätze der anderen Kulturen mitberücksichtigen. Es ist untragbar, daß ein moderner Mediziner heute in irgendeinen Teil der Welt hinausgeht und keine Ahnung hat, was sich dort abspielt. Er kennt die Kultur und die Sprache nicht, er weiß gar nicht, was die Leute für Probleme haben. Statt dessen kommt er mit der Vorstellung eines westlichen Medizin-Missionars hin und will das Beste tun. Natürlich klappt es dann hinten und vorn nicht. Entweder geht er frustiert zurück oder er resigniert, weil er möglicherweise – wie ich es oft in verschiedenen Teilen der Welt beobachtet habe – mit den Heilern nicht in Berührung kommen möchte, aus Angst, sein Gesicht zu verlieren oder seine Ehre, wenn er sich als hochzivilisierter Mensch mit solchen Leuten, die keine Schulbildung haben, auf eine Stufe begibt.

Genau das Gegenteil sollte sein. Der westliche Mediziner sollte zuhören, was die anderen für Probleme haben. Wir sollten ein Joint-venture für die Zukunft gestalten und Stück für Stück unter Erhaltung des kulturellen Erbes und des Status dieser Heiler dazu beitragen. Wir haben zu lernen, daß man in einer indianischen Kultur nicht genauso vorgehen kann wie in einer afrikanischen oder chinesischen. Wir sind in der intellektuellen Lage, das zu verstehen und es dann umzusetzen, indem wir ethnospezifisch vorgehen.

EHALT: Das ist eine formulierte Hoffnung, aber zugleich sprechen alle Entwicklungsstränge dagegen. Wo wären die Ansätze für ein »Einschleusen« von holistischen Inhalten in unsere Kultur? Welche Beispiele gibt es dafür bzw. was berechtigt zu einem Hoffnungsschimmer?
Zweite Frage: Gibt es in unserer westlichen Kultur die Möglichkeit eines Entwicklungs- und Entfaltungsfeldes für Heiler im traditionellen Sinn? Sehen Sie die sich immer weiter auffächernde Szene der Seelenärzte und Psychotherapeuten als eine adäquate Entsprechung?

WERNER: Das ist natürlich eine sehr entscheidende Frage. Was kann man machen, um dieses alte Phänomen wiederzubeleben? Wir müßten eigentlich bei uns anfangen. Man kann leicht sagen, daß sich das System verändern muß. Die derzeit diskutierte Gesundheitsreform ist mit so vielen politischen Komponenten versehen, daß sie kaum noch von einem Standespolitiker verstanden wird. Vielleicht ist eine Negativerfahrung nötig.
Ich will Ihnen ein Beispiel nennen. Ich hatte Anfang der fünfziger Jahre die Gelegenheit, für die Rückführung von Verwundeten und Kranken der französischen Fremdenlegion aus Saigon mitverantwortlich zu sein. Das war medizinisch sehr interessant, denn viele von diesen Soldaten waren jahrelang im Dschungel gewesen. Sie erzählten folgendes: »Als wir eingeschlossen waren und weder Essen noch Munition oder Verbandszeug zu uns rüberkam, wurden wir in dieser Situation durch die einheimische Bevölkerung daran erinnert, daß es auch noch Heiler gibt. Die haben uns letzten Endes am Leben erhalten. Es ging nicht mehr um akademische Fragen, um prinzipielle strategische Konzepte, wie man mehr oder weniger verdienen kann, ob man mehr oder weniger Prestige hat, sondern es ging nur noch um das nackte Überleben. Wir haben gesehen, daß es auch in der modernen Zeit möglich ist, mit

den Mitteln des Dschungels am Leben zu bleiben, was man fast nicht für möglich gehalten hätte.«

Negativerfahrung heißt also, daß der Mensch, auch wenn er durch eine schlimme Zeit geht, etwas für sich dabei erwerben kann. Er erreicht vielleich nicht das Optimum, aber etwas sehr Positives, was in einem Außenkrankenhaus niemals der Fall sein kann. Wenn ich es ganz glorios sagen darf: das Zurückfinden zu sich und zu seiner Stellung im Rahmen des Kosmos. Er sieht seine Einbindung in ein äußeres Prinzip, zunächst einmal in sein Environment, also in die Natur und Umwelt. Und er merkt, daß er ein Bestandteil der Natur ist.

In gewissen Situationen erkennt ein Mensch westlicher Prägung, daß es eine Heilkunde gibt, die zwar nicht kassenfähig ist, aber die ihm das Überleben garantiert. Und für den heutigen Rest der Welt geht es nicht um spezialisierte Sondermodelle, sondern um das reine Überleben. Das fängt bei der Ernährung an, geht über die hygienischen Verhaltensweisen bis hin zu den Konzepten einer ganzheitlichen Menschenschau. Meistens bringt eine Negativerfahrung einen Menschen weiter als ständige Erfolgserlebnisse. Durch das Negative hat so mancher mehr vom Leben gelernt, als wenn er ständig auf der Sonnenseite des Schicksals gestanden hätte.

Zu Ihrer zweiten Frage: Wenn man über die Spezialisierung nachdenkt, die auch im Bereich des Seelisch-Geistigen stattgefunden hat, so muß man sehen, daß es dabei neben den rein medizinischen Fragen auch um merkantile Elemente geht. Wenn ich als bedeutender Experte in New York oder London tätig bin und sich meine Klientel aus der Schicht der oberen Zehntausend rekrutiert, dann lebe ich ganz gut – was allerdings das Problem des Menschlichen überhaupt nicht löst.

Wir müssen wieder »zurück zur Natur«: wieder natürlich leben, die Natur respektieren und möglichst viel Natürliches in uns aufnehmen. In Anbetracht der heutigen Umweltproblematik bleibt uns eigentlich gar nichts anderes übrig. Wenn wir weiter mit der Natur so umgehen wie bisher, dann erübrigen sich weitere Fragen einer holistischen Problematik, denn dann gehen wir praktisch zugrunde. Wenn die Flüsse verseucht sind und die Nahrung nicht mehr eßbar ist, was interessiert uns dann noch eine korrekt durchgeführte Operation? Wir müssen uns auf das besinnen, was wir wirklich sind. Als Menschen sind wir ein Bestandteil der Natur und müssen mit den Tieren und Pflanzen leben.

Philosophisch gesehen ist Äther oder Luft ein Lebenselixier – wenn die Luft verseucht ist, machen wir uns selbst kaputt.
Ich glaube, auf der Basis des Umweltbewußtseins läßt sich heute leicht mehr erreichen als aufgrund irgendwelcher Vorstellungen über traditionelle Heilung. Denn es geht einfach jedem an die Nieren, wenn man Kinder nicht mehr ins Wasser schicken kann, weil das Wasser infiziert ist, wenn man kaum noch etwas trinken kann, kaum noch atmen kann, der Lärm nicht mehr auszuhalten ist. Die Umweltproblematik wäre vielleicht ein Ansatzpunkt –

EHALT: – um zu einem ganzheitlichen Weltbild zu kommen?

WERNER: Ja, indem man nämlich sieht, daß eigentlich alles zusammengehört. Das viele Geld, der Erfolg, die immer schnelleren Autos, der immer größere Lärm, die ständig weitergehende Produktion bringen uns genau von dem weg, was wir eigentlich haben. Wir leben dann nicht mehr als »Menschen«. Vielleicht ist das der Ansatzpunkt für die Lösung dieser Problematik. Der gesunde Geist wohnt in einem gesunden Körper, ein gesunder Körper ist nur möglich bei einer gesunden Natur, die in ein höheres Prinzip eingebunden ist. Der gesunde Geist ist eingebunden in gesunde Beziehungen zu den größeren Beziehungszusammenhängen. Ich könnte mir vorstellen, daß einerseits über die Schiene Umweltproblematik, andererseits über die Wiederbesinnung zum Menschsein mehr zu erreichen ist als durch viele akademische Diskussionen und viele Spezialisierungen. Denn selbst wenn Sie noch zehn verschiedene Psychotherapieformen mehr haben, deswegen wird die Luft nicht besser, deswegen wird das Wasser nicht besser, deswegen wird der Lärm nicht weniger – und der Mensch nicht »ganzheitlich«.

Die Gespräche mit Vilém Flusser, Jost Krippendorf, Harald Leupold-Löwenthal, Andreas Rett, Leopold Rosenmayr und Erika Weinzierl wurden bereits in der Reihe »Wiener Vorlesungen« im Picus-Verlag zusammen mit den Vorträgen veröffentlicht:

V. Flusser, Ende der Geschichte, Ende der Stadt? 1992
A. Rett, Die Geschichte der Kindheit als Kulturgeschichte. 1992
H. Leupold-Löwenthal, Wien und die Fremden. 1992
L. Rosenmayr, Streit der Generationen. 1993
J. Krippendorf, Auf dem Weg nach Ökotopia. 1993
E. Weinzierl, Der Februar 1934 und die Folgen für Österreich. 1995

BIOGRAPHIEN

ULRICH BECK, geb. 1944, ist seit 1992 Professor für Soziologie an der Universität München mit den Forschungsschwerpunkten Theorie der Moderne, Soziale Ungleichheit, Arbeit und Ökologie; Herausgeber der Zeitschrift »Soziale Welt«; Mitglied der Kommission für Zukunftsfragen der Freistaaten Bayern und Sachsen; Distinguished Research Professor der Universität Cardiff/Wales.
Zahlreiche Publikationen, u.a.: *Risikogesellschaft – Auf dem Weg in eine andere Moderne* (1986); *Gegengifte – Die organisierte Verantwortlichkeit* (1988); *Das ganz normale Chaos der Liebe* (1990, zus. mit Elisabeth Beck-Gernsheim); *Die Erfindung des Politischen – Zu einer Theorie reflexiver Modernisierung* (1993); *Eigenes Leben – Ausflüge in die unbekannte Gesellschaft in der wir leben* (1995, zus. mit W. Vossenkuhl, U.E. Ziegler, R. Rautert); *Reflexive Modernisierung – Eine Debatte* (1996, im Erscheinen, zus. mit A. Giddens und S. Lash).

HUBERT CHRISTIAN EHALT, geb. 1949 in Wien, Studien der Malerei, Geschichte, Kunstgeschichte, Soziologie und Philosophie, Promotion summa cum laude; seit 1980 Lehrbeauftragter für Anthropologie, Geschichte und Kulturwissenschaften an mehreren Universitäten und Kunsthochschulen; Leiter des Wissenschaftsreferates der Kulturabteilung der Stadt Wien, dort verantwortlich für die Planung und Koordination der »Wiener Vorlesungen« im Rathaus, für die Forschungsförderung der Stadt Wien und für die Zusammenarbeit der Stadt Wien mit den hier situierten Institutionen der Wissenschaft und Forschung; seit März 1996 Leiter des Ludwig Boltzmann-Institutes für Historische Anthropologie. Autor und Herausgeber von zahlreichen Büchern und Artikeln zu kulturwissenschaftlichen Themen, u.a.: *Ausdrucksformen absolutistischer Herrschaft* (1980); *Faschismus. Theorien, Fallstudien, Unterrichtsmodelle* (Hg., 1980); *Geschichte von unten* (Hg., 1984); *Zwischen Natur und Kultur. Zur Kritik biologistischer Ansätze* (Hg., 1985); *Wiener Beisln. Bilder und Geschichten* (Hg., 1985); *Glücklich ist, wer vergißt...? Das andere Wien um 1900* (Hg., 1986); *Volksfrömmigkeit von der Antike bis zum 18. Jahrhundert* (Hg., 1989); *Kult und Kultur des Ausstellens* (Hg., 1992); *Sport. Zwischen Disziplinierung und neuen sozialen Bewegungen* (Hg., 1993).
Zur Epidemie der Gewalt [gem. mit Horst-Eberhard Richter], Bd. 35 der Wiener Vorlesungen im Picus-Verlag.

VILÉM FLUSSER, geb. 1920 in Prag; gest. 1991, begann im Jahr 1939 das Studium der Philosophie, 1940 Emigration über London nach Brasilien; sein Vater wurde in Buchenwald, seine Mutter und seine Schwester in Auschwitz ermordet.
Vilém Flusser setzte sein Studium in São Paulo fort; 1959 Dozent für Wissenschaftsphilosophie, 1962 Mitglied des brasilianischen philosophischen Institutes, 1963 Professor für Kommunikationsphilosophie in São Paulo. Zahlreiche Vortragsreisen und Gastprofessuren an verschiedenen Universitäten Europas und Nordamerikas. 1972 kehrt Vilém Flusser nach Europa zurück. Publikationen u.a.: *Für*

eine Philosophie der Fotografie (1983); *Ins Universum der technischen Bilder* (1985); *Die Schrift* (1987); *Krise der Linearität* (1988).
Ende der Geschichte, Ende der Stadt?, Bd. 14 der Wiener Vorlesungen im Picus-Verlag.

SIR ERNST GOMBRICH, geboren 1909 in Wien, studierte an der Universität Wien Kunstgeschichte und Archäologie. 1936 ging er nach England und war dort bis 1976 am Warburg-Institute tätig, dem er 17 Jahre lang als Direktor und Professor of the History of the Classical Tradition vorstand. Zahlreiche Gastprofessuren und Veröffentlichungen, viele Auszeichnungen, u.a. erster Träger des Ludwig-Wittgenstein-Preises 1988, Ehrenmitglied der Österreichischen Akademie der Wissenschaften seit 1991, Träger des Österreichischen Staatspreises 1993 für Verdienste um die österreichische Kultur im Ausland und Träger der Ehrenmedaille der Bundeshauptstadt Wien in Gold.
Künstler, Kenner, Kunden, Bd. 19 der Wiener Vorlesungen im Picus-Verlag.

WALTER GRAB wurde 1919 in Wien geboren, studierte Jus, als ihn der Nationalsozialismus zur Emigration zwang. Er wandte sich nach Palästina, wo er sein Studium bald aufgrund materieller Schwierigkeiten unterbrechen mußte und erst Jahre später in Israel bzw. 1962 in Deutschland bei Fritz Fischer wieder aufnehmen konnte. Beginnend mit der Dissertation, hat sein Forschungsinteresse den deutschen Jakobinern und den demokratischen Bewegungen und Strömungen in Deutschland während des 18. und 19. Jahrhunderts gegolten. Walter Grab hat sich nach dem Krieg vor allem der Erforschung der Geschichte republikanischer und demokratischer Bewegungen in Deutschland gewidmet und vielfältige wissenschaftliche Kontakte in den deutschsprachigen Raum aufgebaut. Das von ihm gegründete Institut für deutsche Geschichte in Tel Aviv und ein Jahrbuch gleichen Namens sind Ausdruck dieser fruchtbaren wissenschaftlichen Arbeit auf diesem Gebiet.
Walter Grab/Wolfgang Neugebauer, *Österreichische Freiheits- und Widerstandskämpfer*, Bd. 47 der Wiener Vorlesungen im Picus-Verlag.

GÖTZ HAGMÜLLER, geboren 1939 in Wien, erhielt seine Ausbildung zum Archtikten an der TU Wien. Danach Arbeit in Schweden. 1968, alles innerhalb eines Jahres: Assistent an der TU Wien, Teilnahme an der mißglückten Burgtheaterbesetzung, Forschungsexpedition nach Westafrika, erster Film fürs TV (über Susanne Wenger in Oshogbo), Anstellung bei den Vereinten Nationen (FAO), erster Aufenthalt in Nepal. Ein Jahr in Asien, dann zwei Jahre in Rom. 1970–1975 Lehrauftrag über Wohnen in der Dritten Welt an der TU Wien und weitere Dokumentarfilme: über die österreichische Entwicklungshilfe in Südamerika, über das Spitalswesen (mit dem diagnostischen Titel »Krank«), über die Ausbildung zum Soldaten (»Gehorsam«). Daneben aktiv in der Bürgerinitiative IG Spittelberg für die Erhaltung dieses Altstadtviertels in Wien. 1977: Kinofilm »Die denkwürdige Wallfahrt des Kaisers Kango mussa von Mali nach Mekka«.

Ab 1979 Nepal: Teamleiter eines von der BRD geförderten Stadterneuerungsprojektes in Bhaktapur (wo er seither wohnt). 1985 Fernsehdokumentation über die Waldzerstörung im Himalaya: »Bäume umarmen«. Seit 1986 verantwortlicher Projektleiter und Architekt der von Österreich geförderten Wiederherstellung des historischen Königspalastes von Patan und dessen Einrichtung als Museum. Berater des nepalischen Denkmalamtes. Freischaffender Architekt und Rekonstrukteur. Grenzgänger, mehrmals im Jahr.
Wenn das Licht ausgeht in Kathmandu – Grenzgänger zwischen Europa und Asien, Bd. 6 der Wiener Vorlesungen im Picus-Verlag.

ARTHUR E. IMHOF, geb. 1939, Schweizer Staatsbürger, ist seit 1975 Professor für Sozialgeschichte und Historische Demographie an der Freien Universität Berlin. Wiederholte Forschungs- und Lehraufenthalte in Skandinavien, Südostasien und Brasilien. Hauptforschungsgebiet: Entwicklung der Lebenserwartung und die Folgen daraus.
Auswahlbibliographie: *Reife des Lebens. Gedanken eines Historikers zum längeren Dasein* (1988); *Die Lebenszeit. Vom aufgeschobenen Tod und der Kunst des Lebens* (1988); *Geschichte sehen. Fünf Erzählungen nach historischen Bildern* (1990); *Im Bildersaal der Geschichte oder Ein Historiker schaut Bilder an* (1991); *Ars moriendi. Die Kunst des Sterbens – einst und heute* (1991); *Ars vivendi. Von der Kunst, das Paradies auf Erden zu finden* (1992).
Sis humilis! – Die Kunst des Sterbens als Modell für ein besseres Leben, Bd. 13 der Wiener Vorlesungen im Picus-Verlag.

ERWIN KRÄUTLER wurde 1939 in Koblach/Vorarlberg geboren. 1958 Eintritt in die Kongregation vom Kostbaren Blut, Studium in Salzburg, 1965 Priesterweihe, anschließend Missionar am unteren Xingu und Amazonas.
Im Januar 1981 wird er Bischof der flächenmäßig größten brasilianischen Diözese, Xingu, mit rund 350.000 km^2 und etwa 400.000 Einwohnern, davon 3.500 Indianer. Seine Arbeit und sein Einsatz gilt der »Option für die Armen und anderen«. Auf seine lautstarken Proteste gegen politische, soziale und wirtschaftliche Mißstände reagieren die Verantwortlichen mit unmißverständlichen Drohungen. 1983 wird er bei einer Solidaritätsaktion mit Arbeitern, denen man monatelang den Lohn vorenthielt, niedergeschlagen, verhaftet und dann verhört.
Von 1983 bis 1991 Präsident des Indianermissionsrates der Brasilianischen Bischofskonferenz, CIMI (Conselho Indigenista Missionário), derzeit von der Generalversammlung des CIMI beauftragt für das Referat »Internationale Solidarität«. Kräutlers Einsatz für die Berücksichtigung der Rechte der indianischen Bevölkerung in der Verfassung brachte ihm Diffamierung, Verfolgung und Todesdrohungen. 1987 entgeht er nur knapp einem inszenierten Autounfall, Kräutler wird schwer verletzt, ein Mitbruder kommt dabei ums Leben.
Als Präsident von CIMI erreichte Kräutler 1988 mit internationaler Unterstützung, vor allem aus Österreich, die Anerkennung der Rechte der Indianervölker in der Verfassung. Seither bemüht er sich um die Durchsetzung dieser in der Konstitution verankerten Rechte.

Bei zahlreichen Reden, Vorträgen und Diskussionen im In- und Ausland informiert er die Öffentlichkeit vom Überlebenskampf der Indianer in Brasilien und anderen Ländern in Lateinamerika, drängt zum Bewußtseinswandel und zur Verhaltensänderung. Unermüdlich tritt er für die Rechte der Indianer und für die Bewahrung ihrer Mitwelt ein.
Neben vielen Ehrungen wurde Dom Erwin auch mit Preisen ausgezeichnet: Erzbischof-Oscar-A.-Romero-Preis (Katholische Männerbewegung Österreichs, 1988); Binding-Preis für Natur- und Umweltschutz (Binding-Stiftung Fürstentum Liechtenstein, 1989); Dr.-Bruno-Kreisky-Preis für Verdienste um die Menschenrechte (1991).
Kirche mit indianischem Antlitz – eine Utopie?, Bd. 21 der Wiener Vorlesungen im Picus-Verlag.

JOST KRIPPENDORF, geb. 1938, verheiratet und Vater dreier Kinder, studierte Wirtschaftswissenschaften in Bern, wo er 1963 zum Dr. rer. pol. promovierte. 1963–1971 Oberassistent am Forschungsinstitut für Fremdenverkehr der Universität Bern, 1971–1988 Direktor des (nunmehrigen) Forschungsinstituts für Freizeit und Tourismus und gleichzeitig Inhaber des Lehrstuhls an der Universität Bern für Theorie und Politik des Fremdenverkehrs. Von 1971 bis 1978 auch Direktor des Schweizerischen Fremdenverkehrsverbandes in Bern. 1989–1991 Ordinarius und Leiter der Koordinationsstelle für Allgemeine Ökologie an der Universität Bern, seither freischaffender Ökologie-, Freizeit- und Tourismusforscher. Träger des Preises der Vereinigung Deutscher Reisejournalisten (VDRJ) für besondere Verdienste um den Tourismus, 1977.
Auswahlbibliographie: *Marketing im Fremdenverkehr*. Heft 7, Berner Studien zum Fremdenverkehr, 2. erw. und überarbeitete Aufl. (1980) (1. Aufl. 1971); *Die Landschaftsfresser. Tourismus und Erholungslandschaft, Verderben oder Segen?* [4](1986); *Tourismus im Jahr 2010. Eine Delphi-Umfrage über die zukünftige Entwicklung des Tourismus in der Schweiz; Interpretationen und Schlußfolgerungen* (1978); *Fehlentwicklungen im Schweizer Tourismus. Vom immer größer werdenden Graben zwischen Zielen und Wirklichkeit und von den Möglichkeiten, ihn zu überbrücken* (1983); *Die Ferienmenschen. Ein neues Verständnis von Freizeit und Reisen* (1984); *Arbeitsgesellschaft im Umbruch. Konsequenzen für Freizeit und Reisen* (1984); *Freizeit und Tourismus. Eine Einführung in die Theorie und Politik* (1986); *Alpsegen – Alptraum. Für eine Tourismus-Entwicklung im Einklang mit Mensch und Natur* (1986).
Auf dem Weg nach Ökotopia?, Bd. 20 der Wiener Vorlesungen im Picus-Verlag.

HARALD LEUPOLD-LÖWENTHAL, geb. 1926 in Wien, ist Universitätsdozent für Psychotherapie und Psychoanalyse und war als Facharzt für Psychiatrie und Neurologie tätig. Er war von 1974 bis 1981 Vorsitzender der Wiener Psychoanalytischen Vereinigung und ist als Lehranalytiker tätig. Harald Leupold-Löwenthal war Sekretär der Internationalen Psychoanalytischen Vereinigung, ist Editorial Advisor bei Sigmund Freud Copyrights und Präsident der Sigmund-Freud-Gesellschaft. Er lebt als frei praktizierender Psychoanalytiker in Wien.

Auswahlbibliographie: *Nachwort zu den Protokollen der Wiener Psychoanalytischen Vereinigung,* hrsg. von H. Nunberg und E. Federn (1981); *Handbuch der Psychoanalyse* (1986); *Freud – 1856 bis 1933* (1972); *Die Vertreibung der Familie Freud 1938*, in: Sigmund Freud House Bulletin 12/2 (1988); *Der Laie* (1990).
Wien und die Fremden, Bd. 17 der Wiener Vorlesungen im Picus-Verlag.

ANDREAS RETT, Facharzt für Neuropädiatrie, geb. 1924. Nach Beendigung des Medizinstudiums (Innsbruck, 1949) arbeitete Andreas Rett in Innsbruck, Wien (Preyersches Kinderspital) und Zürich (Kinderklinik Prof. Fanconi).
Bereits in dieser Zeit beschäftige sich Rett mit hirngeschädigten Kindern, und auf sein Betreiben entstand 1956 in Lainz die Abteilung für entwicklungsgestörte Kinder.
Schwerpunkte der Forschungstätigkeit Retts in den letzten Jahren waren Untersuchungen über Schweregrad und Anamnesen von Mongoliden und die Frage der Linkshändigkeit bei entwicklungsgestörten Kindern. 1976 wurde Andreas Rett das Ehrenkreuz für Wissenschaft und Kunst 1. Klasse und 1984 das »Goldene Ehrenzeichen für Verdienste um das Land Wien« verliehen.
Von Andreas Rett sind bisher über 200 einschlägige Publikationen erschienen. Wichtige Einzelwerke sind: *Das hinrgeschädigte Kind* (1971); *Linkshänder, Analyse einer Minderheit.* (Mitautor) (1973); *Das Reichssippenamt entscheidet. Rassenbiologie im Nationalsozialismus* (Gemeinsam mit Horst Seidler) (1982).
Die Geschichte der Kindheit als Kulturgeschichte, Bd. 11 der Wiener Vorlesungen im Picus-Verlag.

LEOPOLD ROSENMAYR, geboren 1925 in Wien, Gymnasium, Mitglied einer Gruppe der österreichischen Jugendbewegung, Kriegsteilnahme und Kriegsgefangenschaft 1943–1946. Lehr- und Wanderjahre in Frankreich und in den USA.
1952 Begründung der Sozialwissenschaftlichen Forschungsstelle an der Universität Wien, seit 1963 Professor für Soziologie und Sozialphilosophie in Wien. International vergleichende Studien über Jugend und Familie und über politischen Wertewandel in hochentwickelten Gesellschaften. Arbeiten zur Philosophie der Lebensalter. Zahlreiche Studien anwendungsbezogener Altersforschung. Wissenschaftstheorie der Verhältnisse von Sozialforschung und Politikberatung.
Seit 1983 Leitung eines Langfristprojektes der Feldforschung in ländlicher und städtischer Umwelt Westafrikas über die Konflikte zwischen den Altersgruppen und die Barrieren und Chancen der Jugend im Entwicklungsprozeß.
Leopold Rosenmayr ist Leiter des Ludwig Boltzmann-Instituts für Sozialgerontologie und Lebenslaufforschung in Wien und Wirkliches Mitglied der Österreichischen Akademie der Wissenschaften.
Auswahlbibliographie: *Familienbeziehungen und Freizeitgewohnheiten jugendlicher Arbeiter* (1963); *Jugend. Handbuch der empirischen Sozialforschung Bd. 6* (hrsg. von René König), 2., völlig neu bearbeitete Auflage (1976); *Familie – Alter. Handbuch der empirischen Sozialforschung Bd. 7* (hrsg. von René König) (1976); *Die menschlichen Lebensalter – Kontinuität und Krisen* (Hrsg.) (1978); *Die späte*

Freiheit. Das Alter – ein Stück bewußt gelebten Lebens (1983); *Arbeit, Freizeit, Lebenszeit. Übergänge im Lebenszyklus* (hrsg. mit Franz Kolland) (1988); *Die Kräfte des Alters* (1990); *Altenhilfe. Ein soziales Anliegen der Jahrhundertwende* (1991); *Die Schnüre vom Himmel. Forschung und Theorie zum kulturellen Wandel* (1992). *Streit der Generationen?*, Bd. 23 der Wiener Vorlesungen im Picus-Verlag.

MARIANNE SPRINGER-KREMSER, geboren 1940 in Wien, verheiratet, eine Tochter. Fachärztin für Psychiatrie und Neurologie, Lehranalytikerin der Wiener Psychoanalytischen Vereinigung.
Als prov. Vorstand der Univ.-Klinik für Tiefenpsychologie und Psychotherapie befaßt mit (psychoanalytischer) Psychotherapie in Klinik, Lehre und Forschung.
Derzeitige Forschungsschwerpunkte: Psychosomatik und Psychosexualität der Frau; Verbundforschung Österr. Psychotherapieforschung.
Publikationen: über 100 Beiträge in wissenschaftlichen Fachzeitschriften, Bücher: u.a.: *Psychosexualität und Gynäkologie* (1983); *Patient Frau* (gemeinsam mit M. Ringler u. U. Fennesz) (1993); *Bausteine der Psychoanalyse* (mit P. Schuster) (1992); *Anwendungen der Psychoanalyse* (mit P. Schuster) (1994)

PAUL WATZLAWICK wurde 1921 in Villach geboren, studierte Philosophie und Moderne Sprachen an der Universität Venedig (Promotion 1949), 1950 – 1954 C. G. Jung-Institut für Analytische Psychologie, Zürich. Ausbildung in Psychotherapie (Analytikerdiplom 1954). Seit 1954 führt er eine psychotherapeutische Privatpraxis. 1957 – 1959 Professor für Psychopathologie und Psychotherapie an der Universität von El Salvador. Jänner bis Oktober 1960 Forschungsbeauftragter am Institute for Study of Psychotherapy der Temple-Universität in Philadelphia. Seit November 1960 Mitglied des Mental Research Institute, Palo Alto, Kalifornien. Seit 1967 Lehrbeauftragter an der Abteilung für Psychiatrie und Verhaltenswissenschaften der Stanford University.
Publikationen u.a.: *Wie wirklich ist die Wirklichkeit* (1976); *Die Möglichkeit des Andersseins* (1977); *Gebrauchsanweisung für Amerika* (1978); *Anleitung zum Unglücklichsein* (1983); *Vom Schlechten des Guten* (1986); *Die Unsicherheit unserer Wirklichkeit* (1988); *Münchhausens Zopf oder Psychotherapie und Wirklichkeit* (1988).
Vom Unsinn des Sinns oder vom Sinn des Unsinns, Bd. 16 der Wiener Vorlesungen im Picus-Verlag.

ERIKA WEINZIERL, geb. 1925 in Wien. Seit 1967 a.o., seit 1969 o. Universitätsprofessorin für Österreichische Geschichte mit besonderer Berücksichtigung der Zeitgeschichte an der Universität Salzburg. Seit 1977 Leiterin des Ludwig Boltzmann-Institutes für Geschichte der Gesellschaftswissenschaften Wien-Salzburg (seit 1991 für Geschichte und Gesellschaft). Seit 1979 o. Universitätsprofessorin für Neuere und Neueste Geschichte am Institut für Zeitgeschichte der Universität Wien. Autorin von u.a.: *Zu wenig Gerechte. Österreicher und Judenverfolgung*

1938 – 1945 (1969); Herausgeberin und Mitherausgeberin zahlreicher Bücher und Herausgeberin der Monatsschrift *Zeitgeschichte* seit 1973.
Der Februar 1934 und die Folgen für Österreich, Bd. 32 der Wiener Vorlesungen im Picus-Verlag.

ROLAND WERNER, geb. 1925, ist Arzt und Zahnarzt, Facharzt für Kiefer-Chirurgie und für Hals-Nasen-Ohren-Krankheiten; Diplom für Tropenmedizin, Öffentliches Gesundheitswesen. Universitätsklinikchef in Indonesien, Nigeria, Malaysien und im Irak. Regierungsgutachter in Saudi Arabien und in der Türkei. Forschungsschwerpunkte: Kooperation von westlicher Medizin mit Traditionellen Heilsystemen sowie die »Traditionelle-Transkulturelle Heilkunde« in Lateinamerika, Afrika, Asien, Ozeanien und der Volksrepublik China. Zahlreiche Publikationen.